战勤保障岗位训练指导手册系列

战勤保障岗位训练基础

组织编写　江苏省消防救援总队

主　编　朱五八

中国矿业大学出版社

·徐州·

内 容 提 要

为满足战勤保障岗位人员全面了解和掌握专业知识的需要，提升消防救援队伍的保障能力，江苏省消防救援总队组织编写了本书。本书详细阐述了供水、供液、供气、加油、饮食、宿营、盥洗、被服洗涤、淋浴、卫勤、应急装备物资储备等战勤保障内容，深入讲解了常见的消防车辆装备的应急维修技术和灾害现场的急救技术。

本书可作为装备维护员、消防车驾驶员、仓库管理员、卫生员、油料运输员等战勤保障岗位人员的培训教材，也可作为广大消防救援队伍进行战勤保障车辆装备培训的参考书。

图书在版编目(CIP)数据

战勤保障岗位训练基础/朱五八主编.—徐州：中国矿业大学出版社,2023.12

ISBN 978-7-5646-6109-0

Ⅰ.①战… Ⅱ.①朱… Ⅲ.①消防－战勤－保障体系－中国－岗位培训－教材 Ⅳ.①E277

中国国家版本馆 CIP 数据核字(2023)第 247392 号

书　　名	战勤保障岗位训练基础
主　　编	朱五八
责任编辑	黄本斌
出版发行	中国矿业大学出版社有限责任公司
	（江苏省徐州市解放南路　邮编221008）
营销热线	（0516)83885370　83884103
出版服务	（0516)83995789　83884920
网　　址	http://www.cumtp.com　E-mail：cumtpvip@cumtp.com
印　　刷	江苏苏中印刷有限公司
开　　本	787 mm×1092 mm　1/16　印张13.75　字数293千字
版次印次	2023年12月第1版　2023年12月第1次印刷
定　　价	60.00元

（图书出现印装质量问题，本社负责调换）

前　言

随着我国消防救援职能的扩展,战勤保障的对象、类型和需求也在发生变化。当前,战勤保障能力与实际需求之间存在一定差距,因此,战勤保障岗位的需求和要求也在不断更新和提高,提高战勤保障岗位人员的业务素质和综合能力,对于提升整个消防救援队伍的战斗力、执行力和保障力具有重要意义。

《战勤保障岗位训练基础》是一本为战勤保障岗位人员打造的专属培训教材,旨在提升消防救援队伍的战勤保障能力,培养专业化的战勤保障岗位人员,为战勤保障岗位人员的学习和训练提供帮助。本书内容主要包括战勤保障岗位的基础理论和专业知识,以解决训练内容和方法的问题,确保训练有序进行。在编写过程中,我们充分考虑战勤保障岗位的实际工作需求,注重理论与实践的紧密结合,使本书内容贴近实际,具有较强的针对性和实用性。本书可作为战勤保障岗位人员的培训教材,也可作为相关专业师生的教材和参考书。

本书由朱五八任主编,参加编写的人员及分工如下:柳增祥编写第一章第一、四节,牟海燕编写第一章第二节、第三章第六节,陈立新编写第一章第三节、第二章第五、六节,高瑞编写第二章第一～四节,潘淼编写第三章第一、三节,程蕾编写第三章第二节,阮生军编写第三章第四节,王敏编写第三章第五节,张小飞编写第三章第七节、第四章第一节、第六章第三节,翟飞编写第四章第二～五节,朱五八编写第五章,王春明编写第六章第一、二节,张林编写第七章第一～七节,王周编写第七章第八节、第八章。

本书在编写过程中,得到了有关专家的指正和基层救援队伍的大力支持,在此一并表示感谢。因作者水平有限,书中难免有一些不足和疏漏之处,敬请读者批评指正。

作　者

2023 年 10 月

目　录

第一章　供水保障 ………………………………………………………………… 1
　第一节　手抬机动消防泵的结构、操作与维护保养 ……………………………… 1
　第二节　供水消防车的结构、操作与维护保养 …………………………………… 9
　第三节　远程供水泵组消防车的结构、操作与维护保养 ………………………… 14
　第四节　排涝抢险车的结构、操作与维护保养 …………………………………… 20

第二章　供液保障 ………………………………………………………………… 24
　第一节　机动泡沫输转泵的结构、操作与维护保养 ……………………………… 24
　第二节　水驱动防爆泡沫输转泵的结构、操作与维护保养 ……………………… 26
　第三节　电驱动防爆泡沫输转泵的结构、操作与维护保养 ……………………… 28
　第四节　气动防爆泡沫输转泵的结构、操作与维护保养 ………………………… 31
　第五节　供液消防车的结构、操作与维护保养 …………………………………… 34
　第六节　远程供液系统的结构、操作与维护保养 ………………………………… 40

第三章　应急维修技术保障 ……………………………………………………… 51
　第一节　机动类装备器材的结构与维护保养 ……………………………………… 51
　第二节　电动类装备器材的结构与维护保养 ……………………………………… 57
　第三节　气动类装备器材的结构与维护保养 ……………………………………… 68
　第四节　液压类装备器材的结构与维护保养 ……………………………………… 82
　第五节　消防车底盘的结构与维护保养 …………………………………………… 94
　第六节　罐类消防车的结构与维护保养 …………………………………………… 120
　第七节　举高类消防车的结构与维护保养 ………………………………………… 126

第四章　饮食保障 ………………………………………………………………… 130
　第一节　饮食保障车的结构、操作与维护保养 …………………………………… 130

第二节　单兵灶的结构、操作与维护保养 …………………………………… 135
　　第三节　冷藏车的结构、操作与维护保养 …………………………………… 136
　　第四节　净水车的结构、操作与维护保养 …………………………………… 140
　　第五节　食品的分类与储存 …………………………………………………… 144

第五章　生活保障 …………………………………………………………………… 146
　　第一节　盥洗车的结构、操作与维护保养 …………………………………… 146
　　第二节　被服洗涤车的结构、操作与维护保养 ……………………………… 148
　　第三节　宿营车的结构、操作与维护保养 …………………………………… 151
　　第四节　淋浴车的结构、操作与维护保养 …………………………………… 154
　　第五节　电源车的结构、操作与维护保养 …………………………………… 157
　　第六节　照明消防车的结构、操作与维护保养 ……………………………… 160

第六章　卫勤保障 …………………………………………………………………… 166
　　第一节　医疗急救技术 ………………………………………………………… 166
　　第二节　救护车的结构、操作与维护保养 …………………………………… 183
　　第三节　医疗方舱的结构、操作与维护保养 ………………………………… 186

第七章　应急装备物资保障 ………………………………………………………… 190
　　第一节　加油车的结构、操作与维护保养 …………………………………… 190
　　第二节　供气消防车的结构、操作与维护保养 ……………………………… 193
　　第三节　器材运输车的结构、操作与维护保养 ……………………………… 197
　　第四节　履带电动运输车的结构、操作与维护保养 ………………………… 198
　　第五节　小型电动平板运输车的结构、操作与维护保养 …………………… 199
　　第六节　全地形电动运输车的结构、操作与维护保养 ……………………… 200
　　第七节　手推车的结构、操作与维护保养 …………………………………… 201
　　第八节　便携式折叠手推车的结构、操作与维护保养 ……………………… 202

第八章　应急装备物资储备 ………………………………………………………… 204
　　第一节　仓储管理系统 ………………………………………………………… 204
　　第二节　堆垛机的结构、操作与维护保养 …………………………………… 205
　　第三节　叉车的结构、操作与维护保养 ……………………………………… 207

参考文献 ……………………………………………………………………………… 212

第一章

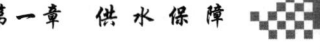

供水保障

第一节 手抬机动消防泵的结构、操作与维护保养

手抬机动消防泵,简称手抬泵,是一种轻便的人力可搬运的消防泵组,由小型动力装置驱动,符合我国消防泵现行的标准《消防泵》(GB 6245—2006)。这种消防泵以其轻便、体积小、机动性强等特性,通常被用于乡村、城市小巷、老城区等消防车辆难以到达的地方进行火灾扑救,或者向消防车辆供水。在特殊情况下,它甚至可以在高层建筑火灾扑救中完成接力供水和灭火任务。

手抬泵根据驱动力形式的不同,可以分为汽油机手抬泵、柴油机手抬泵、燃气轮机手抬泵和电动机手抬泵。目前,我国消防救援队伍普遍配备了以汽油机为动力的手抬泵。

手抬泵的型号由泵特征代号、泵组特征代号、主参数、用途特征代号、辅助特征代号以及企业自定义代号等六个部分组成,如图 1-1-1 所示。

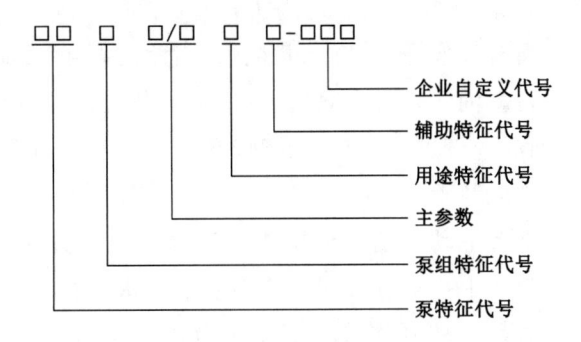

图 1-1-1 手抬泵的型号编制示意图

手抬泵的泵特征代号为 JB,泵组特征代号分为 C(柴油机)、D(电动机)、R(燃气轮机)、Q(汽油机),用途特征代号为 G。主参数由额定压力和额定流量两组数字组成,额

定压力的单位为 1/10 MPa,额定流量的单位为 L/s。

示例 1:JBQ6.5/20.5-VC52AS。JB 表示手抬泵,Q 表示汽油机,6.5 表示额定压力为 0.65 MPa,20.5 表示额定流量为 20.5 L/s,VC52AS 为企业自定义代号。

示例 2:JBC5.0/8.6。JB 表示手抬泵,C 表示柴油机,5.0 表示额定压力为 0.5 MPa,8.6 表示额定流量为 8.6 L/s。

一、结构组成

手抬泵主要由发动机、离心泵、引水泵(真空泵)、手抬架、消防管路、电气系统等部分组成,并配备有吸水管、水带、水枪等附件,如图 1-1-2 所示。根据《消防泵》(GB 6245—2006)的要求,手抬泵还应配备功率不小于 50 W 的小型移动照明设备。

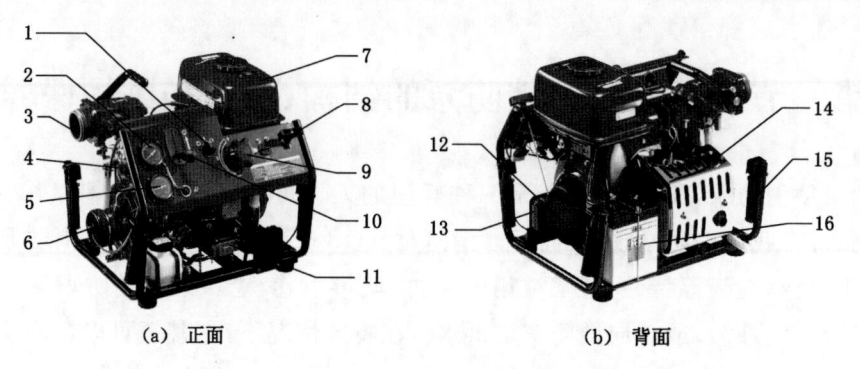

(a) 正面 (b) 背面

1—主开关;2—压力表;3—离心泵出水口;4—引水泵;5—真空表;6—离心泵吸水口;
7—燃油箱;8—手启动手柄;9—油门调节旋钮;10—吸水控制杆;11—燃油泵;
12—发动机;13—机油箱;14—消音器;15—手抬架;16—蓄电池。

图 1-1-2 手抬泵结构示意图

1. 发动机

手抬泵的发动机通常采用小型汽油发动机,分为二冲程汽油机和四冲程汽油机。四冲程汽油机曲轴箱下面有油底壳,可以承载机油,因此需要单独加注机油。而二冲程汽油机的曲轴箱同时也是燃油混合气的通道,不适宜承载机油,机油和汽油按一定比例混合加入汽油箱,随燃油混合气进入曲轴箱、燃烧室进行润滑。有些二冲程汽油机安装了润滑油自动混合比率供应装置,因此设置独立机油箱。

手抬泵的汽油机通常有电动启动和绳拉式启动两种启动方式,冷却方式分为风冷式和水冷式。大部分水冷式手抬泵直接利用离心泵中的水进行冷却。冷却管路以离心泵出水口与吸水口的压力差为动力,冷却水从离心泵的出水口进入冷却管路,在发动机缸体内吸收热量后排入离心泵的吸水口,从而对发动机进行冷却。有的水冷式手抬泵采用间接冷却,需要定期检查和补给防冻液。

2. 离心泵

手抬泵上的离心泵一般为单级离心泵,由泵壳、叶轮、泵轴、轴封、止漏环和止回阀等主要零部件构成。离心泵启动之前,应先向泵壳和吸水口管道内灌满所输送的液体。当动力装置启动后,叶轮在动力驱动下和液体一起做高速旋转,液体受到离心力作用被加速甩出叶轮,经蜗形泵壳流入离心泵的出水口管道,在这一过程中,液体的部分动能转化为压力能。与此同时,离心泵叶轮中央处由于液体被甩出而形成负压,吸水管道内的液体被吸入离心泵。只要叶轮不停旋转,液体就源源不断地吸入和排出。

3. 引水泵

引水泵也称真空泵,用来排出离心泵及吸水管中的空气,使离心泵内产生负压,将被输送液体送入管路和离心泵。目前,消防救援队伍配备的手抬泵多采用滑片真空泵,具有结构紧凑、真空度高、操作方便等优点。真空泵多采用发动机驱动模式,通过传动皮带和张紧轮与发动机飞轮连接。当压下引水手柄时,张紧轮和皮带张紧,发动机带动真空泵运转;松开引水手柄后,传动皮带松弛,动力传输终止,真空泵就停止工作。有的手抬泵的真空泵采用电机驱动,操作更为轻便。

4. 电气系统

电气系统主要部件有起动机、蓄电池、传感器、显示器、控制电路等,还有电源开关、启动开关等操控键,以及进出水口压力表、发动机计时表、油量显示器、高温警示装置等。

5. 性能要求

手抬泵应符合《消防泵》(GB 6245—2006)的相关要求:

(1) 真空泵产生的最大真空度不应小于 85 kPa。

(2) 应能在 30 s 内顺利启动,引水时间不超过 35 s。

(3) 燃油箱容积应能保证在额定工况下连续运转 1 h。

(4) 额定工况下连续运转 8 h,轴承座外表面温度不应超过 75 ℃。

(5) 泵体上应铸有表示旋转方向的箭头。

(6) 离心泵的出口处应安装止回阀,吸入口处应设置便于拆卸的抗腐蚀性滤网,不得通过粒径大于 8 mm 的颗粒。

(7) 整机质量(按规定加注好润滑油、燃油,不包括吸水管、水带及开关水枪等附件)不得超过 100 kg。

(8) 操纵机构应轻便可靠,各操纵手柄应设置指示牌,指示牌应由抗腐蚀性材料制成。

二、操作使用

以型号为 JBQ6.5/20.5-VC52AS 的手抬泵为例,详细介绍其操作使用方法。

1. 使用前准备

手抬泵应放置在靠近水源的平地,检查燃油、机油等是否充足。将吸水管的一端连接在离心泵吸水口上,另一端放入水中,并将集滤器置于滤篮里。关闭泵的出水口、排水阀和冷却管路阀门,出水口连接好水带水枪。

2. 启动发动机

拉动油杆打开油阀,将油门旋钮设在"START"位置。使用电动点火或拉绳手动点火启动发动机。

3. 引水和出水

启动发动机后,将真空泵手柄压低至吸水端。检查真空泵的排水管是否有水流出,如有水流出则将真空泵手柄推回原位。立即打开出水阀出水,并开启冷却管路阀门进行冷却。使用过程中可利用油门调节旋钮调节水量和压力。

4. 停机

将油门调节旋钮旋至低速的位置,关闭出水阀,将主开关打到"OFF"位置,关闭油阀。打开排水阀,确认所有水已经排出泵外,关闭排水阀。

5. 注意事项

(1) 运转起动机时间不应超过 5 s,如果发动机没有启动,10 s 后才可再运转起动机。一旦发动机已经启动,不要再操作起动机。

(2) 不吸水时,离心泵空转不应超过 2 min,且不得高速运转,否则将造成发动机和离心泵泵体过热。

(3) 吸水管的过滤网应至少保持在水源表面 30 cm 以下。水源中泥沙较多时,使用密草席或过滤网来避免将泥沙吸入泵内。

(4) 离心泵运转时应确保冷却水阀门打开。设有过热保护的手抬泵,运转时应打开过热传感开关。当缺乏冷却水导致发动机过热时,该传感器可自动使发动机停机。

(5) 手抬泵汽油机尾气中含有一氧化碳等有毒有害气体,不要在室内长时间运转。

(6) 发动机运转时,不要触及火花塞的点火电线、排气管和消音器,防止触电、烫伤。

(7) 不要在干草地上运转手抬泵,因为其排气系统容易点燃干草。如果需要在干草地上运转,应先清掉干草。

(8) 不要在发动机运转时或在靠近火源处加注汽油,加油后应将溢出的汽油擦拭干净再启动机器。

三、维护保养

(1) 手抬泵的燃油、机油、调速器油和蓄电池是保证泵正常运转的重要部分,因此需要定期进行检查。如果发现燃油、机油、调速器油不足,应该及时补充;同时,如果蓄电池亏电,也需要及时进行补电,以保证泵的正常使用。

(2) 为了保证手抬泵的使用寿命和性能,投入使用的泵每周应进行一次运转。在运转过程中,如果发现有任何异常声音或者响应,都应该及时排查原因,防止问题扩大。

(3) 手抬泵的手动启动拉绳和火花塞是重要的启动和运行部件,需要定期进行使

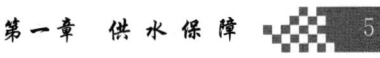

用和清洁。这可以保证泵的启动和运行效率,同时也可以避免因为火花塞污染导致的问题。

(4) 真空泵的V形皮带是关键的传动部件,如果发现皮带破裂或者磨损严重,应该及时进行更换,以保证泵的正常运行。

(5) 如果出水阀门开闭困难,可以在球阀上满涂少量润滑脂。这可以有效解决阀门开闭困难的问题。

(6) 每次使用手抬泵后,都应该将冷却管路和泵内的余水排放干净。这可以防止泵内部因为积水而导致的冻裂、锈蚀和损坏。

(7) 真空泵的过滤网若被泥沙、水草等堵塞,会影响引水性能。若出现此类情况,应该用洁净的水进行冲洗或用手清理水草,以保证过滤网的清洁和引水性能。

(8) 若手抬泵在海水或污水中使用过,应使用干净的淡水进行清洗。这可以防止手抬泵内部残存污垢和细菌滋生,保证手抬泵的清洁和卫生。

(9) 如果手抬泵需要长期入库,应该将所有的油从油箱中排出。这可以防止油质变质和手抬泵内部的油泥沉积。

(10) 在低温环境下,应该通过真空泵滤网导管向真空泵注入适量防冻液,以防止真空泵结冰。这可以保证泵在低温环境下正常运行,防止因为结冰而导致真空泵损坏。

四、常见故障诊断与排除

1. 汽油机无法启动

(1) 首先检查蓄电池是否亏电或损坏,因为手抬泵需要足够的电源来启动。如果蓄电池电量不足或损坏,那么汽油机可能无法启动。这时,可以对蓄电池进行补电,或者更换一个新的蓄电池。

(2) 检查保险丝是否熔断,因为保险丝熔断,电流就无法正常传输,汽油机也就无法启动。可以检查保险丝是否正常,如果不正常,就需要更换新的保险丝。

(3) 火花塞是点火系统的重要组成部分,如果火花塞烧蚀污浊或者安装不正确,那么汽油机也无法启动。可以检查火花塞是否正常,如果不正常,就需要更换新的火花塞。

(4) 如果燃油管道堵塞,那么燃油就无法正常流动,汽油机也就无法启动。可以检查燃油管道是否堵塞,如果堵塞,就需要清理管道。

(5) 如果手抬泵处于过热保护状态,那么汽油机可能会停止工作。可以检查水箱水位是否正常,如果水位过低,就需要加水。

2. 无法形成真空

(1) 如果吸水管破损或者连接不紧,那么真空就无法形成。可以检查吸水管是否破损,连接是否紧固。

(2) 如果出水阀门、冷却管路、连接真空表的橡胶软管漏气,那么真空就无法形成。

可以检查这些部位是否漏气,如果漏气,就需要进行维修。

(3) 如果离心泵机械密封不正常,那么真空就无法形成。可以检查机械密封是否正常,如果不正常,就需要更换。

(4) 如果冷却管路阀门关闭,那么冷却水就无法流动,离心泵就无法工作,从而导致真空无法形成。可以检查冷却管路阀门是否打开,如果关闭,就需要打开。

(5) 如果真空泵或其附件存在问题,比如真空过滤器堵塞、真空泵刮片损坏等,那么真空就无法形成。这时需要逐一排除问题。

① 拆下真空过滤器,装回玻璃罩杯,重新启动发动机测试。如果可以快速形成真空,说明问题是真空过滤器造成的,需要清理或更换过滤器。实践表明,过滤器脏污堵塞或透气性不好,可能会导致吸水困难。

② 如果仍然不能形成真空,则说明真空泵刮片、真空泵腔室存在问题。这时可以直接测试真空泵是否有吸力,或者吸力是否足够。如果真空泵没有吸力,可能是真空泵刮片损坏或过度磨损,需要更换刮片。如果有吸力,可能是真空泵腔室轻微变形或磨损导致漏气,需要更换真空泵外壳或在外壳内部进行金属涂镀。实践表明,真空泵刮片损坏的情况较为常见。

3. 发动机能正常启动和加速,但是真空泵吸不上水

这时可以通过排除法来分析问题。首先,确认发动机运行正常,然后再重点检查离心泵和真空泵。

(1) 测试真空情况。将吸水口用闷盖盖好,关闭手抬泵的所有排水阀,启动发动机,操作真空泵进行吸真空。同时,观察真空表是否向负压方向变化。如果真空表显示负压,说明可以形成真空,真空泵工作正常。然后松开真空泵操纵杆,关闭发动机,1 min 后再观察真空表是否有变化。如果没有变化,说明整个手抬泵的密封性良好,手抬泵没有问题,问题可能出在吸水管上或其接口漏气。

(2) 如果不能形成真空,可参照上述"无法形成真空"问题来解决。

4. 手抬泵出水流量小

(1) 手抬泵有一定的吸程范围,如果吸程过深,就会导致出水流量减小。此时,可以检查吸水位置,尽量将其调整到吸程范围内。

(2) 如果发动机动力不足,手抬泵的出水流量也会受到影响。可以检查发动机的运行状态,确保其动力正常。如果动力不足,可能需要对发动机进行维修或更换。

(3) 吸水和出水管路的堵塞或漏气也会导致出水流量减小。可以检查管路是否通畅,有无破损、漏气等情况。如果发现问题,应及时进行修复或更换。

(4) 手抬泵的叶轮在长时间使用过程中可能会被杂质堵塞,导致出水流量减小。此时,需要清理叶轮上的杂质,确保其正常运转。

(5) 手抬泵的摆放位置也会影响出水流量。应确保手抬泵摆放在水平位置,避免因重力影响导致出水流量减小。

5. 泵能正常吸水,但加压无力

(1) 如果手抬泵能正常吸水,说明离心泵和真空泵都能正常工作,可以排除这两个原因。然后,需要进一步检查离心泵的密封性、吸水管接口是否有漏气现象。漏气可能会导致离心泵的加压能力下降,因此需要仔细检查并修复漏气部位。

(2) 要检查叶轮叶片,看其是否有损坏或被石子等异物堵塞。叶轮叶片的好坏直接影响到离心泵的加压能力,如果叶片损坏或堵塞,会导致泵的加压能力下降。

(3) 需要检查发动机转速和功率。主要观察发动机转速是否能上去,如果发动机转数提升不了或者功率下降,都可能导致加压无力。由于泵能正常吸水,那么问题很可能是出在发动机上。

(4) 可以通过气缸压力表准确地检测各个缸的压力值,然后拆检相关的部件,如气缸垫、活塞、活塞环、缸体等。在实际维修中,气缸垫损坏和活塞拉缸都是常见的问题,这些问题都可能导致泵的加压无力。

确定了问题的所在后,就可以进行相应的修复。例如:如果是因为气缸垫损坏,那么就需要更换气缸垫;如果是因为活塞拉缸,那么就需要更换活塞。在修复完成后,再次启动手抬泵,检查问题是否得到解决。如果问题仍然存在,那么就需要进一步检查,找出问题的根源。

6. 发动机能正常启动,泵能正常出水和加压,但是从加压状态转到怠速状态一会后,需要重新操作真空泵才能出水和加压

(1) 离心泵能正常出水和加压,说明离心泵和真空泵都能正常工作,可以排除离心泵和真空泵的问题。

(2) 发动机在怠速状态下可能存在空气进入离心泵的情况,这会导致离心泵真空度损失,从而泄压,泵体内充入空气。因此,需要检查系统是否存在漏气现象。

(3) 要从手抬泵的循环水路来考虑这个问题,包括吸水管、离心泵、排气歧管、缸体、缸盖、排气管等部件是否损坏或漏气。

(4) 发动机缸体是水冷的,有水道。从循环水连接结构来看,只有缸盖上的循环水口这一连接处。只有当气缸垫烧穿但并不严重的情况下,才可能出现这种现象。在实际情况中,离心泵高温造成气缸垫烧穿现象时有发生,此外,吸水管漏气也可能导致这种情况。

综上所述,当发动机能正常启动,离心泵能正常出水和加压,但在怠速状态下需要重新操作真空泵才能出水和加压时,应从离心泵、真空泵、发动机缸体和吸水管等方面逐一排查,找出问题的根源,并进行相应的修复。

7. 打开油路开关,发动机化油器溢油管持续漏油

(1) 当打开油路开关时,化油器内的油会通过溢油管流出。如果按几下化油器上的"强制供油/复位"开关后,漏油现象停止,那么可能是化油器针阀卡住或者粘住。在这种情况下,复位后问题就可以解决。但如果漏油现象仍然持续,那么就需要进一步

检查。

（2）如果化油器针阀不能封住进油口，就会导致油不断流出。这可能是化油器针阀损坏或磨损，需要更换化油器针阀。在实践中，使用乙醇汽油的发动机更容易出现这种问题。

为了避免这种问题，每次使用完手抬泵后，都要关闭油路开关，并排空化油器内的余油。这样可以防止油在化油器内滞留，从而减少化油器针阀卡住或磨损的可能性。

此外，定期对手抬泵进行维护和检查也非常重要。这可以确保化油器和其他部件正常工作，从而避免因化油器问题导致漏油现象出现。

8. 发动机难启动，运行不稳定，转速忽高忽低

（1）需要排除电路故障。可以采用由后向前逐步排除的方法，首先拆下火花塞查看是否有积炭（如有积炭可用化油器清洗剂进行清洗），然后将火花塞插入点火线圈高压帽一端对缸体搭铁，启动起动机查看两缸火花塞点火是否正常，如正常说明电路无故障。如无火花，可以更换一只火花塞再次检查火花塞跳火情况（火花塞电极间隙应在 0.6～0.8 mm 之间），如仍无火花，则继续检查点火线圈低压供电是否正常，如供电正常，故障可能在点火线圈，如无供电，应检查电源保险丝是否损坏，搭铁线是否断路，启动开关是否损坏。

（2）需要排除油路故障。检查燃油是否充足，燃油滤芯是否脏污堵塞。拔下化油器进油管打开油路开关查看供油是否正常，拆下化油器用清洗剂对化油器的主油道量孔、怠速油道量孔、空气量孔进行清洗，查看是否有通道不畅的现象。检查浮子室针阀是否卡住或破损，浮子有无破损，并检查怠速油道调整螺钉和空气量孔调整螺钉是否有堵塞，位置调整是否正确（调整方法：顺时针调整关闭，逆时针调整打开）。

（3）需要排除机械故障。检查空气滤清器是否脏污堵塞，拆下火花塞用气缸压力表测量气缸压力（压力应在 0.075～0.090 MPa 之间）。如压力不足，故障可能是拉缸或活塞环断裂，气缸垫烧坏漏气。

综上所述，遇到发动机难启动、运行不稳定、转速忽高忽低的问题，需要从电路、油路和机械等方面逐一排查，找出问题的根源，并进行相应的修复。同时，定期对手抬泵进行维护和检查，也能有效避免类似问题的发生。

9. 手抬泵长时间放置后，无法正常启动

（1）手抬泵带油放置时间较长后，油中的杂质会沉积，从而容易造成油路堵塞，导致燃油系统供油不畅。

（2）由于手抬泵存放时间较长，其间未进行过维护或启动，进行电启动测试时无反应。这可能是因为电瓶亏电严重，导致电瓶再次启动时，起动机运转正常，但发动机无法启动。

（3）如果火花塞点火情况正常，用手靠近排气管管口启动发动机，排气管无烟雾及燃油排出，可以确定故障应在燃油供给系统上。为了解决这个问题，需要更换燃油箱内

的燃油，并拉开化油器排油螺钉。如果燃油流出正常，说明燃油箱至化油器进油管路供油正常。然后拆下化油器总成，分别拆下浮子室、浮子、针阀、主油道量孔螺钉，如发现油道有结晶物堵塞，可用化油器清洗剂对各油道进行清洗。安装化油器总成后，启动发动机，如果发动机工作正常，那么故障就排除了。

综上所述，当手抬泵长时间放置后无法正常启动时，需要从燃油供给系统等方面逐一排查，找出问题的根源，并进行相应的修复。同时，定期对手抬泵进行维护和检查，也能有效避免类似问题的发生。

第二节　供水消防车的结构、操作与维护保养

供水消防车主要配备有车用消防泵和大容量水罐，这种车辆主要用于向灾害现场供水。供水消防车执行的标准包括《消防车　第 1 部分：通用技术条件》(GB 7956.1—2014)和《消防车　第 2 部分：水罐消防车》(GB 7956.2—2014)。供水消防车以其载水量大、消防泵流量大、出水口多等特性而主要用于大型火灾扑救中向其他消防车供水，同时也可用于其他救援行动中提供临时水源。

根据《消防车　第 1 部分：通用技术条件》(GB 7956.1—2014)，供水消防车的产品型号由消防车企业名称代号、消防车类别代号、消防车主参数代号、消防车产品序号、消防车结构特征代号、消防车用途特征代号、消防车分类代号、消防装备主参数代号组成，必要时附加消防车企业自定代号。其中，供水消防车的类别代号为 5，主参数代号用两位阿拉伯数字表示车辆的总质量（单位为 t），产品序号用一位阿拉伯数字表示，结构特征代号为 G，用途特征代号为 XF，分类代号为 GS，消防装备主参数代号用两位或三位阿拉伯数字表示，而供水消防车消防装备主参数则反映了该车的额定水装载量，单位为 100 kg。

例如，某企业（企业代号：ZXF）生产的供水消防车，满载总质量为 43 t，载水量为 25 t，底盘形式为整车式，其型号为 ZXF5430GXFGS250。

一、结构组成

供水消防车主要由底盘、功率输出装置、消防泵系统、电气系统、驾乘室、水罐和器材箱等组成，如图 1-2-1 所示。

1. 底盘

供水消防车与其他消防车一样，多采用商用车二类底盘，包括发动机、传动系统、制动系统、行驶系统、电气系统等组成部分。由于运载负荷大，供水消防车多采用六缸以上四冲程柴油发动机，额定功率一般大于 300 kW。因满载总质量在 30 t 以上，多采用四轴、8×4 驱动形式。

1—驾乘室；2—器材箱；3—水罐；4—泵室。

图 1-2-1　供水消防车结构示意图

2. 功率输出装置

功率输出装置俗称为取力器，它是一组或几组变速齿轮，作用是从发动机或传动系统获取动力，提供给车载消防泵或其他装置。供水消防车一般采用夹心取力器，车载消防泵运转时变速器不参与工作，能够保护变速器、延长使用寿命。

3. 消防泵系统

消防泵系统主要由车载消防泵、真空泵、管路和操作系统组成。供水消防车的车载消防泵一般采用低压单级离心泵，流量一般在 150 L/s 以上。真空泵多采用滑片式或活塞式，驱动方式一般有电动、皮带或摩擦轮传动、齿轮啮合等。真空泵最大真空度不小于 85 kPa，1 min 内真空度的降低数值不应大于 2.6 kPa，最大吸深不小于 7 m，引水时间不超过 100 s。

4. 电气系统

电气系统一般包括警示装置、照明装置、通信装置、报警装置、充供电装置、操控显示装置、监控装置、自动受水装置和相应的线路等。

5. 驾乘室

鉴于供水消防车在火灾扑救中主要承担供水任务，需要的操作人员少，因此常采用单排驾乘室，可乘坐 2～3 人。

6. 水罐

水罐按材质可以分为碳钢、不锈钢、铝合金等金属罐体和 PP（聚丙烯）、PE（聚乙烯）等高强度复合材料的非金属罐体，国产消防车多采用不锈钢罐体。水罐顶部开有人孔，内部设有横向和纵向的防浪板将水罐分隔成若干个容积不大于 2 m³、底部相互连通的小舱，以增加罐体强度，并减少车辆行驶中水的振荡对行驶稳定性、安全性的不利影响。水罐内顶部设有溢水管，作用是在水罐注满时溢水，并保证罐内气压与大气压平衡。水罐底部最低处设有排污口，用于清洁水罐时排出全部污水。罐体还有三个开口分别与出水管、注水管、补水管相连。水罐内还设有液位传感器。

7. 器材箱

器材箱主要包括卷帘门、骨架、蒙皮、固定装置、照明装置、踏板等。供水消防车器材箱相对较小，主要存放水带、接口、吸水管、分水器、集水器等少量器材。有的供水消防车随车配备手抬泵、储水槽等器材,通过设在罐体后壁的大口径出水口,将水罐内的水快速倾泻至储水槽中。

8. 性能要求

根据《消防车 第1部分:通用技术条件》(GB 7956.1—2014)和《消防车 第2部分:水罐消防车》(GB 7956.2—2014)的要求,供水消防车应满足以下要求。

(1) 中型供水消防车(载水 12~25 t)比功率不小于 10 kW/t,重型供水消防车(载水 25~38 t)比功率不小于 7 kW/t。

(2) 整体式供水消防车外廓尺寸不超过长 12 000 mm×宽 2 500 mm×高 4 000 mm。

(3) 总质量不应大于底盘厂公告允许总质量的 97%。

(4) 取力器在额定负载工况下持续工作时间不应小于 6 h,最高油温不应大于 100 ℃。

(5) 消防车车体上取放器材的踏板,其人员站立面距地面高度不应大于 450 mm,长度不应小于 300 mm,宽度不应小于 200 mm,并应有照明。

(6) 燃油箱容量应满足满载行驶 100 km 后在消防车额定流量和压力下连续工作 2 h。

(7) 消防泵额定工况轴功率与柴油发动机额定功率之比不应大于 60%;取力器的增速比不应大于 1.5。

(8) 罐体和所有管路、阀门应采用耐腐蚀材料或采取防腐蚀措施。

(9) 当消防泵进水口设在侧面时,应在车辆两侧均设进水口,单侧进水口应满足消防车额定流量和压力要求。

(10) 消防泵的每个进水口和吸水管之间应安装抗腐蚀性滤网,对于额定流量不大于 30 L/s 的消防泵,滤网上的孔不应通过粒径大于或等于 8 mm 的颗粒,对于额定流量大于 30 L/s 的消防泵,滤网上的孔不应通过粒径大于或等于 13 mm 的颗粒。

二、操作使用

1. 利用罐内水供水

(1) 停车并置于空挡,同时拉起驻车制动,以确保车辆稳定。

(2) 铺设好供水水带,以保证水源能够顺利输送。

(3) 操作取力器,使消防泵开始低速运转。在这个过程中,需要打开水罐至消防泵的出水阀及消防泵出水口阀门,这样才能让水流出来。在供水过程中,要调节油门,控制消防泵出水压力,保证水流的稳定。

(4) 当停止供水时,应先减小油门,再关闭出水阀门,以确保供水过程的顺利进行。

2. 利用消火栓取水向前车供水

(1) 停车并置于空挡,拉起驻车制动。

(2) 铺设好供水水带,同时用吸水管连接消火栓出水口与消防泵进水口,以保证水流的顺畅。

(3) 开启消火栓,操作取力器,使消防泵开始低速运转。在这个过程中,需要打开消防泵出水口阀门,同时调节油门,控制消防泵出水压力。

(4) 停止供水时,先减小油门,再关闭消火栓和出水阀门,以确保供水过程的顺利进行。

3. 利用天然水源取水向前车供水

(1) 停车并置于空挡,拉起驻车制动。

(2) 连接吸水管、滤水器,并放入天然水源中。滤水器入水深度不小于 5 cm,同时铺设好供水水带。

(3) 操作取力器,使消防泵开始低速运转。在这个过程中,需要打开引水开关,加大油门使泵出水压力大于 0.1 MPa,然后关闭真空泵。

(4) 打开出水阀,调节油门,控制消防泵出水压力。

(5) 停止供水时,先减小油门,再关闭出水阀门。

4. 注意事项

(1) 消防泵工作时,采用强制冷却方式的取力器应打开附加冷却系统进行冷却,以保证消防泵的正常工作。

(2) 消防泵在无水状态下运转不得超过 1 min,真空泵连续抽吸真空时间不得超过 5 min,以保护消防泵,防止过热损坏。

(3) 不得在出水阀关闭状态下长时间或高速运转消防泵,以防止消防泵过热损坏。

(4) 消防泵运转时,打开出水阀应缓慢操作,防止水锤作用,以保护供水管道。

(5) 消防泵泵送过海水或污水后,应使用干净的淡水完全清洗,以保证消防泵的清洁。

(6) 使用后,应打开所有放余水开关,彻底排净消防泵和管路中的余水,以保证消防泵的清洁和干燥。

三、维护保养

1. 底盘维护保养

(1) 每日和出车前后应检查油、水、电、气是否充足,包括检查发动机油、刹车油、冷却液、电解水等是否在正常范围内,同时检查电池电量是否充足。此外,还要检查各指示灯有无异常、用电设备是否完好。这些检查能够确保供水消防车的正常启动和运行。

(2) 定期检查空气滤清器滤芯并进行吹扫,清理集尘袋,排除油水分离器水分。这些部件的清洁能够保证底盘的进气系统畅通,防止灰尘和杂质进入底盘发动机,从而延长发动机的使用寿命。

(3) 定期检查起动机、发电机、消防泵、空调压缩机风扇等是否正常,传动皮带有无老化、龟裂，预紧力是否正常。这些部件的正常运行能够保证底盘的电力系统、冷却系统、空调系统的正常运行。

（4）定期检查变速器、取力器、车桥等的润滑油液面高度，清洁通气孔。这些部件的润滑能够保证底盘传动系统的顺畅运行，防止磨损和故障。

（5）经常性地检查传动、制动、转向、悬挂等系统连接紧固情况，对各轴、销、轴承、铰链加注润滑脂。这些部件的紧固、检查和保养能够保证底盘的稳定性和安全性。

（6）定期检查制动摩擦块、盘厚度，调整制动器间隙。这些检查能够保证底盘的制动系统的正常运行，防止制动失灵。

（7）定期检查制动储气筒，如发现有油水混合物，应更换空气干燥器。这能够保证底盘制动系统的正常运行。

（8）按照底盘使用说明进行等级维保，按时更换机油、机油滤清器、燃油滤清器、空气滤清器、转向液压油、冷却液、离合器油、制动液、变速箱齿轮油、后桥齿轮油等。这些保养能够保证底盘各个系统的正常运行，延长底盘的使用寿命。

2. 上装维护保养

（1）消防泵齿轮箱和真空泵润滑油的检查和更换。润滑油是保证齿轮箱和真空泵正常运转的关键。需要定期检查润滑油的油量和油质，如果发现润滑油油量不足或者油质不佳，应及时补充或更换润滑油。

（2）真空泵的检查。真空泵是消防车的重要组成部分，需要经常性地检查真空泵，有条件的话可以进行引水测试，以确保其正常工作。

（3）轴承和关节部位的保养。消防泵、球阀等轴承和关节部位需要定期加注润滑脂，以保证其灵活运转。同时，各接口、螺口也需要涂上润滑脂，以防止磨损和腐蚀。

（4）水罐的清洗和防腐。每半年对水罐进行一次清洗，检查是否有腐蚀、锈蚀和泄漏的情况，除去水罐内的沉淀物，并进行防腐处理。

（5）水力性能测试。定期进行水力性能测试，主要包括消防泵的出口压力、流量和 7 m 引水时间，以确保消防泵的正常工作。

（6）随车器材的检查。检查随车器材是否完整好用、固定牢靠。器材箱和随车器材应保持清洁、干燥，卷帘门、照明装置应保持完好。

四、常见故障诊断与排除

1. 消防泵压力不足

这个故障可能是由消防泵内部磨损、消防泵轴封损坏、进口或出口阀门关闭不严、水泵吸入管道堵塞等原因引起的。针对这个问题，需要检查消防泵内部、轴封、阀门、吸入管道：消防泵内部转子和壳体腔室如有磨损，需要修复或更换；消防泵轴封如有损坏，需要更换；阀门如关闭不严，需要修复或更换；吸入管道如有堵塞，需要清理。

2. 消防泵流量不足

这个故障的可能原因与消防泵压力不足类似,也是需要检查消防泵内部、轴封、阀门和吸入管道等,进行相应的修复或更换。

3. 水罐泄漏

水罐泄漏也是供水消防车常见的故障。这可能是由水罐焊接部位开裂、水罐底部磨损、水罐密封件损坏等原因引起的。对于这个问题,需要检查水罐焊接部位、水罐底部、水罐密封件。水罐焊接部位如有开裂,需要修复或更换;水罐底部如有磨损,需要修复;水罐密封件如有损坏,需要更换。

第三节　远程供水泵组消防车的结构、操作与维护保养

远程供水泵组消防车(简称泵组车)是一种配备有大流量消防泵组和大口径、长距离水带,具有独立动力源的消防车,不配备灭火剂罐,可以通过天然水源或消防水池进行供水。此类消防车属于泵浦消防车的一种,执行的标准是《消防车　消防要求和试验方法》(XF 39—2016)。

根据有无增压系统,远程供水泵组消防车可以分为常压泵组车和增压泵组车;根据结构形式,可以分为固定式泵组车和机动式泵组车。固定式泵组车的供水泵组没有自行移动的动力装置,而机动式泵组车的供水泵组通常装配有履带式自行走机构,因此更加机动灵活。

远程供水泵组消防车的型号编制是按照《消防车　第1部分:通用技术条件》(GB 7956.1—2014)进行的,其中类别代号为 5,结构特征代号为 T,用途特征代号为 XF,分类代号为 BP,消防装备主参数代号则代表该车的水泵额定流量,单位为 L/s。

例如,某企业(企业代号:SJD)生产的远程供水泵组消防车,满载总质量 28 t,泵组额定流量 200 L/s,其型号为 SJD5280TXFBP200。

一、结构组成

目前,我国消防救援队伍配备较多的远程供水泵组消防车是单车式消防车,这种车型配备有 1 000 m DN300 的水带,且具备收带、理带功能,如图 1-3-1 所示。下面将以这种车型为例,详细阐述其各个组成部分。该车型由底盘、取水模块、收带系统、水带清洗模块、水带箱、大口径水带及分水器等供水附件组成,有的车型还带有增压系统。

1. 底盘

底盘采用商用车二类底盘,由于供水模块质量大,水带箱需要较大容积,因此,泵组车一般采用 6×4 形式的三轴底盘。这种底盘允许承载的最大质量在 25~30 t 之间,发动机功率一般大于 250 kW,比功率大于 10 kW/t。由于泵组车的操作需要 5~6 人,驾乘室一般采用双排式。

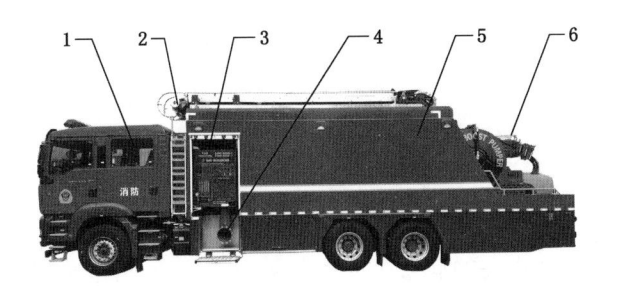

1—驾乘室；2—收带机；3—操作台；4—增压泵；5—水带箱；6—取水模块。

图 1-3-1　单车式远程供水泵组消防车结构示意图

2. 取水模块

固定式泵组车的取水模块由独立发动机、液压动力传输系统、浮艇泵、液压直臂吊、液压卷盘、卷扬机、电气控制系统组成。而机动式泵组车除了具备以上组成部分外，还装有履带式自行走机构。

3. 收带系统

收带系统主要由导带机构、收带机构、伸缩机构、液压动力系统及控制模块等组成。

4. 水带清洗模块

水带清洗模块包括由液压马达驱动的高压清洗泵、水箱、出水管路等。高压清洗泵及水箱位于器材箱内，管路接到收带机前端，需要时开启阀门对水带上下表面进行适当清洗。水箱容量为 500 L，设有进出水口和溢流口等。

5. 水带箱

水带箱是装载水带的舱体，也是单车式泵组车车身的主体部分，安装在底盘车架上，采用集装箱式焊接、后开门结构。水带箱内有 3 条纵向隔板，将箱体分隔为 4 个槽型隔断，可装载 1 000 m DN300 水带。

6. 大口径水带

大口径水带由编织层、内胶层和外胶层三层结构组成，编织层一般由涤纶长线经纬编制，内、外胶层材质为高强度聚氨酯或特种橡胶，采用多层共挤一次成型工艺制造，拉断强度在 196 kN 以上，工作压力一般为 1.0～1.3 MPa。泵组车水带的公称直径一般在 200～400 mm，长度 50～200 m 不等，消防救援队伍多采用 10-300-100 型（"10"表示工作压力为 1.0 MPa，"300"表示公称直径为 300 mm，"100"表示长度为 100 m）供水水带。

7. 分水器和接口

DN300 水带接口一般用高强度铝合金锻造，表面进行阳极氧化处理，为插转式接头，并具有自动锁止装置。管式分水器用铝合金铸造，设有若干个 DN150 和 DN80 出水口。分水器和接口的承压能力应与水带相适应。

8. 增压系统

增压系统类似于水罐消防车的消防泵，压力一般不超过 1.5 MPa，流量与浮艇泵流量相当。增压系统能够有效地提高供水压力,从而更好地满足消防救援长距离供水或排涝的需要。

二、操作使用

1. 停靠泵组车并准备取水

(1) 抽出泵组车取水模块的爬坡板,放在泵组车的车厢平台尾部,插入固定销,并垫好爬坡板垫块。

(2) 解开取水模块的固定装置,打开总电源开关,启动模块发动机,将行驶速度调至低速,缓缓将取水模块打开至泵组车的车厢平台。

(3) 操作取水模块,使其停靠在靠近水源的平整地面上,地面斜坡坡角不超过10°。

2. 检查取水模块

确保燃油和液压油充足,各部件工作正常。

3. 释放浮艇泵并铺设供水线路

(1) 通过操作吊机俯仰键将浮艇泵吊起,然后将吊机臂伸出,同时操控液压卷盘和卷扬机释放液压管和绳索,将浮艇泵放到地面。

(2) 将吸水水带两端接口分别连接到浮艇泵和取水模块上,接口锁锁紧。根据需要安装供水弯管,在桥面、码头及垂直取水地方,将垂直供水弯管挂在第二节臂上。

(3) 协同操作直臂吊机、卷盘和卷扬机,将浮艇泵放入水中。

(4) 打开水带箱后门并固定好。

(5) 拖下水带末端,将接口连接到取水模块供水口上。

(6) 以低速(不超过 15 km/h)行驶泵组车,铺设供水水带。通过主要路口时,架设水带护桥。

4. 供水作业

(1) 待水带铺设至火场并接好分水器时,开始供水。

(2) 打开电源启动发动机,按下浮艇泵供水按钮开始供水。

(3) 打开冷却水阀。注意液压油油温的变化,在 40 ℃左右打开液压油冷却水阀,根据油温变化调节开度。油温保持在 50~60 ℃为宜。

(4) 查看各仪表读数是否正常,缓慢将油门加到额定转速。

5. 供水停止

(1) 调整油门旋钮,使吸水泵的转速达到最低,然后关闭供水按钮。

(2) 发动机怠速运转 1~2 min 后熄火。

(3) 按相反程序收整取水模块。

6. 收整水带

(1) 启动发动机,按下取力器开关,启动液压油泵,同时遥控器通电。

(2) 爬到车厢顶部,打开导带机构固定锁销,操作控制手柄,将导带机构向前伸至驾驶室前部,锁紧固定锁销。

(3) 将导带机构后端的传感器、摄像头支架及收带机上的随动杆推至工作位置。

(4) 打开收带机锁销,将收带机移位到最前端,左右调整导带机构与收带机对齐并卡紧。

(5) 左右调整导带机构和收带机,对准水带箱收带位置。

(6) 连接引导水带和供水水带接口,操作导带机构将供水水带接口输送到压辊,解下引导水带。

(7) 操作收带机压辊压紧水带。打开遥控手柄"自动"模式,执行自动收带。收带过程中,可根据需要操作遥控器上"清洗"按钮对水带上下表面进行清洗。

(8) 当一个隔断内水带高度达到厢顶时切换到"手动"模式,左右调整导带机构和收带机,对准水带箱另一个隔断。

(9) 重复步骤(7)(8),直至水带全部收完。

(10) 收带完毕后,按相反程序将各部件复位,并锁紧固定锁销。

7. 注意事项

(1) 当操作人员在车顶操作时,务必防止坠落。在必要时,应系好安全带或安全绳。同时,有人在车顶时严禁行驶车辆。

(2) 取水模块行驶时,发动机转速不得超过 1 000 r/min。如果发生偏离,应缓慢微调方向,切勿急转,以避免侧翻。

(3) 取水模块应尽量选择平整路面停靠,斜坡坡角超过 10°时,不可停车作业。

(4) 在吊机起吊过程中,臂下严禁站人。在高压电线附近作业时,应保持安全距离。

(5) 浮艇泵入水后,吊臂应略微往上倾斜,多放一些液压管和绳索,防止吸水时水带绷直后由于绳和胶管的牵制,导致水带打折。

(6) 在供水过程中,应经常观察各仪表读数。液压油油温不得超过 70 ℃。在紧急情况下,按下急停按钮,使发动机断油停机。

(7) 铺设水带时,应靠近道路边缘,避免与钉、玻璃片等尖锐物接触。水带充水后,应避免在地面上强行拖拉。

(8) 在收带前,应检查各锁销是否锁紧。

(9) 当水带箱内水带出现折叠不平顺、不平整等异常状态时,应停止收带,并进行人工干预。

(10) 在收最后一条水带时,应人工辅助稳定水带接口,避免撞击挡风玻璃。

三、维护保养

(1) 发动机的维护保养是确保泵组车正常运行的关键。应定期更换机油、机油滤清器、燃油滤清器、空气滤清器等,以保证发动机的清洁和良好的运行状态。在更换这些滤清器时,要注意选择适合泵组车发动机的型号和规格,以确保其过滤效果。

(2) 液压系统是泵组车的重要组成部分,其运行状态直接影响到泵组的性能。因此,应定期发动并运行液压系统,及时更换滤芯,补充和更换液压油。在更换液压油时,要注意选择适合泵组工作环境的液压油,以确保液压系统的正常运行。

(3) 收带系统是泵组车的重要组成部分,其运行状态直接影响到收放带效果。因此,应定期对收带系统的蜗杆、齿轮、齿条涂抹润滑脂,防止磨损和锈蚀。在涂抹润滑脂时,要注意适量,避免过量涂抹,影响收带系统的运行效果。

(4) 水带接口的连接状态直接影响到供水效果。因此,应经常检查水带接口连接是否顺畅,并滴加润滑油润滑防止锈蚀。同时,还要检查密封胶圈是否老化变硬,如果发现老化现象,应及时更换。

(5) 水带的保养也非常重要。水带应避免与油类、酸、碱等有腐蚀性的化学物品接触,以防腐蚀损坏。如果水带沾染了腐蚀物,应立即用流水刷洗,直至腐蚀物完全稀释。此外,还要定期清洗水带上的油脂,可以用温水或肥皂洗刷,然后清洗晾干。

(6) 水带的使用和储存也需要注意。使用后,应立即用软刷、水枪清洗并晾干,然后存放在阴凉干燥的地方。储存时,严禁长时间室外暴晒、雨淋、火烤,以免造成水带提前老化,缩短使用寿命。

(7) 冬季时,如果水带结冰,首先要融化冰,然后再收卷水带。在寒冷的气候下,使用结束后要及时放掉整个清洗水箱内的水,以防水箱结冰。

(8) 定期对水带箱进行清洗,检查是否腐蚀、锈蚀、泄漏,必要时做防腐处理。这是为了保证水带箱的使用寿命和工作性能,防止因腐蚀、锈蚀、泄漏等问题影响泵组车的正常运行。

四、常见故障诊断与排除

1. 液压系统工作不稳定

(1) 检查卷盘上的液压管是否有折叠现象。液压管折叠会影响液压油的流动,进而影响液压系统的运行。如果发现液压管有折叠现象,应立即消除,以确保液压油的流畅。

(2) 检查液压油油箱的油位。如果油位低于最低刻度线,应及时补足液压油。液压油是液压系统运行的基础,如果液压油不足,会影响液压系统的运行效果。

(3) 检查液压系统是否有泄漏。泄漏会导致液压油的损失,进而影响液压系统的运行。如果发现液压系统有泄漏,应立即修复泄漏处,并补足液压油。

(4) 检查液压系统的元器件是否损坏或性能下降。如果液压系统的元器件损坏或性能下降,应立即进行修理或更换,以确保液压系统的正常运行。

(5) 检查浮艇泵吸水口滤网和叶片吸水口滤网是否有堵塞。如果滤网堵塞,会影响泵的吸水效果,进而影响泵的运行。如果发现滤网有堵塞,应及时清理。

(6)检查发动机的油路、水路和散热是否正常。同时,还需要检查各连接和固定处是否可靠,有无异响。如果发现异常,应立即进行检修,以确保发动机的正常运行。

2. 取水模块中的发动机冒黑烟,动力不足

(1)检查浮艇泵的工作有无异常。浮艇泵是整个取水模块的核心部分,如果浮艇泵的工作出现异常,可能会导致发动机的动力不足。如果发现问题,应及时进行修理,以确保浮艇泵的正常工作。

(2)检查浮艇泵滤网有无杂质堵住孔眼。滤网的作用是过滤进入泵的杂质,防止杂质进入泵内部,损坏泵的零部件。如果滤网被杂质堵住,可能会导致泵的运行阻力增大,进而影响发动机的动力。因此,应及时清理滤网上的杂质,保持滤网的畅通。

(3)液压系统油路有无受阻或不畅通情况。液压系统是浮艇泵的重要组成部分,如果油路受阻或不畅通,可能会导致发动机的动力不足。发现液压系统油路有问题时,应及时进行排除,保持油路的畅通。

(4)检查空气滤清器是否堵塞。空气滤清器的作用是过滤进入发动机的空气中的杂质,防止杂质进入发动机内部,损坏发动机的零部件。如果空气滤清器堵塞,可能会导致发动机进气不畅,进而影响发动机的动力。因此,当发现空气滤清器堵塞时,应更换空气滤清器,确保发动机的进气畅通。

3. 发动机燃油量变大

(1)检查发动机供油角大小。供油角是发动机燃油喷射的重要参数,如果供油角不合适,可能会导致燃油喷射不均匀,进而影响发动机的燃烧效率。如果发现供油角不合适,应立即进行调整,以确保燃油喷射的均匀性。

(2)检查发动机气门间隙大小。气门间隙是发动机气门工作的重要指标,如果气门间隙不合适,可能会导致发动机内的燃烧不良,进而影响发动机的性能。如果发现发动机气门间隙不合适,应立即进行调整,以确保发动机内的正常燃烧。

(3)检查柴油滤清器。柴油滤清器是用来过滤柴油中的杂质,防止杂质进入发动机,如果柴油滤清器脏污或损坏,可能会导致发动机燃油系统堵塞,进而影响发动机的性能。如果发现柴油滤清器脏污或损坏,应立即更换柴油滤清器,以确保发动机燃油系统的畅通。

(4)检查机油滤清器。机油滤清器是用来过滤发动机中的杂质,防止杂质进入发动机润滑系统,如果机油滤清器脏污或损坏,可能会导致发动机润滑不良,进而影响发动机的性能。如果发现机油滤清器脏污或损坏,应立即更换机油滤清器,以确保发动机润滑系统的正常工作。

4. 吊臂起重力下降

(1)检查油箱。油箱油量不足可能会导致液压管路中夹带有空气,从而影响到吊臂起重力。如果发现油箱油量不足,应立即添加液压油,确保液压系统的正常工作。

(2)检查需要润滑的部位。在吊臂的运行过程中,如果润滑部位的润滑效果下降,

可能会导致零部件之间的摩擦阻力增大,进而损耗功率,影响吊臂起重力。因此,应定期检查润滑部位,如果发现润滑不良,应立即添加润滑剂,以保证吊臂的正常运行。

(3)注意吊臂的维护和保养。定期检查吊臂的零部件,确保其正常工作,对于磨损严重的零部件,应及时更换。同时,还要注意保持吊臂的清洁,避免污物进入吊臂内部,影响其正常工作。

5. 收带时水带接口未通过,压辊不能自动打开

(1)检查超声波传感器支架是否处于工作状态。超声波传感器支架是负责检测水带接口是否通过的重要部件,如果支架未处于工作状态,可能会导致驱动收带机的液压泵无法正确识别水带接口的状态。如果发现支架未工作,应检查支架的连接是否松动,或者重新启动超声波传感器。

(2)检查超声波传感器是否工作正常。超声波传感器是负责检测水带接口是否通过的关键部件,如果传感器本身出现问题,可能会导致驱动收带机的液压泵无法正确识别水带接口的状态。如果发现传感器工作异常,应检查传感器的连接是否松动,或者更换新的传感器。

(3)检查电控系统是否正常。电控系统是驱动收带机的液压泵的核心部分,负责控制液压泵的各种工作状态。如果电控系统出现故障,可能会导致液压泵无法正常工作。如果发现电控系统存在问题,应检查电控系统的连接是否松动,或者重新启动电控系统。

6. 收带工作异常,出现操纵盒手柄指示灯报警、压辊没有压紧、收带时水带打结等现象

(1)检查收带机液压管接口是否连接好。收带机的液压管是负责驱动收带机工作的重要部件,如果液压管接口连接不良,可能会导致收带机无法正常工作。如果发现液压管接口存在问题,应重新连接液压管,确保接口处的密封性。

(2)检查车顶及驾驶室操纵盒上的急停按钮是否处于弹出状态(未开启)。急停按钮是驱动收带机的液压泵的安全装置,如果急停按钮处于弹出状态,可能会导致液压泵无法正常工作。此时,应将急停按钮按回原位,使液压泵恢复正常工作。

(3)在收带过程中,如果水带打结,可能会导致收带工作异常。此时,应将操纵盒收带方式切换至"手动",反向放下打结水带,将水带摆放平整后重新收带。

此外,还需要定期对驱动收带机的液压泵进行保养和维护。检查液压泵的零部件,如液压管、急停按钮等,确保其正常工作。同时,还要注意保持液压泵的清洁,避免污物进入液压泵内部,影响液压泵的正常工作。

第四节 排涝抢险车的结构、操作与维护保养

排涝抢险车是一种专门用于应对城市内涝、洪水等灾害事故的特种车辆。它能够快速到达受灾现场,通过排水设备将积水排出,降低灾害损失。排涝抢险车在城市应急

救援、防洪排涝等方面发挥着重要作用。

排涝抢险车可以分为排水泵车、移动泵站、排水清障车、排水修复车等多种类型,每种排涝抢险车都有其特定的应用场景和功能,需要根据实际情况选择合适的车型进行抢险救援。其中排水泵车是最常见的排涝抢险车类型,主要通过车载排水泵将积水抽送到排水管道或指定的排放区域,具有排水能力强,能够快速排放大量积水。其车载排水泵可快速安装和拆卸,方便在不同地点进行排水作业;设备集成度高,占地面积小,便于运输和操作等特点。

一、结构组成

排涝抢险车的工作原理主要是通过车载排水设备将积水抽吸、输送和排放,以降低灾害现场的水位,减少损失。排涝抢险车的组成部件主要包括以下几部分。

1. 动力系统

动力系统为排涝抢险车提供动力,驱动车辆的行驶和车载设备的运行。常见的动力系统包括柴油发动机、汽油发动机和电动机等。

2. 排水设备

排水设备是排涝抢险车的核心部件,负责抽吸、输送和排放积水。常见的排水设备包括排水泵、移动泵站、排水清障设备等。这些设备可以独立运行,也可协同作业。

3. 控制系统

控制系统负责对排涝抢险车的运行状态进行监控和调整,确保设备正常运行。控制系统包括传感器、控制器、执行器等部件。

4. 储水设施

储水设施用于暂时存储抽吸的积水,以便于进一步处理和排放。储水设施包括水箱、储水池等。

5. 辅助设备

辅助设备为排涝抢险车提供辅助功能,提高抢险救援效率。常见的辅助设备包括照明设备、通信设备、牵引设备等。

6. 支撑部件

支撑部件为排涝抢险车提供稳定的工作平台,支撑设备的运行。支撑部件包括车架、支腿等。

二、操作使用

(1) 抵达现场。将排涝抢险车开往积水灾害现场,尽量选择安全的行驶路线,避免二次灾害。在行驶过程中,应根据路况和积水深度,控制车速,确保行车安全。

(2) 停车定位。将车辆停在合适的位置,确保排水设备能够覆盖到积水区域,同时方便操作人员进行作业。停车定位时,应注意地面的平整度和坚硬程度,避免车辆陷入泥潭或损坏地面。

（3）设备检查。检查车辆的动力系统、排水设备、控制系统等主要部件是否正常，确保设备处于良好的工作状态。检查过程中，应重点关注设备的运行是否平稳，各部件连接是否牢固，有无损坏或磨损严重的情况。

（4）设备启动。按照操作规程启动排涝抢险车的动力系统和排水设备，开始进行排水作业。启动过程中，应确保各项参数设置正确，设备运行平稳。

（5）排水作业。操作排水设备，将积水抽吸、输送和排放。根据实际情况调整设备的工作参数，如排水量、排水速度等，以达到最佳排水效果。

（6）监测与调整。在排水过程中，实时监测水位变化、设备运行状态等，并根据实际情况进行调整，确保排水效果和设备安全。如果发现设备运行异常，应立即停机检查，排除故障。

（7）结束作业。当积水基本排干或者达到预定排水目标时，关闭排水设备和动力系统，结束排水作业。在关闭设备前，应进行必要的清洗和保养，以延长设备使用寿命。

（8）设备收尾。对排涝抢险车进行简单的清理和维护，收拾现场，确保环境整洁。然后，撤离现场。将车辆驶离灾害现场，返回驻地或指定地点。

在整个过程中，操作人员应熟练掌握排涝抢险车的操作技能，确保设备安全、高效地运行。同时，指挥人员应根据实际情况调整排水策略，以最大限度地减少灾害对人民生命财产的影响。操作人员应通过科学的操作和精细的维护，使排涝抢险车在灾害救援中发挥最大的作用。

三、维护保养

排涝抢险车的维护保养对于确保车辆正常运行和延长设备使用寿命至关重要。维护保养主要包括以下几个方面。

（1）定期检查。按照车辆使用手册的要求，定期对排涝抢险车的动力系统、排水设备、控制系统等的主要部件进行检查，确保设备处于良好的工作状态。检查过程中，如果发现任何异常，应及时进行处理，避免小问题发展成大故障。

（2）润滑保养。根据车辆使用手册的要求，定期对车辆的发动机以及传动系统、液压系统等的部件进行润滑保养，以减小摩擦，延长设备使用寿命。在进行润滑保养时，应使用合适的润滑油，确保润滑效果。

（3）清洁维护。定期对车辆进行清洁，去除表面泥土、污渍等杂物，防止腐蚀。在洪水中作业后，应及时对车辆进行清洗，防止污水对车辆造成损害。同时，对于车辆内部的清洁也非常重要，可以防止灰尘、污垢等影响设备的正常工作。

（4）电气系统检查。检查车辆的电气系统，包括电缆、插头、保险丝等部件，确保电路通畅，无短路、漏电等现象。如果发现电气系统存在问题，应及时进行维修，避免影响车辆的正常使用。

四、常见故障诊断与排除

1. 车辆无法启动或运行中突然熄火

(1) 检查燃油箱是否有足够的燃油,如燃油不足,应及时添加燃油。

(2) 针对汽油发动机,首先检查油路是否畅通,包括燃油泵、喷油嘴、点火装置等关键部件是否正常,如有问题,应及时清理或更换故障部件。其次检查发动机的点火线圈、火花塞等点火系统部件是否工作正常,如有故障,应及时进行维修或更换。

(3) 针对柴油发动机,环境温度过低、电起动器故障、喷油泵的喷油正时不准确等均会造成车辆无法启动或启动困难,可采用多预热,确保电池电量充足、电线紧固和起动机正常工作,确保联轴器正常工作等措施来解决。起动机的单向离合器卡死、安装不当或回位弹簧故障,燃油系统压力过低,燃油蒸气与空气的比例不合适,发动机温度过低,空气滤清器过脏等均会造成车辆运行中突然熄火。如起动机的单向离合器卡死、安装不当或回位弹簧故障,应立即关闭点火开关,并在必要时切断总电源;如燃油系统压力低、燃油蒸气与空气的比例不合适,应确保燃油泵、喷油嘴等部件工作正常;如发动机温度过低,应在启动前进行预热;如空气滤清器过脏,应定期清理或更换。

2. 排水设备无法正常工作

(1) 检查排水泵、电机等设备是否损坏,如有损坏,应及时进行维修或更换。

(2) 检查电缆、插头等是否接触良好,避免因接触不良导致设备无法正常工作。

(3) 检查设备内部是否有杂物,如有杂物,应及时清理,确保设备内部清洁。

3. 设备无法正常控制

(1) 检查传感器、控制器、执行器等部件是否损坏,如有损坏,应及时进行维修或更换。

(2) 检查电缆、插头等是否接触良好,避免因接触不良导致设备无法正常控制。

(3) 检查系统程序是否正常,如发现程序异常,应及时进行修复或重新安装。

第二章

供液保障

第一节 机动泡沫输转泵的结构、操作与维护保养

机动泡沫输转泵是专为消防救援队伍设计，用于输送泡沫液的设备。它具有结构紧凑、质量轻、运转稳定、机动性强、维护保养方便等特点，适用于一般火灾现场或战后给车辆加注泡沫液。但是，该设备不具备防爆功能，不得在危险化学品事故现场使用。

一、结构组成

机动泡沫输转泵主要由汽油机、泵体、机架等部分组成，如图 2-1-1 所示。其中，汽油机是该设备的核心部分，为整个设备提供动力，确保泵体的稳定运行。泵体则是负责将泡沫液从储备罐中吸入并通过输液管道输送至火灾现场的关键部件。机架则起到支撑和固定整个设备的作用，保证设备在各种复杂环境下的稳定性和安全性。

图 2-1-1 机动泡沫输转泵

二、操作使用

（1）检查滑片真空泵上的油杯，确保油杯中的润滑油在最低刻度线以上，如果不足，应立即加满。

（2）检查机动泡沫输转泵的各个部件，确认是否完好并无松动。

（3）检查机油，将机器放在水平面上，取下机油尺，观察机油是否在规定的范围内。

（4）检查燃油，打开油箱盖，查看燃油量，如需加油则从注油口加入。

（5）检查空气滤清器，打开空气滤清器的罩壳，清理滤芯上的杂物，然后轻搓洗涤，拧干后重新安装。

（6）检查泡沫吸管密封垫是否完好，以及泵体底部的放水阀是否已关闭。

（7）检查发动机上的总电源开关是否已开启。

（8）利用真空泵引泡沫液，直接按下真空泵操作把手，待出液口正常供液后，将真空泵操作把手归位。

（9）排气引泡沫液，将消声器顶部的球阀和进液口上方的阀门同时扳至水平位置，待出液口正常供液后，将两个阀门同时扳至垂直位置。

（10）注意事项如下：

① 启动前，务必检查机器各部件是否紧固；发动机机油是否充足，如缺油或长时间未更换机油，应及时添加或更换；泡沫吸管与泵体连接处的密封垫是否完好。

② 机器运行中，禁止触碰消声器（高温警示标志处），严禁伸手触摸泵体与发动机连接处的工作元件。

三、维护保养

（1）机动泡沫输转泵在使用过程中，必须保持其清洁和完整。每次使用后，应清理外部灰尘和油污，以确保设备整洁。此外，还需检查零部件是否完整，连接是否紧固，以保证设备在使用中的稳定性和安全性。

（2）泡沫吸管的弯曲程度不可过大，同时不可在其上堆放笨重物体，以免造成折裂或压弯。另外，还需检查泡沫吸管连接头的密封垫是否完好，如有磨损，应及时更换，以确保泡沫吸管的密封性。

（3）定期检测空气滤清器滤芯，清除其中的杂物，并保持滤芯的清洁。这可以有效防止杂质进入发动机，确保发动机正常运行。

（4）当机器工作时间超过 30 h，应清洗空气滤清器滤芯，以确保其正常工作。每工作超过 50 h，须清除火花塞上面的积炭，检查气门间隙，并将气门间隙调整到 0.6～0.7 mm 范围内。同时，检查散热片，清除散热片之间的污垢，以确保机器的散热效果。

（5）每年检查一次燃油管的老化情况，若发现风化、裂纹、断裂等现象，则必须更换。更换完毕后，还需检查接头处有没有漏油现象，以确保燃油管的正常运行。

（6）长期停用前的保养：若因某种原因，机器有较长时间停止不用，停用前需对机器进行一次全面的保养，包括清洗、检查零部件的完整性、更换磨损的零部件等，以确保机器在下次使用时能够正常运行。

四、常见故障诊断与排除

1. 泵不能启动

如果泵无法启动，首先检查电源是否正常，发动机是否运转。如果电源正常且发动机运转，可能是泵的内部零部件损坏，需要进行维修或更换。也可能是起动机故障，需要检查或更换起动机。

2. 泵启动后无法输送泡沫液

如果泵启动后无法输送泡沫液，可能是泡沫吸管堵塞，需要清理泡沫吸管；也可能是泵内部零部件损坏，需要进行维修或更换。同时，检查叶轮是否堵塞或者磨损严重。

3. 泵运行时噪声过大

如果泵运行时噪声过大，可能是泵内部零部件磨损，需要进行维修或更换；也可能是泵安装不稳，需要重新安装。此外，轴承磨损或损坏也是导致噪声过大的原因。

4. 泵无法停止

如果泵无法停止，可能是控制开关损坏，需要进行维修或更换；也可能是泵内部故障，导致泵无法正常停止。

5. 燃油泄漏

如果出现燃油泄漏，可能是燃油管老化或破损，需要更换燃油管。同时，检查接头处是否密封良好。

6. 发动机无法启动或运行不稳定

如果发动机无法启动或运行不稳定，可能是火花塞积炭过多，需要清洗火花塞；也可能是气门间隙不合适，需要调整气门间隙。同时，检查点火线圈、燃油泵等是否正常。

第二节 水驱动防爆泡沫输转泵的结构、操作与维护保养

水驱动防爆泡沫输转泵是一种高效、安全的液体输转设备，因为其设计考虑到了易燃易爆液体的特性，使得泵在输送这些液体时，不会因为液体的挥发或者泄漏而引发爆炸。因此，这种泵被广泛应用于消防救援、石油工业、印染工业等行业的液体输转。

一、结构组成

水驱动防爆泡沫输转泵主要由水轮驱动泵、减速箱、防爆自吸泵等组成，如图2-2-1所示。其中，水轮驱动泵是该设备的核心部分，它利用消防高压水源作为动力，通过驱动叶轮的旋转，将能量传递给防爆自吸泵。减速箱则起到调整转速、延长设备使用寿命

的作用，使得防爆自吸泵能够高效、稳定地运行。

图 2-2-1　水驱动防爆泡沫输转泵

水驱动防爆泡沫输转泵工作原理是利用消防高压水源作为动力，将高压水接入水轮驱动泵，带动水轮驱动泵的驱动叶轮旋转，再通过减速箱带动防爆自吸泵泵轴和叶轮旋转。

二、操作使用

（1）检查水驱动防爆泡沫输转泵的各部件是否完整，连接是否牢固。这是为了确保泵在运行过程中不会因为部件损坏或连接松动而出现故障。

（2）检查进水管的密封垫是否完好。进水管的密封垫对于防止水泄漏至关重要，如果密封垫损坏，可能会导致水泄漏，影响泵的正常运行。

（3）第一次使用时，需要在加油口加入 1 L 润滑油，以确保减速系统能够正常运转。润滑油的添加对于保持泵的运行顺畅非常重要，能够有效地延长泵的使用寿命。

（4）在开始使用之前，需要先在注液口加入 1.5 L 水。这样做的目的是保证叶轮在旋转时能够产生水气分离，使叶轮进口产生负压，从而能够有效地抽吸各种液体。

（5）此外，进液口和出液口需要分别接入一定长度的防爆化学软管。这样可以确保液体的顺畅输送，防止液体在输送过程中发生泄漏。

（6）如果被输送的液体颗粒大于 6 mm 或者液体含有较长纤维，需要在进液口加装过滤器。这样可以防止液体中的颗粒或纤维堵塞叶轮，从而避免对防爆自吸泵损坏。

（7）在使用水驱动防爆泡沫输转泵时，还需要注意以下几点：

① 启动前，需要严格检查连接部位和转动部分是否正常，各通流部件有无杂草杂物堵塞。

② 在室外温度达到 0 ℃ 以下时，用完水驱动防爆泡沫输转泵后需要打开余水排放阀，排放余水，以防结冰。

③ 工作温度须小于60 ℃,工作时间不超过3 h。

以上这些使用要求都是为了保证泵的安全运行,延长泵的使用寿命。

三、维护保养

(1) 必须保持泵的清洁完整。每次使用后,都应清除外部灰尘、油污,检查零部件是否完整、连接是否紧固。这样可以确保泵在下次使用时能够正常运行,避免因零部件损坏或连接松动导致的故障。

(2) 泡沫吸管的保养也非常重要。泡沫吸管不可过分弯曲,亦不可在上面堆放笨重的物体,以免折裂、压弯。同时,需要检查泡沫吸管连接头的密封垫是否完好,如有磨损,应及时更换。这样可以保证泡沫吸管的密封性,防止泡沫液泄漏。

(3) 长时间使用后,调速连接零件的灵活性可能会受到影响,此时可以在连接处涂抹一些润滑油,以保证调速器的灵活性。这样可以避免因调速器失灵而影响泵的正常运行。

(4) 须定期加注润滑机油。这样可以保证泵的各部件能够顺畅运行,延长泵的使用寿命。

(5) 每次使用过后需用泵抽吸清水,清洁泵体内零部件。这样可以清除泵体内的杂质,防止泵内部零部件的磨损,从而延长水驱动防爆泡沫输转泵的使用寿命。

四、常见故障诊断与排除

水驱动防爆泡沫输转泵在运行过程中,可能会出现噪声过大、流量不足和性能下降等故障。

(1) 泵运行时噪声过大的原因可能是轴承磨损、叶轮磨损或泵体内部有异物等。为了排除这些故障,需要更换轴承和叶轮,同时清理泵体内部的异物。

(2) 泵流量不足的原因可能是吸水管堵塞、叶轮磨损或泵内部零部件损坏等。在这种情况下,需要清理吸水管、更换叶轮,并检查、更换损坏的零部件。

(3) 泵性能下降可能是泵内部零部件磨损或泵壳内部有异物等原因。为了排除这些故障,需要更换磨损的零部件,同时清理泵壳内部的异物。

第三节 电驱动防爆泡沫输转泵的结构、操作与维护保养

电驱动防爆泡沫输转泵是一种先进的液体输送设备,主要应用于应急救援领域、安全防爆等领域。它具有广泛的应用范围,可以抽吸各种液体,尤其是燃油、机油、放射性废料等易燃易爆液体。

电驱动防爆泡沫输转泵如图2-3-1所示,具备结构紧凑、质量轻、体积小、流量大、方便运输的特点以及较好的耐颗粒和耐缠绕物性能,可以满足不同领域的使用需求。它

在设计时便考虑了易燃易爆液体的特性,采取了一系列安全措施,能保证使用过程中的安全。

图 2-3-1　电驱动防爆泡沫输转泵

一、结构组成

(1) 泵体。泵体是输送介质的主要部件,通常由金属材料制成,具有耐腐蚀和耐高压的特性。

(2) 电动机。电驱动防爆泡沫输转泵采用电动机作为动力源,驱动泵体进行工作。电动机通常采用防爆型设计,以确保其在易燃易爆环境中的安全运行。

(3) 叶轮。叶轮是泵体内部的旋转部件,通过旋转产生离心力,将泡沫液吸入并推送出去。叶轮的设计和材料选择须根据具体的工作条件和输送介质的性质进行优化。

(4) 密封件。为了确保泵体的密封性,电驱动防爆泡沫输转泵通常配备密封件,如轴封、填料密封等,以防止泡沫液泄漏。

(5) 进出口管道。电驱动防爆泡沫输转泵通过进出口管道与输送介质的源头和目的地相连接,实现泡沫液的进出。

二、操作使用

(1) 做好操作前的准备工作。这包括检查电驱动防爆泡沫输转泵的电源是否供应正常,检查泵体和相关管道的连接是否牢固;此外,还需要检查设备的防护设施是否完好,如防护罩、限位开关等。这些准备工作都是为了确保设备在运行过程中的安全。

(2) 启动电动机。打开电源,启动电动机,使其开始运转。根据具体型号不同,可能需要按下启动按钮或拨动开关。在启动电动机之前,要确保设备周围没有无关人员,防止电动机启动时产生的突然动作造成人员伤害。

（3）设置操作参数。根据泡沫液输送的需求，调整相关参数，如流量、压力等。这些参数通常可以通过控制面板或调节阀进行调整。在调整参数时，需要根据实际工作条件进行调整，以保证泡沫液输送的稳定性和效率。

（4）开始输送泡沫液。首先，要确认泵体和管道的密封性良好，然后打开进口阀门，使泡沫液进入泵体。随着电驱动防爆泡沫输转泵的运转，泡沫液将被推送到出口处，实现泡沫液的输送。在这个过程中，要注意观察泵体的运行情况，如泵体的工作声音、振动情况等，以确保设备的正常运行。

（5）监控电驱动防爆泡沫输转泵的运行状态，包括电机的工作情况、泵体的压力和温度等。如发现异常情况，应及时采取相应的措施，如停机检修或调整参数。

（6）停止运行。当泡沫液输送完成或需要停止运行时，可以关闭进口阀门，并逐步降低电动机的转速，最终停止电驱动防爆泡沫输转泵的运转。在停止运行前，要确保泡沫液输送管道中的液体排空，以防止管道中的泡沫液滞留导致设备损坏。

三、维护保养

（1）需要定期检查电驱动防爆泡沫输转泵的外观、密封性、电气连接情况等，确保设备正常运行。特别需要注意检查电缆、接线盒和电机的绝缘情况，防止因为绝缘体损坏导致的短路或者触电事故。同时，还需要检查防护罩、限位开关等安全设施是否完好，确保设备在异常情况下能够及时停止运行，保护操作人员的安全。

（2）清洁保养也是电驱动防爆泡沫输转泵维护的重要环节。定期清洁泵体和相关管道，清除污垢和堵塞物，保持通畅。这不仅可以保证泵的流量和压力稳定，还可以防止因污垢和堵塞物导致的设备损坏。需要注意的是，清洁剂的选择和使用应符合设备的要求，避免使用不当的清洁剂对设备造成损害。

（3）润滑维护是保证电驱动防爆泡沫输转泵正常运行的关键。根据设备要求，定期对泵的轴承、密封件等部件进行润滑和更换。合适的润滑剂不仅可以减少部件的磨损，延长其使用寿命，还可以防止因为润滑不良导致的故障。

（4）定期校准电驱动防爆泡沫输转泵的流量、压力等参数，可以确保设备的准确性和稳定性。校准过程中，需要对泵的性能进行全面的检测，如流量、压力、效率等，确保其满足灭火救援需要。

（5）在电驱动防爆泡沫输转泵的使用过程中，防腐蚀也是不可忽视的问题。根据工作环境和输送液体的性质，采取相应的防腐措施，如涂覆防腐涂层、选择耐腐蚀材料等，可以延长设备的使用寿命。

（6）定期维护是保证电驱动防爆泡沫输转泵长期稳定运行的关键。这包括检查电机的运行情况、清洁过滤器、检查管道连接情况等。根据设备的使用频率和工作环境，制订相应的维护计划，确保设备始终处于良好的工作状态。

四、常见故障诊断与排除

1. 泵无法启动

这种情况可能的原因有电源未接通、绕组断路、绕组接地或相间短路、控制设备接线错误等。在这种情况下,应首先检查电源连接情况、绕组连通性、控制设备接线等,确保所有的连接都是正确并且牢固的。如果这些都正常,那么就需要进一步检查电路板是否有问题,如有需要,应进行更换。

2. 泵无法吸入液体或流量减小

这种情况可能的原因有进口管道堵塞、泵体内部堵塞、叶轮损坏等。解决方法是清洁进口管道、清除泵体内部堵塞物、更换叶轮等。同时,也需要检查泵的工作压力是否正常,如压力过高或过低,都可能导致泵无法正常工作。

3. 泵运行时噪声过大

这种情况可能的原因有轴承损坏、叶轮与泵体摩擦、泵体松动等。在这种情况下,应更换轴承、调整叶轮与泵体的间隙、紧固泵体等。同时,也需要检查泵的安装是否稳定,如果泵在运行过程中出现振动,也会导致噪声过大。

4. 泵漏液

这种情况可能的原因有密封件损坏、泵体磨损、连接处松动等。解决方法是更换密封件、修复磨损泵体、紧固连接处等。同时,也需要检查泵的工作环境,如果工作环境中有腐蚀性物质,可能会导致密封件损坏。

5. 泵温度过高

这种情况可能的原因有电机过载、润滑不良、泵体内部堵塞等。解决方法是检查电机负载情况、改善润滑条件、清除泵体内部堵塞物等。同时,也需要检查泵的散热系统,如果散热系统出现问题,也可能会导致泵温度过高。

第四节 气动防爆泡沫输转泵的结构、操作与维护保养

气动防爆泡沫输转泵是一种集安全性、稳定性、便捷性于一体的设备,无论是在设计、制造、使用还是维护等方面,都表现出了明显的优势。在危化品泄漏事故的应急处置中,气动防爆泡沫输转泵都能发挥出重要的作用,是保障安全生产的重要设备。

一、结构组成

气动防爆泡沫输转泵是一种专门解决危化品泄漏事故的设备,主要由气瓶、气动输转泵、输转管、转换阀、压力表、供气管、面罩、Y形接口等组成,如图2-4-1所示。这些部件的合理布局和高效协同工作,使得气动防爆泡沫输转泵在应对危化品泄漏事故时具有出色的性能。

图 2-4-1　气动防爆泡沫输转泵

气动防爆泡沫输转泵的工作原理是利用气瓶或充气泵作为动力源,为输转泵提供强大的动力。

二、操作使用

(1)需要检查气动防爆泡沫输转泵的各部件是否完整,连接是否牢固。这些部件包括泵体、输转管、转换阀、压力表、供气管、面罩、Y形接口等,特别是输转管与泵体的连接情况,确保连接牢固,以防漏气。

(2)需要将输转管连接到输转泵的进液口和出液口。这一步需要确保连接牢固,以防漏气。连接完成后,应进行试运行,检查是否有异常声音或泄漏现象。

(3)需要将供气软管连接到气瓶。在连接过程中,要确保供气软管接口密封圈完好,防止气体泄漏。同时,也要检查供气软管是否漏气,避免在操作过程中出现气体供应不足的情况。

(4)在完成上述准备工作后,可以开始进行液体的输转。将进液口输转管放置到待输转液体中,将出液口放置在液体回收桶中。然后打开气瓶阀及输转泵阀门,启动输转泵。

(5)在操作过程中,需要注意观察气压表的压力。如果压力不足,应及时更换气瓶,以保证气动防爆泡沫输转泵的正常运行。同时,也要注意观察气动防爆泡沫输转泵的工作状态,如是否有异常声音或泄漏现象,以确保设备的使用安全。

(6)在使用气动防爆泡沫输转泵时,还需要注意一些事项。比如,操作时应避免将输转管暴露在阳光下,以防止紫外线照射导致输转管老化。此外,设备在使用后应及时清洗,以防止污垢或沉淀物影响设备的运行效率。

三、维护保养

（1）定期检查泵的外观和连接部件。这包括检查泵体、阀门、密封件和管道等，确保没有泄漏、松动或磨损的情况。如果发现任何损坏或磨损的部件，应及时进行更换，以防止泵在运行过程中出现泄漏。

（2）定期清洁泵的内部和外部。这可以清除积聚的污垢和杂质，保证泵的清洁度。在清洁过程中，应使用适当的清洁剂和工具，避免使用腐蚀性物质，以免损坏泵的表面和内部部件。同时，也需要注意不要让泵暴露在阳光下，以防止紫外线照射导致泵的老化。

（3）定期给泵的润滑部件添加适量的润滑剂。这可以保证泵的正常运行，并延长其使用寿命。在添加润滑剂时，应确保润滑剂的种类和使用方法符合要求。

（4）定期检查气源的压力和干燥度。这可以确保气源的稳定性和干燥性，防止杂质和湿气进入泵内。如果发现气源存在问题，应及时清洁或更换过滤器和干燥器。

（5）定期进行维护和保养。这可能包括更换密封件、清洗过滤器、校准仪表等。在维护和保养过程中，应遵循制造商提供的维护手册或指南进行操作。

四、常见故障诊断与排除

1. 泄漏

这可能是由于泵体密封不良或密封件老化损坏导致的。泄漏不仅会影响泵的性能，还会影响环境和人员的安全性。因此，我们需要定期检查泵的密封件，并在发现问题时及时进行更换。

2. 噪声过大

这可能是由泵体部件松动、磨损或不平衡等引起的。噪声过大不仅会影响泵的正常运行，还可能对周围环境造成影响。在这种情况下，我们需要对泵体进行检查，并在发现问题时及时进行维修或更换受损部件。

3. 振动过度

这可能是由泵体不平衡、轴承损坏或输送介质不均匀等引起的。振动过度可能会导致泵的性能下降和故障，因此我们需要对泵体进行检查，并在发现问题时及时进行维修或更换受损部件。

4. 输送介质时，流量不稳定

这可能是由气源压力不稳定、阀门故障或泵体内部堵塞等引起的。在这种情况下，我们需要检查和调整相关部件，以保证泵的正常运行。

5. 泵不能自动停机

这可能是由控制系统故障、传感器故障或电气问题等引起的。在这种情况下，我们需要检查和修复控制系统或更换故障部件，以保证泵的正常运行。

第五节　供液消防车的结构、操作与维护保养

供液消防车是一种装备有车用消防泵和大容量液罐的消防车,其主要用途是向灾害现场提供泡沫液。执行的标准包括《消防车　消防要求和试验方法》(XF 39—2016)、《消防车　第一部分:通用技术条件》(GB 7956.1—2014)等。这种类型的消防车主要用于各类大型石油化工火灾现场及仓库、厂房等大跨度空间的火灾救援,为泡沫车提供泡沫液。

一、结构组成

供液消防车主要由底盘、驾乘室、副车架、器材箱、供液系统(包括移动供液装置)以及管路系统等部分组成,如图 2-5-1 所示。由于供液消防车的功能相对单一,所以随车携带的器材较少,对器材箱的要求也不高,这与供水消防车的器材箱要求相似。

图 2-5-1　供液消防车

1. 副车架

供液消防车的底盘通常采用二类通用卡车底盘,并在此基础上加装副车架以方便改装和增强车辆强度。副车架能够有效减小车辆在行驶过程中(如急刹车、急转弯、颠簸等)产生的惯性力对上装的影响,避免应力集中,从而最大限度地保护上装,延长整车的使用寿命。

2. 供液系统

供液系统主要由取力器、传动轴、泡沫罐、泡沫泵、管路等部分组成。某型号供液消防车供泡沫液的流程如图 2-5-2 所示。

泡沫泵通常采用凸轮转子泵,适用于各种泡沫液的输送,能避免泡沫液在输送过程中与空气混合发泡。为了便于在灭火救援现场提供泡沫液,通常会配备两套内燃机泡沫输转泵,可以从两个泡沫桶中同时抽吸泡沫液,以确保应急使用。

泡沫罐通常采用耐腐蚀材料,如 304 不锈钢、316L 不锈钢、PP 和 PE 高分子材质等。罐内设有溢流管路,以确保在向液罐加注泡沫液时,能将罐内的空气充分排出,同

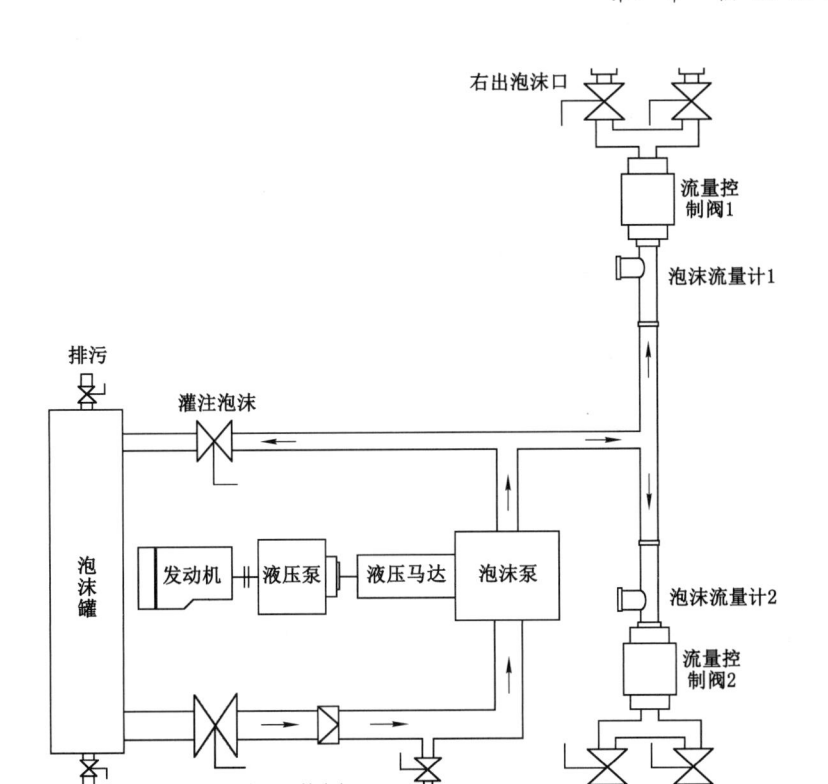

图 2-5-2　某型号供液消防车供泡沫液流程示意图

时避免产生过多泡沫液。泡沫罐还设有液位感应器,可以显示罐内泡沫液的容量。罐底设有用于排污和排除杂质的集液槽,以及排污口。车顶设置有适当数量的罐人孔(带有快速锁紧和开启罐盖,以及自动泄压设计)。罐体顶部有采用特殊材料进行防滑处理的支撑结构。

3. 管路系统

管路系统包括吸液管路、注液管路、放余液管路和安全阀等组成部分。根据实际需求,左右泵房设置出液口,一般口径为 65 mm 或 80 mm,以便直接为消防车供应泡沫液。车厢两侧设有外注液管路,可以通过泡沫泵将泡沫液桶内的泡沫液吸入泡沫罐或直接供应给其他受液设备。泵房内设置内注液管路,可以通过泡沫泵向罐内注液。

在泡沫泵及管道的最低处,加装放余液阀,以在严寒天气下保护泡沫泵及管道。同时,设置安全阀装置,当管道内压力达到设定值时,安全阀会自动弹出泄压,避免管道内产生过高压力。

车顶安装了一套带臂架的吸液系统,主要由回转台、液压油缸、吸液管等组成,如图 2-5-3 所示。该系统水平旋转角度为 180°(±90°)、仰角范围±25°,并采用无线遥控控制。

1—回转台；2—液压油缸；3—吸液管。

图 2-5-3　吊臂吸液系统管路

车辆尾部配备了一套吸液系统，该系统由底盘取力器驱动泡沫泵工作。主要组成部分包括吸液卷盘、泡沫泵、罐出泡沫阀和左右出泡沫口等。每侧设有两个 DN80 出液口，如图 2-5-4 所示。

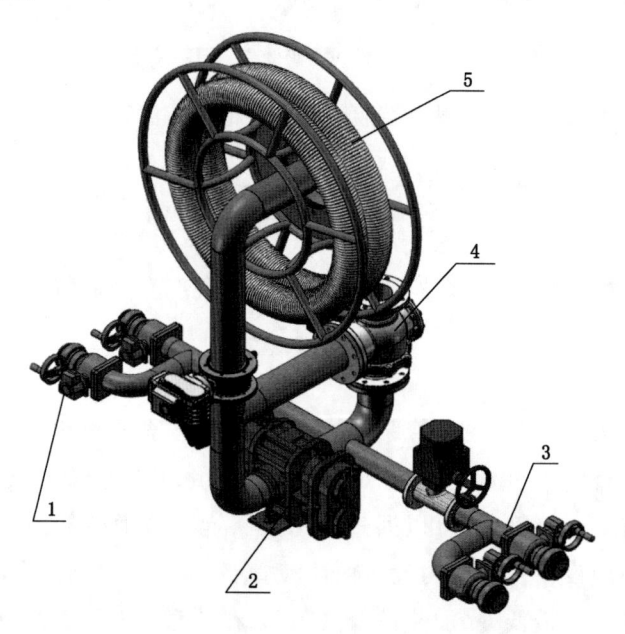

1—左出泡沫口；2—泡沫泵；3—右出泡沫口；4—罐出泡沫口；5—吸液管。

图 2-5-4　尾部卷盘吸液系统管路

车辆配备了两个泡沫比例混合器，混合比可在 1%～8% 之间调整。前车厢前部左右两侧各设置了一个接水流量计线盘，如图 2-5-5 所示。这两个支线用于将泡沫混合液输送至泡沫消防车。

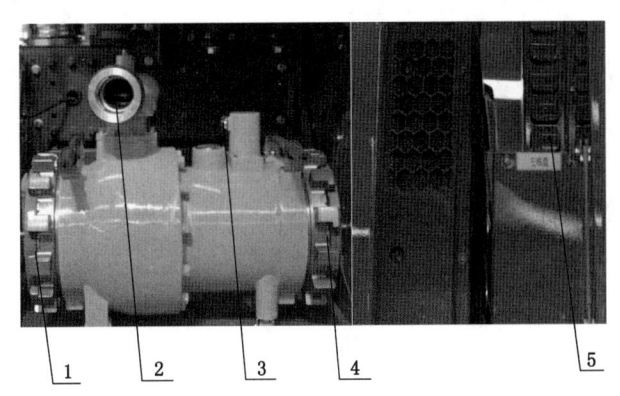

1—出泡沫混合液口；2—吸液口；3—线盘接插口；4—吸水口；5—线盘。

图 2-5-5 移动式泡沫比例混合器

二、操作使用

1. 取力器操作

在操作取力器之前，首先要仔细阅读底盘使用手册，并确保底盘气压大于 0.6 MPa。这是为了确保取力器能够正常工作，并且避免可能出现的故障。具体步骤如下。

（1）将供液消防车停在合适的位置，然后将变速箱的挡位置于空挡位置，拉上手动制动器。此时，发动机处于怠速运转状态。接下来，踩下离合器踏板 5~10 s，向上按下取力器开关，然后缓慢抬起离合器。当取力器开关状态指示灯点亮时，说明发动机的动力已经提供给泡沫泵，可以进行供液操作。在启动取力器之后，发动机的转速会被泡沫泵的最大转速所限制。

（2）如果在供液过程中需要加大油门，应该慢慢加，同时要观察压力表，确保压力不能超过系统的额定压力（1.0 MPa）。如果超过了这个压力，可能会破坏供液系统，甚至可能带来危险。

（3）在停止操作泡沫泵时，必须将变速器挡杆置于空挡位置。而在解除取力器时，需要在怠速情况下，按照上述操作步骤的相反顺序进行。这些操作步骤能够确保取力器的正常使用，同时也能够确保车辆的安全。因此，在使用取力器时，一定要严格按照操作步骤进行，避免可能出现的故障和安全事故。

2. 泡沫液注入罐

车辆配备了吊臂吸液系统和尾部卷盘吸液系统。在注泡沫液前，请关闭所有放余水阀，并在注泡沫液时确保手动和气动蝶阀均打开。在进行吸液操作前，应通过控制面板提前设置所使用的吸液系统，将"功能开关"旋钮旋至"前泵"或"后泵"。

针对无压力的泡沫源，请按照以下步骤操作：将泡沫管依次与泵进泡沫口和泡沫过滤器连接，将过滤器完全放入泡沫源中。打开后进泡沫蝶阀，将"模式"旋钮旋至"灌注泡沫"。启动泡沫泵,即可向罐内加注泡沫液。

针对有压力的泡沫源,请按照以下步骤操作:将泡沫管分别与泡沫罐外注泡沫口和有压力泡沫源出口(如移动式泡沫泵或其他泡沫供液车)连接,打开注泡沫口控制阀,即可向罐内加注泡沫液。

3. 外供泡沫液、泡沫混合液

(1) 使用罐内泡沫液外供。将泡沫液储罐的出液口依次连接并保持通畅。打开后进泡沫蝶阀及出泡沫球阀,将"模式"旋钮旋至"灌出泡沫"。启动泡沫泵,即可向外部提供泡沫液。

(2) 使用罐外泡沫液外供。将"功能开关"旋钮旋至"前泵"或"后泵",然后根据工作部位依次将泡沫管与泵进泡沫口和过滤器连接,将过滤器完全放入泡沫源中。同时将水带连接到需要出泡沫的接口,并连接受液车辆或喷射器具。然后将"模式"旋钮旋至"外吸外供",打开泡沫出口开关,启动泡沫泵(此时要关闭进入泡沫罐的开关),即可向外部提供泡沫液。

(3) 使用罐内泡沫液输送泡沫混合液。将罐的出液口与泡沫比例混合器的吸液口连接,将压力水与泡沫比例混合器的吸水口连接。将泡沫比例混合器的出泡沫混合液口与前段消防车连接,直接用于灭火救援作业。具体操作步骤如下:

① 将"功能开关"旋钮旋至"前泵"或"后泵"。

② 将"模式"旋钮旋至"灌出泡沫"。将"出液"旋钮旋至"混合器口"。

③ 将右前出泡沫口用水带连接至输出端口,打开 DN80 出口阀。将泡沫混合器连接在供水线路中,并放置平稳。接好流量传感器信号线和泡沫输送管路。根据水流量大小,调节发动机转速至控制系统参考转速。调节"比例"旋钮,调整泡沫混合比例,泡沫混合比例可在 1%～8% 之间调整。

4. 注意事项

在操作泡沫液注入和外供时,齿轮泡沫泵可能会因泡沫出口不畅或压力过高导致发动机熄火。这是正常现象,只需按照正确的顺序重新操作即可。同时,齿轮泡沫泵使用过程中不能超过额定转速。在操作前,请确保泡沫阀可以正常打开并工作。

5. 泡沫泵的清洗操作

(1) 将清洗系统恢复至关闭状态(取力器脱开,手油门逆时针归"0",所有开关复位)。

(2) 将泡沫吸液管的一端与泵吸液口连接,另一端放入干净的水源中(或连接消火栓),并打开吸液口球阀。

(3) 打开泵出水阀(出液口全打开)。

(4) 启动发动机,打开泵取力器开关,运行几分钟以排出泵内空气。然后打开气源总阀,按下"进气清洗"开关;接着分别打开管道上的气阀进行内部清洗。

(5) 当气管无水流出时,关闭所有气阀。

(6) 按照逆顺序操作,将系统恢复至关闭状态。

（7）注意事项如下：

① 泡沫泵使用完毕后，应打开放余液开关，放尽泡沫泵内剩余泡沫，并打开进气清洗开关进行清洗。

② 待清洗完毕后关闭开关。泡沫泵严禁长时间无泡沫空转（不大于 1 min）。

③ 在寒冷地区，泡沫泵使用前后均需打开泵室保暖设备。

三、维护保养

1. 泡沫液罐呼吸通气阀的检查与维护

为了确保泡沫液罐内泡沫液的稳定性和安全性，需要定期检查泡沫液罐呼吸通气阀是否正常。如果发现通气阀堵塞，应及时清除异物，以免影响泡沫液的流动和罐体的正常运行。此外，还需定期清洁通气阀周围的杂质，确保其畅通无阻。

2. 液压油的检查与补充

定期检查液压油是否充足，液压油充足是保持泡沫泵正常运行的关键。如果发现液压油不足，应及时补充，以保证液压系统的正常工作。同时，还要注意检查液压油的质量，如有异样，应及时更换，避免对设备造成不良影响。

3. 泡沫泵油位的检查与维护

泡沫泵的油位对于设备的运行至关重要。定期检查泡沫泵油位，如发现缺少，应及时补充润滑油，以保证泵的正常运行。此外，还需定期更换泡沫泵的润滑油，确保设备的润滑效果。

4. 设备各部件的检查与维护

为确保供液消防车的正常使用，需要定期检查转向、制动、电路、开关、警灯、警报器等，使用前保持良好状态。同时，还要定期检查发动机、取力器传动系统、泡沫泵运转是否正常，以及泡沫泵、进出泡沫系统的密封性能。此外，还要定期检查进出管等有无损坏，及时更换已损坏的部分。

5. 液罐的清洗与维护

为了保证泡沫液的质量和性能，液罐应每半年清洗一次。在清洗过程中，要仔细检查罐内有无损坏，如有损坏，应及时维修。同时，还要检查罐脚与底盘的固定情况，松动的部位应紧固，损坏的部分应及时更换。

6. 泡沫泵清洗与维护

泡沫泵使用后，应采用清水运转 10 min 以上，以便清洗掉泵内及管路内的残液。同时，泡沫泵严禁长时间无液高速运转（不大于 1 min），以防止干摩擦。

四、常见故障诊断与排除

1. 泵体堵塞

泵体堵塞是常见的问题，可能的原因有杂质、污垢或堵塞物等。为了预防泵体堵塞,应该定期清洁泵体,清除堵塞物,并确保供水管道畅通。如果发现泵体堵塞,应立即停机检查,避免对设备造成更大的损害。

2. 泵体漏水

泵体漏水可能是由于密封件老化损坏或密封不良导致的。为了解决这个问题,需要检查密封件,必要时更换密封件,确保泵体密封良好。在更换密封件时,要注意选择与原密封件相同型号和材质的新密封件,以保证密封效果。

3. 泵启动困难

泵启动困难可能是由电路故障、电源问题或启动装置损坏等引起的。为了解决这个问题,需要检查电路连接情况,确保电源供应正常,并修复或更换损坏的启动装置。如果启动困难问题仍然存在,我们还需要检查泵的起动机,看是否有损坏或故障。

4. 输送流量不稳定

泵在工作过程中,可能出现流量不稳定的情况。这可能是由气源压力不稳定、阀门故障或泵体内部堵塞等引起的。为了解决这个问题,需要检查和调整相关部件,确保气源稳定,阀门正常,泵体畅通。同时,还需要定期清洁和维护泵的内部部件,以防止管道堵塞。

5. 泵噪声过大的处理

泵在工作过程中产生异常噪声,可能是由泵体部件松动、磨损或不平衡等引起的。为了解决这个问题,需要检查和紧固泵体部件,必要时更换磨损的部件,以减少噪声。同时,还需要定期对泵进行维护和保养,以确保其正常运行。

第六节 远程供液系统的结构、操作与维护保养

远程供液系统由吸液输转车和供液分配车构成,其主要功能是将普通车辆运输的桶装泡沫液快速集中,远距离、大流量、连续地输送并分配给主战泡沫消防车。在作业完成后,该系统能够自动回抽输液软管内的泡沫液。同时,它还能满足输转软管的自动铺设与机动回收等功能。

在整个工作过程中,远程供液系统可以实时监控两车中转罐内泡沫液储量及各管路压力、各输出泵转速,并自动调节控制吸入、输出操作,以确保无溢出、不间断供给到作战前线。

远程供液系统适用于各种大中型 A、B 类火灾场景,尤其是适用于大、中型石油类液体燃料火灾现场,也可用于化工类、机场等重要火灾现场。

一、结构组成

1. 吸液输转车的结构与工作原理

吸液输转车由消防车底盘、液压系统、自动控制系统、展臂机构、中转罐和吸入输转

管路系统、遥控吸入装置等组成。在火灾现场,吸液输转车可以利用吸入装置将桶装泡沫液吸入自身的泡沫液罐内,然后大流量输转到供液分配车。

2. 供液分配车的结构与工作原理

供液分配车由消防车底盘、液压系统、分配管路系统、自动控制系统、软管、中转罐、软管撤收装置等组成。供液分配车可以根据实际作战需求,将泡沫液分配给前方的泡沫消防车。

3. 远程供液系统的工作流程

远程供液系统的工作流程如图 2-6-1 所示,具体如下:

(1) 将桶装泡沫液运至火灾现场的安全场地。

(2) 吸液输转车停靠在运输车旁,利用吸入装置将泡沫液吸入自身的泡沫罐内。

(3) 吸液输转车大流量、不间断地将泡沫液输转到供液分配车。

(4) 供液分配车根据实际作战需求,将泡沫液分配给前方的泡沫消防车。

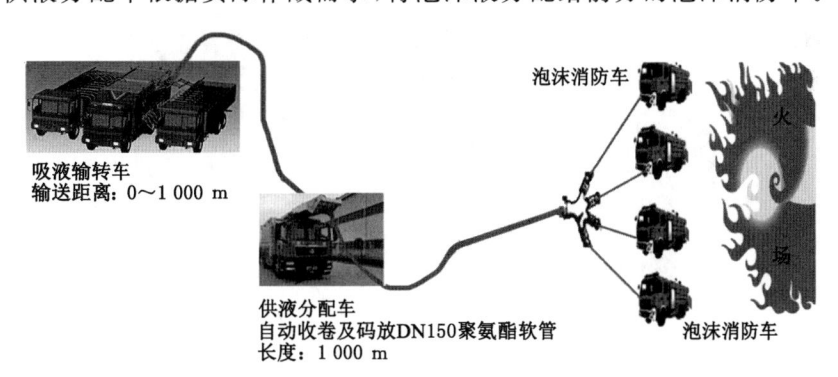

图 2-6-1 远程供液系统工作流程示意图

二、操作使用

1. 吸液输转车操作使用

(1) 将吸液输转车驶至火灾现场安全且较为开阔的位置。确保车辆两侧均留有足够的通道,以便展开作业和保证运送桶装泡沫液的运输车辆通过。图 2-6-2 展示了吸液输转车左右两侧的工作空间。

(2) 准备输转泵连接所需的短软管、阳端插转接头、45°弯头、带阀三通等配件,并将它们连接起来形成输转管路,如图 2-6-3 所示。将两侧输出管路汇集至带阀三通,然后将一路管路输转给供液分配车。

(3) 连接输转软管,并与供液分配车协同铺设输转软管。启动发动机,按下取力器按钮,切换到远程控制油门。同时,打开控制面板上的"总电源""自动控制""液压驱动"开关。顺时针旋转"急停"按钮和"停吸入泵"按钮。如需照明,根据需求位置打开控制面板相应的照明开关。

(a) 左侧　　　　　　　　　(b) 右侧

图 2-6-2　吸液输转车工作示意图

1—45°弯头；2—带阀三通；3—连接至供液分配车的软管。

图 2-6-3　两侧输出管路汇集至带阀三通

(4) 进行展臂操作。按下"展开"按钮，展臂开始展开至合适高度后停止。在车顶悬挂平衡器，将车顶吸入软管放下。展臂继续展开至合适高度后停止，然后按编号依次悬挂遥控吸入管，连接吸入软管。按下"收拢"按钮，展臂开始收拢至合适位置后停止。待两侧泡沫液运输车就位后，开始进行作业。展臂的工作状态如图 2-6-4 所示。

图 2-6-4　展臂展开及各件连接状态

(5) 阀门操作。确认供液分配车的输入管路已与输转软管可靠连接,然后打开吸液输转车的输转管路和吸入管路的阀门,确保带阀三通的阀门处于关闭状态。

(6) 泡沫液吸入操作。将泡沫液运输车停在吸液输转车的两侧,安排人员依次将遥控吸入管插入桶装泡沫液内。按下遥控吸入管的"开"按钮,吸入泵开始工作,大约 1 min 后,200 L 的桶装泡沫液基本被全部吸入。当看到连接软管内有泡沫时,立即按下遥控吸入管的"关"按钮,吸入泵停止工作。随后将遥控吸入管插入另一个泡沫液桶内,并按下"开"按钮。所有遥控吸入管的操作方法相同。

(7) 输转作业停止操作。当不需要进行输转作业时,按下"停左输转"和"停右输转"按钮,输转作业将立即停止。

(8) 泡沫液回抽操作(在供液分配车回抽作业之后进行)。输转作业结束后,关闭输转管路各阀门,同时关闭吸入泵阀门,并撤收吸入软管。展开蓄液池(确保蓄液池放置在吸入软管能够连接到的地方),取一根吸入软管连接带阀三通 DN50 口,另一端放入蓄液池底部。供液分配车配合撤收软管,将输转软管中的残液排至蓄液池中。当蓄液池内液面达到一定深度后,及时将 1~3 根遥控吸入管插入蓄液池,启动对应吸入泵,将蓄液池中的泡沫液抽至中转罐。

(9) 泡沫液回收操作。取一根吸入软管和一根遥控吸入管连接在一起,将吸入软管与中转罐排污管相连接。将遥控吸入管插入泡沫液空桶内,打开排污阀门,将中转罐内残留的泡沫液排至各泡沫液桶中,以备后用,并避免污染。

(10) 加液操作。按下"加液"按钮,相应的阀门将自动关闭。吸液输转车两侧最后两根遥控吸入管可以将桶装泡沫液通过管路连接后就近加注给泡沫消防车。

(11) 清洗及入库。所有与泡沫液接触的零部件(包括无线遥控吸入装置、吸入软管、异径接头、输转软管、中转罐、吸入泵、输出泵等),都应及时进行清洗保养,防止腐蚀。也可以按照上述操作抽取清水,清洗所有零部件,确保各部件均清洗干净,清点后回归各自原始位置存放。

2. 供液分配车操作使用

(1) 输转软管铺设(此时供液分配车应靠近吸液输转车)。首先,打开后滚轮装置两侧的锁紧搭扣,轻轻将其翻出并放平,如图 2-6-5 所示。接着,将输转软管一端顺着后滚轮装置缓慢放至地面,将其接头与吸液输转车的 Y 形带阀三通对接,使用专用插转扳手拧紧,如图 2-6-6 和图 2-6-7 所示。

(2) 启动供液分配车,从吸液输转车出发,按照消防作战指挥指定的路线,向火场缓慢行驶,并在行驶过程中铺设输转软管,直至全部铺设完成。接着,将铺设的输转软管末端接头与 90°弯头连接,之后再接阳端插转接头,最后连接至供液分配车的输入管路,如图 2-6-8 所示。

(3) 连接分配软管。将两侧分配管路与阳端插转接头连接,再连接 90°弯头。然后,用软管短管将两侧 90°弯头汇集至带阀三通处,最后人工连接分配软管,连接方式如

图 2-6-5　后滚轮翻出并放平

图 2-6-6　将输转软管缓慢放下

图 2-6-7　将软管接头对接并拧紧

图 2-6-9 所示。分配软管末端连接分水器,通过分水器分路输出,如图 2-6-10 所示。分水器输出后,可以连接到前线主战泡沫消防车及其他装备,也可以使用其他转换接口转换口径以配合不同的消防装备。

（4）泡沫液分配作业。启动供液分配车前,确保各分配管路连接可靠,分配分水器后与主战泡沫消防车连通,并且各阀门处于开启状态（带阀三通上球阀关闭）。启动发动机,按下取力器按钮,并切换到远程控制油门,打开控制面板的"总电源"和"自动控制"开关,功能转换指向"分配",顺时针旋转"急停"按钮;如需照明,按照需求位置打开

图 2-6-8　输转软管接入供液分配车输入管路

图 2-6-9　分配软管连接示意图

图 2-6-10　四分水器

控制面板相应照明开关。按下"开输入阀"按钮,将吸液输转车输送过来的泡沫液暂存至本车中转罐;当泡沫液不断储存,真彩显示屏中的液面上升呈现绿色后,按下"起左分配"和"起右分配"按钮,分配泵即启动,开始泡沫液分配作业。

(5) 回抽、回收作业。展开蓄液池,放置于供液分配车回收管路及带阀三通之间;取一根吸入软管,一端连至蓄液池,另一端连通分配管路上的Y形带阀三通,并打开此阀;人工抬起分配管路,将分配管路泡沫液残液排至蓄液池中。再取一根吸入软管及一根遥控吸入管连接在一起,吸入软管连通回抽泵吸入口,遥控吸入管插于蓄液池中,按下遥控吸入管的"开"按钮,启动回抽泵,将蓄液池中的泡沫液抽至本车中转罐;抽完后关闭回抽泵吸入阀,清洗并撤收蓄液池。将上述吸入软管及遥控吸入管拆下,连接至中转罐排污阀口,遥控吸入管插入泡沫液空桶,打开排污阀,将中转罐泡沫液排至桶内,以便储存。

(6) 撤收软管。此处撤收主要为吸液输转车与供液分配车之间输转软管,其余各处软管均可人工收卷归位。控制面板功能转换指向"收卷",将该装置举升、旋出至工作状态,其收拢、工作状态示意图分别如图2-6-11和图2-6-12所示。

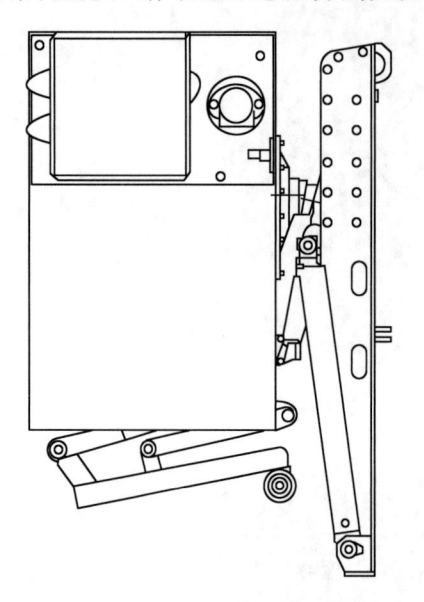

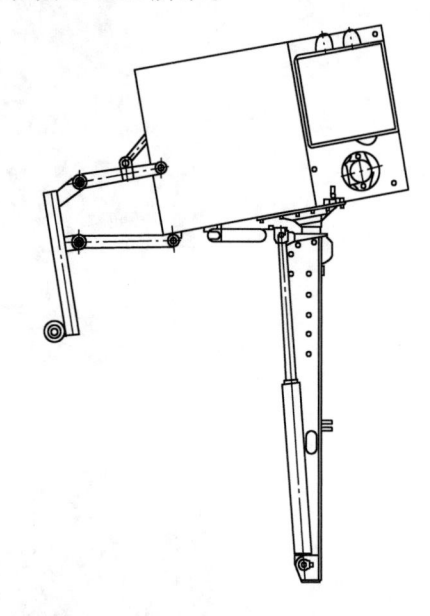

图 2-6-11 撤收装置收拢状态　　图 2-6-12 撤收装置展开工作状态

输转管路尾端管内泡沫液残液排至蓄液池,确保尾端有足够长度,使其能从输转管路取下并投入机械撤收装置里,按下收管控制盒的"电源"开关,启动收管作业,同时启动车辆沿输转软管行驶,吸液输转车配合将软管内残液回抽至中转罐。

撤收装置配备手持按钮盒、收管控制盒两个控制盒,手持按钮盒挂于撤收装置下侧,其上依次有"导向下放""导向收回""上升""下降""旋入""旋出""开辊""闭辊"按钮,用于人工操作;收管控制盒装于车辆驾驶室内,驾驶员可以边驾驶边操作此盒,根据车速及回收残液速度,调节、控制收管速度。

机械撤收软管时,需要人工辅助将收入厢内的软管排列整齐;收管结束后,撤收防护栏装置,并将后滚轮装置复位固定。

(7) 清洗及入库。清洗要求与吸液输转车相同,即所有与泡沫液接触的零部件(包括无线遥控吸入管、吸入软管、90°弯头、异径接头、分配软管、中转罐、回抽泵、分配泵等),都应及时进行清洗保养,防止腐蚀。也可以按照上述操作抽取清水,清洗所有零部件,确保各部件都清洗干净后,进行清点并放回各自的原始位置。

三、维护保养

(1) 定期检查。对于泡沫泵的各个部件,包括泵体、电机、密封件、管道等,都需要进行定期的检查,以确保其正常工作。在检查的过程中,特别要注意是否有泄漏、松动或磨损的情况,如果发现这些问题,需要及时进行修复或更换,以免影响泡沫泵的正常运行。

(2) 清洁和清理。泡沫泵的清洁和清理工作同样重要。需要定期清洁泡沫泵的内部和外部,清除积聚的污垢和杂质。在清洁的过程中,应使用适当的清洁剂和工具,避免使用腐蚀性物质,以免损坏泡沫泵部件。

(3) 润滑。泡沫泵的润滑工作也非常重要。按照制造商的建议,定期给泡沫泵的润滑部件添加适量的润滑剂。在添加润滑剂时,应确保润滑剂的种类和使用方法符合要求,以保持泵组的正常运行。

(4) 检查电气设备。对于泡沫泵的电气设备,包括电动机、控制器等,也需要定期进行检查,确保其正常工作。在检查的过程中,要重点检查电源供应、电缆连接等,如果发现有问题,需要及时进行维修或更换。

四、常见故障诊断与排除

1. 底盘启动无反应

这种情况可能是电源问题或者电路问题导致的。解决方法如下:

(1) 需要检查蓄电池电量,如果电量不足,需要充电或者更换蓄电池。在充电的过程中,需要注意选择合适的充电器以及符合电池类型的充电方法。

(2) 需要检查蓄电池电源开关,如果电源开关未打开,需要打开电源开关。在打开电源开关的过程中,需要注意开关的状态,确保开关已经完全打开。

(3) 需要检查电线线路,如果电线线路未接通,需要接通电线。在接通电线的过程中,需要检查电线的接头是否牢固,接线是否正确,同时,需要检查电线是否有破损或者短路的情况。

如果以上步骤都完成后,底盘仍然无法启动,那么可能需要进一步检查车辆的电路图,或者寻求专业人员的帮助。

2. 控制面板故障指示灯闪烁

当控制面板的故障指示灯闪烁时,这通常表示车辆的某个系统存在问题。解决方法如下:

(1)需要检查液压油位,如果油位过低,需要添加液压油。在添加液压油的过程中,需要使用符合车型和液压系统要求的液压油。

(2)需要检查液压元件,如液压泵、液压阀等,如果发现有异常现象,如漏油、卡滞等,需要进行维修或更换。在维修或更换液压元件时,需要确保选购的配件质量良好,并且按照安装说明进行安装。

(3)需要检查吸入和输出管路,如果管路存在异常,如破损、老化、堵塞等,需要进行维修或更换。在维修或更换管路时,需要确保选购的管材质量良好,并且按照安装说明进行安装。

3. 无线遥控吸入装置操作无反应

这种情况可能是电池电量不足或自动控制开关未开启导致的。解决方法如下:

(1)需要检查装置电池电量,如果电量不足,需要更换新电池。在更换电池的过程中,需要使用符合型号的电池,并确保电池安装正确。

(2)需要检查自动控制开关,如果发现开关未开启,需要打开开关。在打开自动控制开关的过程中,需要确保开关状态正确,且操作顺畅。

4. 液压系统漏油或油压升不上去

(1)需要依次检查接头、油管、密封件等,如果发现有松动、破裂、损坏等情况,就需要及时拧紧接头、更换油管或密封件,以防止液压油泄漏。

(2)需要检查油箱液面、滤油器等,如果发现油箱液面过低或者吸油管及吸油滤油器堵塞,就需要及时加油或者清理吸油管及滤油器,以确保液压油的正常供应。

(3)需要检查溢流阀,如果发现溢流阀开启压力过低,就需要调整溢流阀,以保证液压系统压力正常。

(4)还需要检查油路管道,如果发现压力管路和回油管路串通或者液压元件泄漏过大,就需要检修油路,特别要注意各液压阀、中心回转接头、马达等处,以确保油路的正常运行。

(5)需要检查油泵,如果发现油泵损坏,就需要及时检修或更换油泵,以保证液压系统的正常供油。

5. 液压油温过高

(1)检查元器件,如液压阀、密封件等,看是否存在内部泄漏过大。如果发现泄漏问题,就需要对元器件进行检修或更换。

(2)检查溢流阀,看是否压力过高。如果压力过高,就需要调节溢流阀,将最高压力降低,以减少油温升高的可能性。

(3)如果液压油温过高是由于环境温度过高导致的,就需要停车冷却。在停车冷却时,可以将设备停放在阴凉处,或者使用遮阳布等工具降低环境温度对油温的影响。

6. 液压油路振动、噪声大

(1) 依次检查液压管道,看管道内部是否存有空气,如果存有空气,就需要在低压运转一定时间以排除管道内部气体。

(2) 检查液压油温,看是否过低,如果油温太低,就需要通过低速运转油泵来加温,或者更换黏度低的油。

(3) 检查连接处紧固程度,看是否有松动,如果管道及元件没有紧固,就需要重新紧固,以防止振动和噪声的产生。

(4) 检查吸油滤油器,看是否堵塞,如果堵塞,就需要清洗滤油器,以保证液压油的正常流动。

7. 吸入泵、输出泵不转动

(1) 检查泵腔,看是否有杂质卡死转子,如果有,就需要清理泵腔内的杂质。在清理过程中,要使用合适的工具和清洗液,以防止对泵腔和转子造成损伤。

(2) 检查进口管道,看是否堵塞,如果堵塞,就需要清洗入口管道。在清洗过程中,要使用合适的工具和清洗液,以保证管道的畅通。

(3) 检查转子,看轴向是否压得过紧,如果过紧,就需要调整轴向配合间隙。在调整过程中,要保证转子能够顺畅转动,同时避免因过紧而导致的磨损问题。

(4) 检查联轴器键,看是否磨平或丢失,如果磨平或丢失,就需要替换新键。在替换过程中,要选用质量好的新键,并确保安装正确。

8. 吸入泵、输出泵振动或噪声大

(1) 需要依次检查管道和入口管道,通过听针听声音判断故障位置。接下来,针对不同的问题进行相应的处理。

(2) 如果发现管路有泄漏,可能是连接处松动或管道损坏导致的,此时需要紧固连接处或更换管道,以防止液压油泄漏。

(3) 如果进口管道堵塞,可能会导致泵吸入困难,从而产生噪声,此时需要清洗入口管道,以确保泵能正常吸入液压油。

(4) 如果在泵腔内产生气蚀,可能会引起振动和噪声,此时需要降低转速或提高入口压力,以减少气蚀的产生。

(5) 如果发现转子损坏,可能会导致泵运行不稳定,产生振动和噪声,此时需要更换新的转子。

(6) 如果轴承或齿轮磨损,可能会导致泵运行不稳定,产生振动和噪声,此时需要更换新的轴承或齿轮。

9. 吸入泵、输出泵泄漏或流量小或出口不出液体

(1) 检查泵的机械密封和O形圈,看是否损坏,如果损坏或破损,就需要更换新的机械密封或O形圈。同时,检查各法兰连接处是否拧紧,如果未拧紧,就需要拧紧各紧

固螺钉。

（2）如果发现流量小,可能是由于进口管路漏气、转子磨损较大或转子轴向前后间隙较大导致的。在这种情况下,需要拧紧各紧固螺钉,更换磨损较大的转子,或调整转子轴向配合间隙,以保证泵的正常运行。

（3）如果出口不出液体,可能是由于进口管道堵塞、出口阀未打开或进口管路漏气导致的。在这种情况下,需要清洗入口管道,打开出口阀,或拧紧各紧固螺钉,以保证泵的出口正常出液。

10. 举升机构或回转机构不动作

这可能是由于连接件或电源未接到撤收装置上。在这种情况下,应先检查电源线和连接件,确认它们是否完好并且正确地连接到撤收装置上。如果发现有松动或损坏的部分,应进行相应的修复或更换,然后重新启动设备,观察是否恢复正常。

11. 收卷机不工作

（1）检查电源插头是否插牢、电源开关是否打开,确保电力供应正常。

（2）检查液压管路是否连通,换向阀是否处于撤收位置,保证液压系统的正常工作。

（3）检修电气线路,找出可能存在的故障,并进行相应的修复。

12. 撤收装置无法收回

（1）检查连接件或电源是否正确地连接到装置上,保证电力供应正常。

（2）检查电磁阀的接线是否牢固,防止因为接线松动导致设备无法正常工作。

（3）如果上述方法都不能解决问题,可以尝试按下电控盒上的"停止"按钮,停止收卷机的撤收动作,然后进行检查和维修。

第三章 应急维修技术保障

第一节 机动类装备器材的结构与维护保养

一、机动链锯

1. 结构组成

机动链锯一般由发动机、传动系统、润滑系统、制动系统、前手柄和后手柄等组成，如图3-1-1所示。

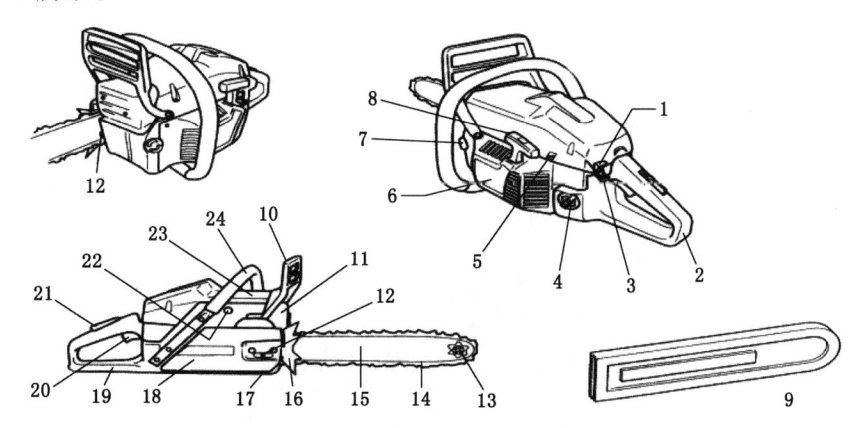

1—点火开关钮(用于停车)；2—后手柄；3—启动用阻风门钮；4—燃油箱盖；5—化油器调整螺钉；
6—启动机盖；7—链润滑油箱盖；8—启动手柄；9—导板套；10—安全护挡；11—消音器；
12—紧链螺钉；13—导板顶端链轮；14—锯链；15—导板；16—防撞器；
17—捕链器(在罩内，用于捉住断开或出槽的锯链)；18—离合器盖；19—右护手板；
20—油门扳手；21—油门锁；22—启动减压阀；23—气缸盖罩；24—前手柄。

图3-1-1 机动链锯结构示意图

(1) 发动机主要由曲轴、轴承、飞轮、连杆、活塞、活塞环、活塞销、活塞销卡簧、滚针轴承、气缸体、气缸头、启动减压器、启动拉盘、点火线圈、火花塞、电路开关、导风板、油箱、油门开关、空气滤芯、化油器、消音器等组成。

（2）润滑系统由传动轴承、传动齿轮、机油泵、导板和锯链等组成，如图3-1-2所示。

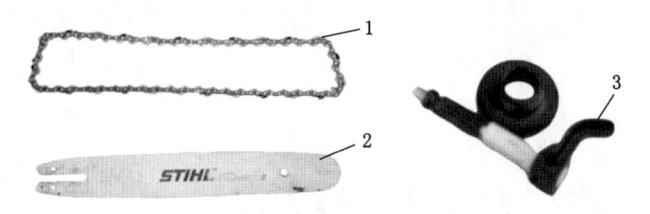

1—锯链；2—导板；3—机油泵。

图3-1-2　润滑系统

（3）传动系统由离合器、捕链器、传动轴等组成，如图3-1-3所示。

1—锯链导向板；2—滚针轴承；3—离合器。

图3-1-3　传动系统

（4）制动系统由安全护挡、制动钢带、制动带收紧器等组成，如图3-1-4所示。

图3-1-4　制动系统

2. 维护保养

(1) 锯链和导板部分的保养

① 在开始拆卸之前,务必将安全护挡扳至后方,确保泵处于非制动状态。

② 使用专用扳手逆时针松开两个固定螺母,然后用"一"字螺丝刀逆时针松开调整螺钉(4~5 圈即可)。

③ 卸下两个固定螺钉后,即可取下离合器盖。

④ 按照顺序取下链条和导板。

⑤ 使用毛刷蘸汽油对锯链进行清洗。

⑥ 清洗完毕后,如切割齿在使用后变钝,可以使用 5.5 mm 的圆锉进行修磨。修磨方法:将圆锉沿 60°方向放在切割齿刀口处,然后再上翘 10°,单向推进(2~3 次),禁止反向回拉。

⑦ 观察切割齿是否有脱落现象,如果切割齿的长度短于 4 mm,链条需作报废处理。

⑧ 确保切割齿的高度高于缓冲齿。

⑨ 使用毛刷蘸汽油对导板及导板槽进行清洗。

⑩ 清洗完毕后,用手沿导板槽周边轻轻、缓慢地摸一遍,如感觉有毛刺扎手,可以使用砂纸或平板锉前后擦 1~2 次。

(2) 离合器部分的保养

使用毛刷蘸汽油对离合器部分进行清洗,并对捕链器上的导链齿轮进行检查。如果发现齿上有凹槽并且达到 2~3 mm,需要更换捕链器。具体操作步骤如下:

① 使用工具卸下气缸盖,然后卸下火花塞。

② 使用专用工具从缸头的孔(火花塞卸下处)塞进去,对气缸进行固定。

③ 将"一"字螺丝刀抵在甩块的凹槽处,再用木槌敲击螺丝刀,使甩块顺时针卸下。

④ 取下甩块和捕链器,用汽油进行清洗。

⑤ 在安装时,先取出甩块的卡簧(使用尖嘴钳张开),然后逆时针将甩块装上,用扳手拧紧,并将卡簧复位。

⑥ 如果需要更换润滑油泵,安装后必须将外罩涂上专用的密封胶,等待密封胶凝固后再进行装机。

(3) 火花塞、空气滤芯部分的保养

① 检查火花塞的火花间隙,其应为 0.5 mm。

② 如果火花塞呈现黑色,这说明积炭过多,需要进行清除。

③ 如果发动机因淹缸导致启动困难,可以用手指或干净的棉布堵住火花塞孔,然后轻拉启动绳几下,这样可以使发动机气缸内部未完全燃烧的燃料排出。

④ 逆时针拧下空气滤芯,可以使用气吹配合软毛刷清除灰尘。

⑤ 使用化油器清洗剂对化油器进行清洗。

(4) 启动绳的收紧与更换

① 长时间使用后,启动绳可能会出现变松的情况,这主要是因为启动机盖内的弹簧张力减小。

② 在卸下启动拉盘后,用右手握住启动绳,将启动绳沿着内罩的凹槽处卡住,然后顺时针旋转(每次不超过2圈),再测试松紧度。

③ 如果启动时绳子被拉断或磨损严重,需要更换时,只需卸下第一层白色盖罩(不要卸下第二、三层)。

④ 将新绳的一端打结、绕紧,然后盖上并调整。

3. 常见故障诊断与排除

(1) 发动机无法启动

① 检查油箱内油位,如果燃油已经耗尽,需要及时加注燃油后重新启动。如果加注燃油后依然无法启动,那么就需要对发动机的点火系统进行检查。具体步骤如下:

a. 先卸下火花塞,然后检查电极是否淹湿。

b. 如果电极淹湿,需要将电极进行干燥处理后再次启动,但是要注意不要将阻风门开得过大。

c. 如果电极已经干燥,就可以将火花塞安装在高压帽上,贴近缸体快速拉动启动拉盘,查看火花塞电极间是否有火花。

d. 如果没有火花,可能是火花塞损坏,需要更换新的火花塞再次测试。

e. 如果更换火花塞后依然没有火花,就需要检查电源开关是否处于断开状态。

f. 如果电源开关已经断开,就需要检查点火线圈间隙是否在 0.4~0.6 mm 之间,如果不是,就需要调整点火线圈间隙。

g. 还需要检查点火线圈高压线是否漏电。再次测试,如果还没有火花,就需要更换点火线圈,如果有火花,就可以进行下一步的排查。

② 检查燃油滤清器及燃油管是否堵塞,如果堵塞,就需要及时清理或更换。同时,也需要检查化油器孔是否堵塞,如果堵塞,就需要清理化油器孔。

③ 检查化油器真空管是否堵塞或弯折,如果堵塞或弯折,就需要更换或修理。

④ 在排除以上可能的问题后,如果发动机依然无法启动,就需要检查缸压。如果缸压异常,就需要检查气缸活塞环、活塞及气缸是否磨损,如果磨损严重,就需要更换。

⑤ 在排查和解决完所有可能的问题后,最后一步是将火花塞牢牢紧固,然后重新启动发动机。如果依然无法正常启动,就需要再次检查以上所有可能的问题,或者寻求专业的技术支持。

(2) 发动机无法熄火

① 确认发动机无法熄火后,首先应将安全护挡前推,使离合器处于制动状态。这样可以确保在操作过程中,发动机能够稳定运行,避免因为离合器问题导致意外。

② 打开气缸盖罩,取下空气滤芯。然后,用抹布堵住化油器进气支管,使发动机停

机。这样可以确保在维修过程中,发动机能够稳定,便于进行下一步的操作。

③ 在完成以上步骤后,需要检查电源开关。上下拨动开关,查看两接触点是否能正常接通和断开。这是为了确保电源开关的正常运行,避免因为电源问题导致发动机无法正常启动。如果发现接触点有问题,需要进行清洁和修理。

④ 最后,需要检查电源开关两根导线端子与点火线圈缸体有无松脱。这是为了确保点火系统的正常运行,避免因为导线松脱导致发动机无法正常点火。如果发现导线松脱,需要重新连接并固定好。

(3) 切割时锯链无润滑

① 检查润滑油箱中是否有润滑油。如果润滑油不足,就需要添加链润滑油,如果没有润滑油,就不能使用。这是因为润滑油是保证锯链正常运行的关键,如果没有润滑油,锯链在运行过程中会产生过大的摩擦,导致锯链损坏。

② 启动发动机,并将链尖对着地面,以 3/4 油门运转 1 min。在这个过程中,如果地上没有明显的油线,说明锯链润滑油无法正常润滑锯链,需要进一步检查。

③ 拆下导板和锯链,检查导板油槽孔和油槽是否堵塞,如有堵塞,就需要进行清洁。这是因为导板油槽孔和油槽的堵塞会影响到锯链的润滑效果。

④ 以 1/2 油门启动发动机,运转 1 min,查看机油泵是否有机油泵出。如果没有油泵出,就需要进一步检查机油泵驱动齿是否损坏或磨损严重。

⑤ 拆下离合器总成,检查机油泵驱动齿是否损坏或磨损严重。如果机油泵驱动齿损坏或磨损严重,就需要及时更换,以保证锯链的正常运行。

(4) 锯链过松或过紧、装反和磨损

① 解决锯链过松或过紧的问题。在调整锯链之前,必须先将安全护挡后扳,确保没有处于制动状态。然后,使用专用扳手逆时针松掉两个固定螺母,用"一"字螺丝刀逆时针松螺钉。锯链变松后,顺时针调整螺钉,锯链就会变紧。调整完成后,要确保锯链的松紧度适中,这样可以保证锯链的正常运行,同时也能延长锯链的使用寿命。

② 解决锯链装反的问题。首先,卸下两个固定螺钉,取下离合器盖。然后,依次取下链条和导板。接下来,正确安装锯链,缓冲齿在前,切割齿在后。最后,装上离合器盖和两个固定螺母,螺母先不要拧紧,用"一"字螺丝刀调整锯链的松紧度至合适状态,再用专用扳手拧紧两个固定螺母。

③ 解决锯链磨损的问题。锯链在使用后可能会变钝,进行修磨时,要观察切割齿是否有脱落现象,如果切割齿的长度短于 4 mm,链条需作报废处理,需要更换新锯链。同时,切割齿的高度必须高于缓冲齿,这样可以保证锯链的正常运行。

二、金属切割机

金属切割机,也被称为无齿锯、动力锯或砂轮切割机,是一种通过机械带带动砂轮片高速转动的设备。在使用过程中,它利用磨削的方式切割金属、钢筋混凝土、石材、砖木、有机玻璃等物体。

1. 结构组成

金属切割机是一种由汽油机、传动机构、操作手柄和切割锯片等部分组成的设备。其中，汽油机多为单缸二冲程风冷式发动机，为切割机提供动力。传动机构则负责将汽油机的动力传递给切割锯片，使锯片能够高速旋转。操作手柄则是操作人员用来控制切割机运行的部分，它可以让操作人员更加方便地控制切割机。具体的外部结构如图 3-1-5 所示。

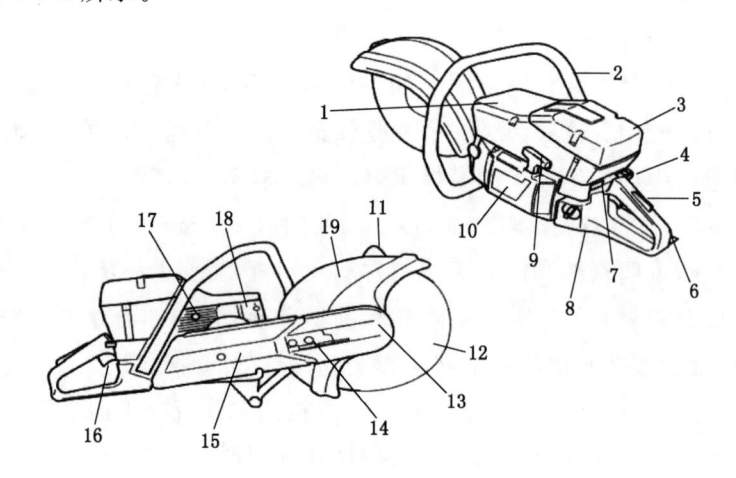

1—切割盖；2—前手柄；3—空气滤清器盖；4—启动风门；5—油门锁杆；6—后手柄；
7—启停开关；8—燃油箱；9—启动手柄；10—启动器；11—锯片护罩调整杆；
12—切割锯片；13—切割头；14—皮带张紧调整螺钉；15—切割臂；
16—油门；17—启动减压阀；18—消音器；19—锯片护罩。

图 3-1-5　无齿锯外部结构示意图

切割刀片主要有两种类型：磨砂刀片和金刚刀片。磨砂刀片由有机物和磨砂料黏合而成，其切割能力受磨砂料类型和硬度的影响。硬度较低的刀片具有较大的切割能力，但使用寿命较短；而硬度较高的刀片虽然切割能力较低，但使用寿命较长。在观察确定切割片没有裂纹或损坏时，可以用木块轻敲刀片，如果发出的声音不清脆，那么说明刀片可能已经损坏。金刚刀片由基体和刀头两部分组成，基体是黏结刀头的主要支撑部分，含有金刚石的刀头具有较高的切割性能。

2. 维护保养

在金属切割机的使用过程中，定期进行保养是确保正常运行和延长使用寿命的关键，并能降低故障率。同时，对于操作人员来说，也能提高工作安全性，降低潜在的风险。下面将详细介绍金属切割机日保养、周保养和月保养的具体步骤。

（1）日保养

① 检查接触油门的组件工作是否正常，包括油门安全锁定和启动风门，确保其在使用过程中能正常工作。

② 清理空气滤清器海绵泡沫滤芯,保持其清洁以确保空气能够顺畅地进入发动机。

③ 检查皮带松紧度,保证皮带在运行过程中不会出现打滑或过紧的情况。

④ 检查切割锯片,确保其没有裂纹或损坏,并及时更换磨损严重的锯片。

⑤ 检查锯片护罩,确保其完好无损并正确安装,以保护操作人员免受伤害。

⑥ 检查启动器和启动绳,清理启动室进气口,确保启动器能正常工作。

⑦ 检查固定螺钉、螺栓是否松动,并及时拧紧,防止机器运行过程中出现故障。

⑧ 检查启停开关功能,确保其在使用过程中能正常切换。

(2) 周保养

① 检查空气滤清器,确保其清洁并有效过滤空气。

② 检查手柄及减震元件有无损坏,保证操作过程中的舒适性和安全性。

③ 清理火花塞,检查电极间隙是否为 0.5 mm,保证点火系统的正常工作。

④ 清理飞轮扇叶,检查启动器启动弹簧,确保发动机能正常启动。

⑤ 清理气缸散热片,保证发动机在运行过程中的散热效果。

⑥ 清理化油器,确保其正常工作,从而保证发动机的燃油供应。

(3) 月保养

① 检查离合器鼓、皮带及离合器弹簧是否有磨损,及时更换磨损严重的部件。

② 清理化油器外壳,保持其清洁以提高工作效率。

③ 检查燃油滤芯及油管,必要时进行更换,保证燃油供应的清洁。

④ 清理燃油箱内壁,防止沉淀物影响燃油供应。

⑤ 检查所有线缆及连接情况,确保电路的通畅和安全性。

3. 常见故障诊断与排除

关于金属切割机的发动机无法启动,发动机无法熄火,火花塞、空气滤清器的保养更换及启动绳的收紧与更换等问题参照本书机动链锯相关问题解决。

第二节 电动类装备器材的结构与维护保养

一、雷达生命探测仪

雷达生命探测仪是一种微波生命探测设备,它适用于在自由空间和穿透非金属介质的情况下进行生命探测。这种设备主要用来寻找被掩埋在倒塌建筑物、土壤等中的幸存者,以及烟、雾等环境中的生命体。

1. 结构组成

雷达生命探测仪主要由手持终端、控制管理平台、雷达主机、电池、余震报警器、声光报警器以及充电器等部分组成,如图 3-2-1 所示。

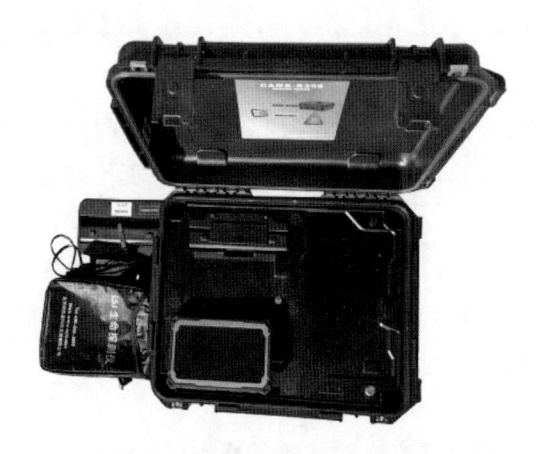

图 3-2-1　雷达生命探测仪示意图

（1）手持终端。包括控制系统、触摸显示屏，提供系统控制和核心算法处理的硬件平台。负责对系统各设备的控制、系统参数的配置等，输出探测结果，是系统的控制单元。手持终端接收雷达主机探测的生命体二维坐标，通过系统控制软件界面显示。

（2）控制管理平台。系统的软件操作模块，负责对雷达主机的控制和管理。该平台能实现目标显示、参数设置、模式选择、数据存储、设备自检、设备管理、结果回放等功能。

（3）雷达主机。包括雷达收发天线、控制模块、信号处理模块、无线电路、供电模块等部分，是系统的核心单元，能将雷达探测的数据发送至手持终端显示。其中雷达主机能探测并显示目标的二维坐标。雷达主机供电模块采用可更换锂电池。

（4）充电器。采用高可靠适配器，对电池进行充电。适配器输出 24 V/2.7 A 直流电源，充电接口采用防呆设计，确保与雷达主机的稳定连接。

（5）余震、声光报警器。2.4 英寸（1 英寸为 0.025 4 m，下同）LED 显示屏，可显示三轴角度、电池电压、报警阈值。当余震报警器发生报警时，声光报警器会接收到报警信号，发出声光报警及语音播报。

雷达生命探测仪的工作原理如图 3-2-2 所示。通常情况下，雷达生命探测仪发射的电磁波会直接照射或穿透非金属介质（如墙体）并照射到人体。电磁波会被人体生命活动（包括人体的动作和呼吸）调制并反射。因此，反射的电磁波中包含人体生命特征信息。雷达接收机接收含有这些信息的反射波后，对信号进行解调、放大、滤波，然后通过模数转换器将其转换成数字信号。接下来，信号处理机对数字信号进行特殊的生命特征信息分析处理，提取出人体生命特征信息。最后，计算机对分析处理的结果进行智能判断，并将结果显示出来，从而实现生命探测的功能。

2. 维护保养

（1）雷达生命探测仪是一款高精密、高科技含量的探测设备，因此在使用过程中，需注意保养，避免设备因人为操作不当而产生故障。操作人员应经过专业培训，熟悉设

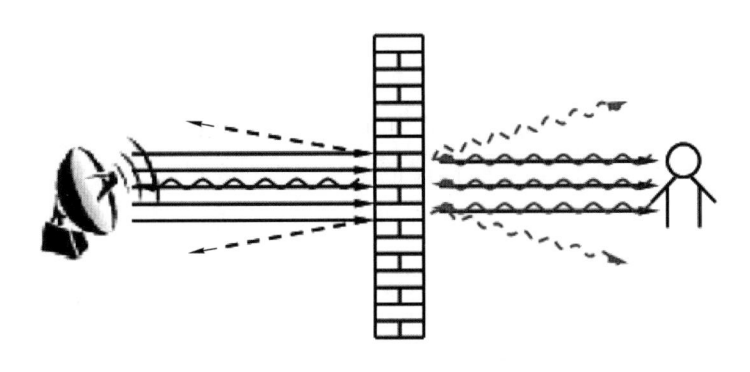

图 3-2-2　雷达生命探测仪工作原理示意图

备的使用方法和注意事项。

（2）长期存放时，应定期进行开机检查。检查内容包括：系统是否工作正常，电池电量是否充足。如果发现电量不足，应及时充电，以确保设备正常运行。

（3）保持表面的干净和清洁。清洁时，请使用干净的抹布（或蘸有温和肥皂水的抹布）轻轻擦拭表面，避免使用过硬的清洁工具，以免损坏设备表面。

（4）避免长时间在高温环境下使用设备，因为高温环境可能会影响设备的使用寿命。在高温环境下使用时，应尽量缩短使用时间，并注意给设备散热。

（5）在运输过程中，应将设备装箱并锁紧箱扣，以确保设备在运输过程中不受损坏。

（6）使用时，要轻拿轻放，避免摔、敲或振动设备，以免影响设备的正常工作。

（7）当较长时间不使用时，应将设备装箱存放，以保持设备的完好状态。

（8）设备的存放地应保持通风、清洁和无尘，避免潮湿和阳光直射，以确保设备的性能不受影响。

3．常见故障诊断与排除

（1）雷达生命探测仪主机无法开启，指示灯不亮

首先需要检查电池是否还有电量。解决方法是接上充电器为电池充一段时间电，然后再尝试开机。在充电过程中，需确保充电器与电池的连接稳定，避免充电过程中出现断电现象。

此外，还需检查充电器是否正常工作，如果充电器出现故障，应及时更换。在充电完成后，重新开机，如果问题仍然存在，建议联系售后服务人员对设备进行检查和维修。

（2）雷达生命探测仪主机开启后，"电源"指示灯亮，"通信"指示灯不亮

① 系统可能正处于启动过程中。在这种情况下，请耐心等待，启动过程大约需要30 s。启动完成后，"通信"指示灯应该会亮起。

② 如果"通信"灯长时间不亮，可能是"通信"指示灯损坏。在这种情况下，可以使用手持终端尝试连接雷达生命探测仪主机。如果连接成功，当"运行"指示灯闪烁一次时，说明系统仍能正常使用。此时，尽管"通信"指示灯仍然不亮，但雷达生命探测仪主

机和手持终端之间的通信仍然正常。

在完成以上步骤后,如果问题仍然存在,建议联系售后服务人员对设备进行检查和维修。在维修过程中,注意避免强烈振动和撞击设备,以免对内部元件造成损坏。同时,需确保充电器和电池的正常工作,以保证设备性能不受影响。

(3)雷达生命探测仪主机正常启动,手持终端与雷达生命探测仪主机连接不上

① 检查手持终端中的 Wi-Fi 是否开启。依次点击"应用程序""设置"图标,进入系统设置界面。然后点击"Wi-Fi",进入 WLAN 设置界面,选择待连接的 Wi-Fi 名进行连接。

② 检查手持终端 Wi-Fi 名是否设置成功。单击待连接的 Wi-Fi 名,查看其网络密钥是否正确设置。如果网络密钥设置错误,请重新设置正确的密钥。

③ 检查手持终端 IP 地址、网关是否正确设置。如果 IP 地址和网关设置错误,请重新设置正确的 IP 地址和网关。

④ 检查手持终端 Wi-Fi 名与雷达生命探测仪主机是否匹配。如果匹配,则尝试重新连接。如果仍然无法连接,请尝试退出软件,重启 Wi-Fi,然后再次进行连接操作。

(4)雷达生命探测仪主机探测不到目标

① 检查雷达生命探测仪主机底面(天线端面)是否指向待测区域。确保天线端面与待测区域保持平行,并且没有遮挡物阻挡天线与目标之间的信号传输。

② 检查雷达探测参数是否设置正确。包括探测距离、探测模式等参数,确保这些参数符合实际需求和环境条件。如果需要,可以参考设备说明书或向专业人士咨询以获得正确的设置方法。

③ 检查操作人员、无关人员与雷达生命探测仪主机之间的距离是否大于 5 m。如果距离过近,可能会对探测结果产生干扰。确保操作人员和无关人员在与雷达生命探测仪主机保持足够距离的同时,不要离开探测范围。

二、充电式移动照明灯

充电式移动照明灯是一种非常实用的照明工具,主要应用于灭火救援事故现场的小范围照明。它采用 LED 光源,具有光效高、亮度强、能耗低、使用时间长等特点,能够在紧急情况下提供持久且稳定的照明。同时,充电式移动照明灯具有很强的机动性,可以在各种复杂环境中轻松移动,满足不同场合的照明需求。其便携式设计使操作人员可以在现场快速展开和收起照明设备,为救援工作提供便捷高效的照明。

1. 结构组成

充电式移动照明灯主要由 LED 组件、控制开关、充电口、电池和驱动模块组成,如图 3-2-3 所示。其中,LED 组件是充电式移动照明灯的核心部分,它可以发出明亮而持久的光。控制开关可以使照明灯在需要时开启或关闭,方便使用。充电口用于将照明灯连接到充电器上,以便为电池充电。电池是照明灯的动力来源,可以让它在充电或断

电时都能正常工作。驱动模块则是控制照明灯的关键部分，它可以确保 LED 组件和其他部件正常运行。

图 3-2-3　充电式移动照明灯

2. 维护保养

（1）首次使用灯具后，请务必充电 8 h 以上，这样可以让灯具的电池处于满电状态，从而保证其在使用时的持久性和稳定性。

（2）每次使用灯具后，都要及时充电。如果长期不使用灯具，那么每隔 3 个月，即使没有使用，也应充电 8 h，以保持电池的活性，确保其在需要时能够正常工作。

（3）当电池电量即将耗尽时，灯具的按钮会显示为红色。此时，应立即停止使用，并及时充电，以免电池完全耗尽，影响灯具的正常使用。

（4）如果在使用过程中，不慎将灯具掉入液体里，应立即将其取出，并擦拭干净。这是因为液体可能会对灯具的内部零件造成损伤，及时清洁和处理，可以避免这种情况的发生。

（5）使用过程中，要避免灯具透明件与粗糙、尖锐的物体摩擦碰撞。如果灯具透明件上有污垢，应清除干净，以免影响照明效果。

（6）使用完毕后，应将灯具存放在空气流通、干燥的环境中。这是为了保护灯具的内部零件，避免其受到液体侵蚀，从而延长灯具的使用寿命。

3. 常见故障诊断与排除

（1）更换警示灯灯板

① 用"十"字螺丝刀将固定透明件的螺钉取出，这样就可以轻松地取下透明件。

② 按压接线端子，松开警示灯板的线材，然后用"十"字螺丝刀将固定警示灯组件的螺钉取出。

③ 再用"十"字螺丝刀取出警示灯底盖的螺钉，这样就可以将警示灯底盖取下。

④ 用"十"字螺丝刀取出警示灯板的固定螺钉，并更换新的警示灯板。

在整个过程中，需要确保操作仔细，以避免对其他部件造成损坏。

（2）更换光源板

① 用"十"字螺丝刀将固定透明件的螺钉取出，这样就可以取下透明件。

② 按压接线端子，松开光源板上的线材，然后用"十"字螺丝刀取出光源板的固定

螺钉。

③将新的光源板安装回去,并重新固定好。

(3) 更换升降杆组件

①需要用"十"字螺丝刀松开透明件固定螺钉,按压接线端子,松开并取出弹簧线。这是为了确保升降杆组件的电路连接正常,避免在更换过程中出现短路或其他电路问题。

②用"十"字螺丝刀松开警示灯透明件及灯头转轴的固定螺钉,卸下灯头组件。这一步是为了更换升降杆组件时,不影响到警示灯的正常工作。

③用内六角扳手松开拉杆组件的内六角螺钉并取下。这一步是为了更换升降杆组件的拉杆部分。

④用"十"字螺丝刀松开固定底部脚垫、灯头橡胶垫、上壳和电池腔盖板的螺钉。这一步是为了打开照明灯的外壳,暴露出内部的升降杆组件。

⑤用"十"字螺丝刀松开固定驱动的螺钉,按压驱动上的接线端子,松开并取出弹簧线。这一步是为了更换升降杆组件的驱动部分。

⑥撕开显示屏的PVC面板,并用"十"字螺丝刀松开控制显示屏,将显示屏从上壳穿过,取出上壳。这一步是为了更换升降杆组件的控制部分。

⑦用"十"字螺丝刀及活动扳手,松开弹簧线的压线片及防水接头。这一步是为了确保升降杆组件的电路连接稳定,避免出现接触不良的情况。

⑧用"十"字螺丝刀将升降杆组件底座的螺钉松开,取下并更换升降杆组件。这一步是为了更换升降杆组件的主体部分。

(4) 更换显示屏组件

①需要用内六角扳手松开拉杆组件的内六角螺钉并取下。这一步是为了方便后续操作。

②用"十"字螺丝刀松开固定底部脚垫、灯头橡胶垫、上壳和电池腔盖板的螺钉。这一步是为了打开照明灯的外壳,暴露出内部的组件。

③用"十"字螺丝刀松开固定驱动及电池组的螺钉,松开并取出显示屏接线端子。这一步是为了更换显示屏组件的电路连接部分,需要小心操作,避免损坏线路。

④撕开显示屏的PVC面板,并用"十"字螺丝刀松开控制显示屏,将显示屏从上壳穿过,取出上壳。这一步是为了更换显示屏组件的主体部分,需要仔细操作,以免对显示屏造成损坏。

⑤用活动扳手松开防水接头并将显示屏对插端子线松开。这一步是为了确保显示屏组件的电路连接稳定,避免出现接触不良的情况。

⑥用"十"字螺丝刀松开固定显示屏线材的螺钉并更换控制显示屏。这一步是为了更换显示屏组件的控制部分,需要确保新的显示屏能够与照明灯的其他组件兼容,以保证照明灯的正常工作。

(5) 更换电池组

①~②步骤同"更换显示屏组件"部分。

③ 用"十"字螺丝刀松开固定电池组的螺钉,松开电池组的接线端子,这一步是为了更换电池组,需要小心操作,避免损坏线路。

④ 完成电池组的更换,重新固定好各个部件,这一步是为了确保更换后的电池组能够正常工作。

(6) 更换主驱动

①~②步骤同"更换显示屏组件"部分。

③ 用"十"字螺丝刀松开固定驱动的螺钉,松开驱动上的接线端子,这一步是为了更换主驱动,需要小心操作,避免损坏线路。

④ 完成主驱动的更换,重新固定好各个部件,这一步是为了确保更换后的主驱动能够正常工作。

在整个更换过程中,需要确保操作仔细,避免对其他部件造成损坏。同时,更换完成后,要检查各个部件是否连接牢固,主驱动是否能够正常工作。

(7) 更换喇叭

① 用"十"字螺丝刀松开灯具侧边的喇叭筛网固定环,这一步是为了能够顺利取出喇叭。

② 用"十"字螺丝刀松开固定喇叭的螺钉,这一步是为了卸下旧喇叭,为更换新喇叭做好准备。

③ 用电烙铁取下喇叭,这一步需要小心操作,避免对喇叭和电路造成损坏。

④ 完成喇叭的更换,将新喇叭安装回原位,并重新固定好。

(8) 更换接口安装座

①~②步骤同"更换显示屏组件"部分。

③ 用"十"字螺丝刀松开固定电池组的螺钉并将接口安装座的对插端子松开,这一步是为了更换接口安装座,需要小心操作,避免损坏线路。

④ 撕开显示屏的PVC面板,并用"十"字螺丝刀松开控制显示屏,将显示屏从上壳穿过,取出上壳。这一步是为了方便更换接口安装座,同时也是为了确保显示屏与接口安装座之间的连接稳定。

⑤ 用"十"字螺丝刀及活动扳手,松开接口安装座线材的配线固定钮及防水接头。这一步是为了确保接口安装座的电路连接稳定,避免出现接触不良的情况。

⑥ 用"十"字螺丝刀松开接口安装座的固定螺钉,完成接口安装座的更换。

(9) 灯具不亮

这种情况可能是电池损坏或电池电量不足导致的。此时,可以先取出电池并测量其电压,如果电池电压输出为 0 V 或电压小于 21.6 V,那么就需要更换电池。另外,驱动板损坏也可能导致灯具无法亮起。如果驱动板损坏,通常会变色或产生特殊气味,此时需要更换驱动板以解决问题。如果无法自行解决问题,建议寻求专业人士的帮助。

三、无线遥控移动消防炮

无线遥控移动消防炮能够实现远距离的无线控制操作,能够有效地完成水炮的水平回转、上下俯仰、直流喷雾等一系列操作。它具有远程控制、安全有效、扑火面积广等卓越性能,特别适用于有毒、易燃易爆液(气)体火灾以及消防车难以进入的火场扑救。

1. 结构组成

无线遥控移动消防炮是一种高效的灭火设备,主要由弹片支脚、炮身、炮头、控制系统等部分组成,如图 3-2-4 所示。炮身采用不锈钢材质,可保证其耐用性和稳定性,蜗轮、蜗杆传动可确保消防炮的精确控制,流线型设计则可以减小水流的阻力,提高喷射距离和精度。整个控制系统则可以实现远程操作,方便快捷,大大提高了灭火效率。

图 3-2-4　无线遥控移动消防炮

2. 维护保养

(1)定期进行维护和保养,每月至少调试一次。在使用后,应进行全面清洁,清除炮体内积水,各相对转动部分应加入润滑油脂,以保证转动灵活。

(2)每周都需要检查遥控器电池,如果电量不足,应及时更换。此外,使用后应及时充电,保证电瓶电量充足。同时,还需要定期检查弹片支脚固定螺母有无松动,避免在使用过程中出现意外。

(3)在使用过程中,还需要检查是否有损坏的部件或接线,必要时进行维修或更换。此外,炮身应能自由、平稳地俯仰、回转、开花/直流而不卡住,这是保证灭火效率的关键。

(4)还需要检查是否存在泄漏,如果发现泄漏,必要时更换密封圈。黄油嘴应安装于蜗轮和滚珠轴承的接合处。如果水炮作业费力或关节移动不顺畅,可以注入润滑油脂直至恢复正常操作。

3. 常见故障诊断与排除

(1) 无线遥控移动消防炮无法左右回转

① 检查遥控器电源和消防炮电源电量是否充足，如果电压低，需要及时更换电池或充电。保证电量充足是确保遥控炮正常运行的基础。

② 检查遥控器与消防炮的信号连接是否正常。如果信号未连接，可以重新开关机再次尝试信号连接。如果多次尝试仍然无法连接，那么故障可能在遥控器信号放大板、遥控器信号天线或消防炮信号接收电路上。此时，需要对这三个部分进行详细的检查和维修。

③ 用万用表检查遥控器左右回转开关接线有无脱落，开关通断是否正常。如果开关接线脱落或开关通断不正常，那么就需要对开关进行维修或更换。

④ 用万用表检查消防炮回转电机电压信号是否正常。如果电压低或无输出电压，那么故障就在消防炮回转控制电路上。此时，需要对控制电路进行详细的检查和维修。

⑤ 用备用电源(电压不得超过电机额定工作电压)给回转电机正反两次供电，查看电机是否能左右旋转。如果电机不能转动，那么故障就在回转电机上。此时，需要对回转电机进行维修或更换。

(2) 无线遥控移动消防炮无法直流/开花转换

①～②步骤同"无线遥控移动消防炮无法左右回转"部分。

③ 用万用表检查遥控器直流/开花转换开关接线有无脱落，开关通断是否正常。如果开关接线脱落或开关通断不正常，那么就需要对开关进行维修或更换。

④ 用万用表检查消防炮直流/开花电机电压信号是否正常。如果电压低或无输出电压，那么故障就在水射流控制电路上。此时，需要对控制电路进行详细的检查和维修。

⑤ 拆下驱动电机，用一备用电源(电压不得超过电机额定工作电压)给电机正反两次供电，查看电机是否能动作。如果电机不能动作，那么故障就在电机上。此时，需要对电机进行维修或更换。

(3) 无线遥控移动消防炮无法进行俯仰动作

①～②步骤同"无线遥控移动消防炮无法左右回转"部分。

③ 用万用表检查遥控器俯仰开关接线有无脱落，开关通断是否正常。如果开关接线脱落或开关通断不正常，那么就需要对开关进行维修或更换。

④ 用万用表检查消防炮俯仰电机电压信号是否正常。如果电压低或无输出电压，那么就需要检查电机至控制器之间的线路有无断路，否则故障就在控制电路上。此时，需要对控制电路进行详细的检查和维修。

⑤ 拆下驱动电机，用一备用电源(电压不得超过电机额定工作电压)给电机正反两次供电，查看电机是否能动作。如果电机不能动作，那么故障就在电机上。此时，需要

对电机进行维修或更换。

（4）无线遥控移动消防炮回转接头处漏水

① 使用套筒扳手拆下滚珠轴承螺丝堵，然后依次从孔内倒出滚珠。这一步需要注意的是，操作时要小心，避免滚珠丢失。

② 拆下炮身和炮座，取下O形密封组件。在这个过程中，要用干净的抹布把密封槽和轴承槽擦干净。这一步是为了确保密封组件和轴承槽的清洁，防止因污渍或杂质导致密封效果不佳。

③ 清洁完成后，需要在密封槽内抹上少许润滑油脂。然后依次装上密封组件和炮体。这一步需要注意的是，安装时要保证密封组件和炮体的紧密贴合，以确保密封效果。

④ 从螺钉孔内放入滚珠，然后装好螺丝堵。在这个过程中，要注意不要将螺丝堵装得过紧，以保证炮体能够轻便灵活地转动。

⑤ 用黄油枪从黄油嘴处加入润滑油脂。在加入的过程中，要同步转动炮体，使滚珠之间良好润滑。这一步是为了保证炮体的正常运行，减少磨损。

（5）遥控器与消防炮连接不上

① 检查遥控器电源和消防炮电源电量是否充足，如果电压低，需要及时更换电池或充电。保证电量充足是确保消防炮正常运行的基础。

② 打开遥控器，使用万用表测量遥控器与消防炮的信号连接按钮或遥控器信号天线是否损坏，信号指示灯是否正常。如果信号连接按钮或信号天线损坏，需要及时进行更换。

③ 如果以上步骤都无法解决问题，可以尝试重新开关机再次进行信号连接。如果多次尝试仍然无法连接，那么故障可能在遥控器信号放大板。此时，可以尝试更换相同型号的遥控器，并对码后再次进行连接测试。

④ 打开消防炮控制盒，检查信号接收器电线插头有无松动、脱落。如果没有松动、脱落，那么故障可能在消防炮信号接收电路上。此时，需要对信号接收电路进行详细的检查和维修。

四、电动破拆工具组

电动破拆工具组是消防救援人员的重要装备，它能在最短时间内对变形的车辆等进行破拆，以拯救被困人员。它非常适合用于交通事故现场救援，以及在偏僻地带、高空及狭小通道救援、消防抢险等特殊环境下使用，极大地提高了救援效率。

1. 结构组成

电动破拆工具组主要由电池驱动泵、充电器、便携箱、锂电池、电动撑顶器、电动扩张器、电动剪断器、淬火钢切割锯、电动往复锯等组成，如图3-2-5所示。这些组件各自承担着不同的功能，共同构成了一个完整的电动破拆工具组。其中，电池驱动泵是整个工具组的核心部分，它为其他组件提供动力；充电器和锂电池则为电动破拆工具组提供电源；便携箱则方便携带和存放工具；电动撑顶器、电动扩张器、电动剪断器、淬火钢切割锯、电动往复锯等则是进行破拆工作的具体实施工具。

图 3-2-5　电动破拆工具组

2. 维护保养

（1）检查电动剪断器螺母是否处于旋紧状态。如果发现钳刃空隙过大，应立即拧紧此螺母，如有必要应立即更换。这是因为电动剪断器螺母的松动会导致剪切力度的不稳定，可能会影响救援工作的进行。

（2）使用后应及时充电。如果电池长时间闲置且没有进行电能的补充（90 d 以上），可能造成电池永久性损坏。因此，需要定期充电，以确保电池的性能。

（3）每次使用后，刀臂合拢应留有 5～10 mm 的缝隙。这是为了防止刀臂的过度紧压，从而避免损坏刀片。

（4）在使用过程中，如果接触过腐蚀性物质，必须清洁工具的各个部件。这是因为腐蚀性物质会对工具造成损害，影响其使用寿命。

（5）如果工具机身存在受损、有裂缝或者变形的情况，应及时更换。这是因为受损的工具可能影响到救援工作的进行，甚至可能造成危险。

（6）刀片受损、变形或断裂的应立即更换正品新刀片。这是因为刀片是破拆工具的关键部分，其状态直接影响到破拆效果。

3. 常见故障诊断与排除

（1）电池充电时指示灯红绿色交替闪烁，电子蜂鸣器持续蜂鸣大约 20 s。

① 确定充电器是否正常。这可以通过拉动按钮，移除电池，观察充电器绿色指示灯是否长亮来判断。如果充电器绿色指示灯没有长亮，那么就需要进一步检查充电器是否存在故障。

② 使用万用表测量充电器输出电压是否在 7.2～18.0 V 之间。如果万用表显示无电压输出，那么就可以判定充电器存在故障。

③用万用表测量电池是否有电压。如果电压为零,那么就需要考虑电池组连接线是否存在断路现象。如果电压不为零,那么就需要考虑电池与充电器是否存在虚接现象。

(2)电池充电时,一段时间后充电器黄色警示灯频繁闪烁。

充电器安装有冷却用的风扇,其目的是提高充电效率和电池性能。因此,当黄色灯闪烁时,这可能是警告我们冷却风扇出现故障。

出现这种情况时,需要检查充电器工作状态下风扇的转动情况。充电器冷却通风孔和电池应干净、通风良好,运转声音应清晰。这是因为充电器在运行过程中会产生热量,如果冷却风扇故障或者通风不良,可能会导致充电器过热,进而影响其使用寿命和性能。

(3)操作触发开关,电池驱动泵不工作。

① 检查开关锁及触发开关有无卡顿、回位不畅。因为如果开关锁或触发开关卡顿,可能会导致电池驱动泵无法正常工作。

② 用"十"字螺丝刀拆下电池驱动泵侧盖,检查触发开关接触点是否脏污或接触不良。如果接触点脏污或接触不良,应及时清洁和维修,以确保触发开关能够正常工作。

③ 用万用表测量触发开关两触点的连通情况。如果触点不通或断开,需要进一步检查和维修触发开关。

④ 检查电机转子碳刷磨损情况。如果碳刷磨损严重,会导致电机无法正常工作,因此需要及时更换。

⑤ 装上电池,查看电池与驱动泵的连接是否良好,有无虚接。如果连接不良或虚接,可能会导致电池驱动泵无法正常工作。

第三节　气动类装备器材的结构与维护保养

一、气动起重气垫

气动起重气垫是一种常用于地震、交通事故、房屋倒塌等事故现场的救援设备。它具有抗静电、抗裂、耐磨、抗油、抗老化等优异性能,共有14种规格,起重质量包括1 t至68 t等多种选择,适用于各种工作场所。气动起重气垫可以进行升举、压挤、分离或支撑重物,具有起重力度大、精确度高、作用度强、使用范围广的优点,是救援工作中不可或缺的重要工具。

1. 结构组成

气动起重气垫是一种重要的救援设备,它的组成部件包括高压气瓶、气瓶阀、减压器、控制阀、高压软管、快速接头、气垫和脚踏泵等,如图3-3-1所示。这些部件各司其职,共同构成了气动起重气垫高效运行的基础。

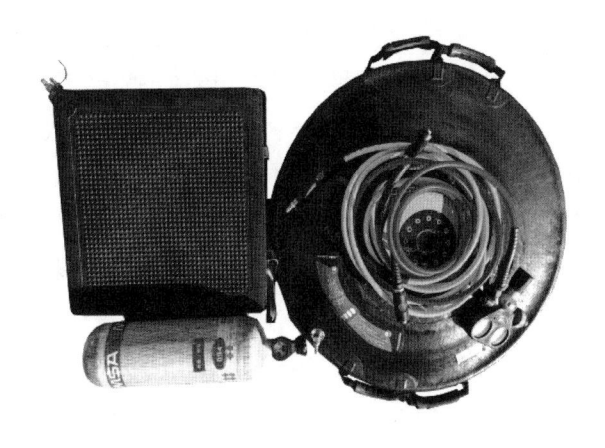

图 3-3-1　气动起重气垫

其中,高压气瓶是气动起重气垫的核心部件,负责存储气体,为气垫提供压力支持。气瓶阀则是控制高压气体流入气垫的关键部件。减压器负责将高压气体的压力调整到适合气垫工作的压力。控制阀则用于控制气垫的升举和降落。高压软管和快速接头则是连接各个部件的桥梁,负责传输高压气体。气垫是气动起重气垫的工作部分,负责承载和举升重物。脚踏泵则是用于给气垫提供压力的设备。

2. 维护保养

(1) 要定期采用目测法进行外观检查。气垫表面应具有防滑纹,不得有瘤块、裂缝、气泡等缺陷。划伤深度不得超过 0.5 mm,否则应更换。

(2) 检查气瓶外观。气瓶不得有严重的碰伤和磨损,并要注意气瓶的年检期。同时,检查瓶阀、减压器、开关、安全排气阀、通气管和脚踏泵等部件,确保其完好无损。

(3) 定期润滑脚踏泵的活塞杆。每月添加一次润滑油脂,以保证活塞杆的正常运行。

(4) 在使用气动起重气垫后,请务必清洁干净。如果需要,可以使用冷水或肥皂水进行清洁。清洁时,要确保去除所有污垢和油脂。未清洁彻底可能会导致气动起重气垫腐蚀或在下次使用时打滑。

(5) 储存气垫前,请检查是否损坏。损坏的气垫应立即更换,以确保使用安全。

(6) 在储存气垫时,应将其放在干燥、无臭氧的环境中,避免阳光照射。同时,橡胶起重气垫气源连接处不能有任何承重,以免造成意外。

(7) 整套设备应放置在专用保管箱内,以保证其安全。储存温度应在 0~40 ℃ 之间,通风应良好,并远离热源 1 m 以上。

(8) 应避免日晒、雨淋,不得与酸、碱、有机溶剂等物质接触。在长时间未使用的情况下,每半年应将气动起重气垫连接起来,在自由状态下充气,充气压力不超过额定压力(0.8 MPa)。

3. 常见故障诊断与排除

(1) 充气时管路或连接处发生漏气现象

① 检查通气管上的快速接头与气垫上的接头处,连接是否紧密或密封圈有无破损。如果连接不紧密或密封圈破损,可能会导致气体泄漏。

② 检查通气管有无压迫变形或破损漏气。通气管的变形或破损可能会导致气体的泄漏,因此,如果发现通气管有破损或变形的情况,应及时更换。

③ 将减压器与平放的储气瓶的瓶阀连接好,检查减压器上的通气开关及安全排气阀,使其处于关闭状态。这是因为,如果通气开关或安全排气阀未关闭,可能会导致气体在充气过程中泄漏。

(2) 压力表指针不动或无法归零

① 如果压力表指针位置不动,可能是压力表出现了故障。此时,应打开气瓶瓶阀、调节减压器上的调节阀,如果指针仍然不动,那么就需要更换压力表。

② 如果在使用结束后,关闭气瓶阀,旋转安全排气阀,将气垫内的气体排尽后,但压力表指针仍然无法归零,那么这也可能是压力表的问题,需要更换压力表。

(3) 充气时气垫发生漏气现象

使用肥皂水进行检查,以确定漏气部位。如果发现气垫损坏,应及时更换,以确保使用安全。同时,也需要检查气垫是否因为老化而出现裂纹,裂纹可能是导致漏气的原因之一。如果发现气垫老化而出现裂纹,应及时更换,避免在使用过程中发生意外。

(4) 使用脚踏泵充气时无压力

① 应检查脚踏泵的活塞杆磨损情况,如果磨损严重,应及时进行维修或更换,以保证泵的正常工作。

② 需要检查脚踏泵的液压油是否缺少,如果油量不足,应及时补充。

③ 还要检查液压油是否变质,如果发现油质出现问题,应及时更换,以确保泵的正常工作。

二、气动切割刀

气动切割刀是一种非常实用的救援工具,它在火灾、地震、车祸等紧急情况下发挥着至关重要的作用。它能够快速破拆防盗门、车辆等,帮助救援人员迅速进入现场,进行救援工作。此外,气动切割刀尤其适合在无电源的特殊场合使用,它可以迅速进行切割和破拆工作,为救援工作争取宝贵的时间。

1. 结构组成

气动切割刀主要由切割刀、软管、减压器、气瓶和工具箱等组成,如图 3-3-2 所示。其中,切割刀是它的主要工作部分,能够快速进行切割和破拆工作。软管连接切割刀和气瓶,负责传输气体。减压器用于调节气压,确保切割刀能够稳定工作。气瓶则负责提供气体,是整个设备的动力来源。工具箱则是用来存放和携带这些部件的,方便在使用时能够随时取用。这些部分共同构成了气动切割刀,使其能够在各种紧急情况下发挥重要作用。

图 3-3-2　气动切割刀

2. 维护保养

(1) 要定期检查刀头是否磨损,如果发现磨损严重,应及时更换,以保证切割效果。同时,也要定期检查接口是否密封良好,防止气体泄漏,避免在工作过程中因为气体不足而影响工作效率。

(2) 在操作气动切割刀时,必须穿戴防护服,戴好防护眼镜和手套,以防止因为操作不当而导致的伤害。同时,切割刀每次用过后都要涂润滑油,以保证其顺畅工作。

(3) 气动切割刀每使用 3 次后,需要检查螺钉是否拧紧,防止因为螺钉松动而导致的设备故障。如果工具出现有故障或使用时不能达到原有功能时,要立即停止使用,进行检查,以确保设备的安全性。

(4) 在使用气动切割刀时,还需要注意不要超过使用说明书的最高气压,避免长时间在超过操作压力的状态下工作,以提高工具的使用寿命。在更换刀具或配件时,应先将切割刀从气瓶处拆下,以确保操作的安全性。

(5) 操作时不要穿戴宽松的衣物、围巾、领带或首饰,以免被移动的零件卷入而造成危险。在切割刀与气瓶处于连接状态,非使用时,不要压扳机,防止意外启动。

3. 常见故障诊断与排除

(1) 连接气瓶后发生漏气现象

① 应检查通气管上的快速接头是否连接紧密,或者密封圈是否破损。如果发现连接不紧密或密封圈破损,应及时进行维修或更换。

② 检查通气管本身是否破损,因为破损的通气管也可能导致漏气。如果通气管破损,也应该及时进行更换。

(2) 使用切割刀时发生异响

① 应检查活塞柱是否缺油,因为缺少润滑油可能导致设备运行时产生异响。如果发现活塞柱缺油,应及时添加润滑油,以保证设备的正常运行。

② 检查切割刀螺钉是否拧紧,因为松动的螺钉也可能导致设备运行时产生异响。如果发现切割刀螺钉松动,应及时拧紧,以保证设备的稳定运行。

(3) 气管连接好切割刀后,打开气源切割刀即自行转动

在使用气动切割刀时,如果出现气管连接好切割刀后,打开气源切割刀即自行转动的情况,可能是由于切割刀扳机或叶片开关的问题。

① 应检查切割刀扳机是否卡住,回位不畅,因为这可能导致切割刀在打开气源后自行转动。如果发现扳机卡住,应及时进行清洁和维护,确保扳机的正常运行。

② 检查切割刀叶片开关是否损坏,因为损坏的叶片开关也可能导致切割刀在打开气源后自行转动。如果发现叶片开关损坏,应及时进行更换,以确保设备的正常运行。

三、气动升降照明系统

气动升降照明系统通常是一种移动照明设备,可以分为车载式和移动式两种类型,具有可升降、移动方便、高亮度、多功能、适应性强、高效节能、使用便捷等特点。其中,升降功能是通过气动机械装置将灯塔升降到合适的高度,达到最佳照明效果;移动方便是指用户将照明灯快速移动到指定位置;高亮度是指采用高效的 LED 灯和大功率卤素灯;多功能是指除了照明外,还可以配备警示灯、扩音设备;适应性强是指适用于各种室内外工作场所,可满足各行业的照明需要;高效节能是指可实现聚光或泛光切换,泛光照亮面积大且照度高,聚光照射距离远;使用便捷是指可直接使用发电机组供电,也可接通 220 V 市电。

1. 结构组成

气动升降照明系统是一种高效的照明设备,主要由发电机、气动升降杆、气泵、控制盒和照明灯具等组成,如图 3-3-3 所示。其中,发电机负责为整个系统提供电力,确保其正常运行。气动升降杆是系统的核心部分,可以通过气泵控制升降,调节照明高度。控制盒则是整个系统的控制中心,可以实现对发电机、气泵和照明灯具的集中控制。照明灯具采用高效能的 LED 灯头,可以提供强大的光照,满足各种照明需求。

2. 维护保养

(1) 移动照明灯组维护保养

① 每次使用前,都应进行灯具表面的清洁。这可以避免因为污渍和灰尘等影响照明效果。清洁时可以使用软布轻轻擦拭,避免使用过于粗糙的物品刮伤灯具表面。

② 每次使用时,都需要检查发电机的机油。机油对于发电机的运行至关重要,如果机油不足或时间过长,都可能导致发电机的故障。检查机油时,可以借助机油尺进行,如果机油低于最低线,就需要及时添加。

图 3-3-3 气动升降照明系统

③ 对于机油的更换,建议在首次使用一个月(或 250 h 后)进行,此后每 6 个月更换一次。更换机油的过程需要注意,首先需要打开机油尺,然后旋开泄油螺钉,排出机油。在热机状态下进行放油,可以放得更彻底。之后,加注推荐机油至机油上限,机油容量约为 0.6 L。最后,装好机油塞尺。

④ 空气滤清器的检查和清洗也是维护保养的重要环节。每次使用时都应检查空气滤芯是否干净,处于良好状态。如果空气滤芯脏了,需要及时清洗或更换。清洗过程:打开空气滤清器盖,检查空气滤芯,如果脏了就拆下来清洗,必要时更换。清洗完后,装回滤芯和空气滤清器盖。

⑤ 滤油杯的清洗周期为每 6 个月一次。清洗的过程是将燃油阀打开至"OFF"位置,逆时针方向打开滤油杯,取下 O 形环及滤网,然后用溶剂清洗滤油杯、滤网和 O 形环,更换橡皮衬垫,最后旋紧滤油杯。同时,还需要检查燃油滤清器是否脏污或堵塞,如无法清洗,需更换燃油滤清器。

⑥ 火花塞的清洗周期为每 6 个月一次,每隔 1 年更换一次。清洗的过程是首先卸下火花塞帽,然后卸下火花塞,清理积炭,测量火花塞间隙,装好火花塞及火花塞帽。

⑦ 升降杆也需要定期清洗,每次使用完毕后,应使用干净的软布将升降杆擦拭干净后收回。每隔 6 个月清洗一次,如果在灰尘较多的环境下使用,应每隔 1 个月清洗一次。

(2) 车载照明灯组维护保养

① 定期对取力器进行检查,以确保其运行状态良好。在检查过程中,如果发现取力器有损坏的迹象,应及时进行维修,避免更大的损失。此外,还需要注意,禁止在高速行驶时启动取力器,以免损坏齿轮。同时,取力器不应长时间无负载运转,以免影响其使用寿命。

② 当使用主灯照明,尤其是升降杆完全伸出时,车辆必须停放在相对平坦的位置,尽量保持水平,以防失灵。这是因为升降杆在完全伸出时,灯塔的偏心力矩会增大,如果车辆停放不平稳,可能会导致照明系统失灵,甚至损坏设备。

③ 在使用过程中,应确保车辆没有强烈的振动,以免对设备造成损坏。同时,升降杆下降后,如再上升,一定要下降至终点后再上升,不可在下降的中途立即进行上升转换操作。这是为了防止升降杆在上升过程中突然停止,可能会导致设备故障。

④ 在雨天使用主照明灯时,应在灯罩面朝下时先打开灯后再翻转,以免造成短路或灯管烧坏。同时,应确保灯罩的防水性能良好,防止雨水进入设备内部,导致设备损坏。

⑤ 非电气专业人员不得随意拆动、修理、更改线路,以免发生意外事故。如果需要维修或更换部件,应联系专业人员进行操作。

⑥ 升降杆及锁紧滑块应定期清洁、加油,正常情况下每 10 d 一次。加注的润滑油必须是轻质油(可以用缝纫机油或机械油)。在使用过程中,应保持升降杆的清洁,当发现有污浊物时,应及时擦干净并加油。尤其是雨天使用后,应及时擦净加油,以免锈蚀。

⑦ 在长期不使用的情况下,每半月升降一次,并加油,以保证设备的正常运行。这是为了防止设备长时间不使用,导致升降杆生锈或损坏。

3. 常见故障诊断与排除

(1) 发电机无法启动

① 检查油箱内是否有燃油。如果没有燃油,那么就需要添加燃油。需要注意的是,添加的燃油应该是适合发电机使用的。

② 检查发动机开关是否接通。如果发动机开关没有接通,就需要接通发动机开关。

③ 检查滤油器是否阻塞。如果滤油器阻塞,就需要清理滤油器。

④ 检查火花塞状态是否良好。如果火花塞状态不良,就需要清理并调节火花塞,并装回。如果火花塞损坏,就需要更换火花塞。

⑤ 检查机油是否足够。如果机油不够,就需要添加机油。

(2) 控制盒功能无效,无电压输出

① 检查发电机电源接头线和气泵电源是否接到手控盒上,连接是否紧固。如果发现连接松动,就需要重新连接并确保连接紧固。同时,要检查有无线头氧化等问题。如果发现线头氧化,可以使用酒精进行清洗擦拭,以保证良好的导电性。

② 检查控制盒开关按钮是否完好。可以使用万用表或试灯进行诊断。如果开关按钮损坏,就需要更换新的开关按钮。

(3) 升降杆无法正常起升

① 检查气泵电源是否正常连接。如果发现电源连接不良,就需要重新连接并确保连接紧固。

② 检查气泵是否完好。如果气泵损坏，就需要更换新的气泵。

③ 检查气泵到升降杆连接管是否漏气或破损。如果发现连接管漏气或破损，就需要更换新的连接管。

④ 检查灯杆密封件是否损坏。如果灯杆密封件损坏，就需要更换新的密封件。

（4）升降杆无法正常降落

① 检查排气电磁阀电路是否连通。可以使用万用表进行检测，如果电路不通，就需要检查线路是否有损坏或接触不良。

② 检查排气电磁阀是否损坏。如果发现排气电磁阀损坏，就需要更换新的排气电磁阀。

（5）照明灯无法点亮

① 检查照明灯与发电机和控制盒之间的连接线是否连接紧固。可以使用万用表进行测量。在测量电源时，要注意防止触电危险，并做好绝缘措施。如果发现连接线松动或损坏，就需要重新连接或更换连接线。

② 检查灯泡是否安装到位或灯泡是否损坏。如果灯泡损坏，就需要更换新的灯泡。

（6）取力器无法连接或运行时有异响

① 检查取力器的电源通断情况。可以利用万用表进行检测，如果发现电源线路存在问题，就需要对其进行检查与维修，确保电源线路的正常状态。

② 检查制动器是否处在驻车位置。如果制动器没有处在驻车位置，就需要将其调整到正确的位置。

③ 检查取力器的油量是否足够。如果发现取力器油量不足，就需要及时添加。同时，还需要查看油是否乳化或失去润滑效果，如果发现润滑效果不佳，就应该及时更换同型号的润滑油。需要注意的是，不同型号的润滑油不能混加，以免影响取力器的正常运行。

（7）气动升降杆在起升或降落过程中无法操作

① 检查升降杆的操作是否符合规程。操作升降杆时，需要按照正确的步骤进行，避免误操作导致升降杆无法正常运行。

② 检查车辆是否停在平坦的地面上。如果车辆停在斜坡或其他不平坦的地面上，可能会导致升降杆失灵。将车辆停在平坦地面上后，再次尝试操作升降杆，看是否能恢复正常。

③ 查看控制箱电路的通断情况和操作按钮开关的状态。如果发现故障，应立即断电操作，并做好绝缘措施，以避免触电事故。在确认电路故障后，需要找专业人员进行维修。

④ 检查气动升降杆的连接气管和密封圈是否破损。如果发现密封圈破损或连接气管漏气，可以用胶布做临时处理，并尽快更换新的密封圈和连接气管。

⑤ 使用万用表或试灯对控制升降的电磁气阀进行测量诊断。如果电磁气阀没有电,就需要检查控制电路的通断情况或保险设备。如果电磁气阀有电但无法动作,那么可能需要更换新的电磁气阀。

(8) 照明灯故障

① 如果发现个别灯不亮,说明是分支回路中有断点。在这种情况下,可以使用逐段验电的方法来查找断点。逐段验电可以帮助确定故障发生的位置,从而进行修复。

② 在电控系统正常的情况下,如果仍有个别灯不亮,应该拆卸灯泡或灯管进行检查。如有损坏的灯泡或灯管,应更换同功率的照明灯。需要注意的是,功率过大或过小的照明灯都会对设备造成影响。过大容易导致设备超负荷工作,从而增加电线损坏的风险;过小则会导致照明环境不良,影响使用。因此,在更换照明灯时,要选择合适的功率,确保设备的正常运行。

③ 在处理照明灯故障时,一定要避免带电操作。为了自身安全,应在断电的情况下进行检查和更换。此外,在更换灯泡或灯管时,也要确保新灯泡或灯管与原有设备的兼容性,以免造成不必要的故障。

四、气动吸盘式堵漏器

气动吸盘式堵漏器是一种特殊工具,主要用于封堵不规则孔洞,特别适用于管道、容器、设备等部位的堵漏作业。气动吸盘式堵漏器利用压缩空气作为动力源,通过真空系统产生负压,使得吸盘紧紧吸附在泄漏体上,从而实现密封堵漏的效果。

1. 结构组成

气动吸盘式堵漏器的组成部分包括气瓶、减压器(减压阀)、操纵仪、充气软管、输送管和吸盘等,如图 3-3-4 所示。

图 3-3-4 气动吸盘式堵漏器

其中,气瓶是气动吸盘式堵漏器的主要部件之一,负责存储压缩气体。减压器(减压阀)则用于调整气压,确保堵漏器的正常工作状态。操纵仪是控制气动吸盘式堵漏器的关键部件,可以方便地控制堵漏器的吸附和释放。充气软管连接气瓶和操纵仪,负责传输压缩气体。输送管则将压缩气体输送到吸盘,使吸盘产生吸附力。吸盘是气动吸盘式堵漏器实现封堵的关键部件,通过吸附力紧紧贴合在孔洞上,实现有效封堵。

2. 维护保养

(1) 避免高温环境、避光防潮保存。在存放和使用气动吸盘式堵漏器时,要避免将其暴露在高温、阳光直射和潮湿的环境中。这样可以防止设备受损,延长其使用寿命。

(2) 操作时一定要确保密封,不能有空隙。在进行堵漏操作时,要确保吸盘与孔洞之间的密封性,避免空气泄漏。这样可以确保堵漏效果,并避免因漏气而导致的设备损坏。

(3) 气瓶不可直接置于烈日下暴晒,不可接触火源。气瓶在使用和存放时,要避免将其直接暴露在阳光下,以免气瓶受热膨胀损坏。同时,要避免接触火源,防止火灾事故。

(4) 充气软管工作时不得打结或扭转。充气软管负责连接气瓶和操纵仪,传输压缩气体。在使用过程中,要避免将软管打结或扭转,以免影响气体传输和设备正常工作。

(5) 严禁超过气囊的工作压力。在使用气动吸盘式堵漏器时,要根据气囊的额定工作压力进行操作。严禁超过额定压力,以免造成气囊损坏。

(6) 严禁接触尖锐物体,以防刺穿。在使用和存放气动吸盘式堵漏器时,要避免接触尖锐物体,防止意外刺穿,造成设备损坏。

(7) 严禁接触腐蚀性物质。腐蚀性物质会对气动吸盘式堵漏器造成损坏,因此在操作和存放时,要避免将其接触到腐蚀性物质。

(8) 堵漏任务结束后,将黑色排流管阀门关闭,以免气体泄漏。

(9) 在使用完毕后,要拔掉充气软管接头,检查吸盘是否有划伤。同时,将各个部件擦拭干净,阴干后整理装箱,以便下次使用。

(10) 气动吸盘式堵漏器属于特殊工具,需要由专人负责管理,以确保其正确使用和维护。

(11) 每次使用完毕,应将吸盘恢复原状,检查无误后,将堵漏吸盘、减压器、高压软管等组件擦拭干净后放入包装箱内存放。

(12) 定期检查吸盘、充气软管是否有裂纹、破损现象,发现裂纹、破损等现象时,应及时更换,以确保设备正常工作。

3. 常见故障诊断与排除

(1) 真空泵故障

气动吸盘式堵漏器的工作原理是利用真空泵产生的真空吸力来吸附泄漏点,从而实现堵漏。如果真空泵出现故障,无法产生足够的真空度,那么堵漏器就无法正常工作。可能的原因包括真空泵连接松动、气源供应异常或真空泵本身的问题。解决方法是检查真空泵的连接是否松动,确保气源供应正常,并清洁或更换真空泵。

(2) 吸盘密封不良

吸盘密封不良是气动吸盘式堵漏器无法正常工作的另一个可能原因。在正常情况下,吸盘应该能够紧密地吸附在泄漏点上,以产生足够的堵漏力。如果吸盘无法有效密封泄漏点,可能是吸盘本身存在问题,如吸盘损坏。解决方法是检查吸盘是否损坏,确保吸盘表面清洁,并及时更换损坏的吸盘。同时,也要检查吸盘与输送管的连接,确保连接紧密,避免漏气。

(3) 气源供应问题

气动吸盘式堵漏器的工作依赖于稳定的气源供应。如果气源供应存在问题,如管路堵塞或漏气,堵漏器就无法正常工作。解决方法是检查气源供应管路是否堵塞或漏气,确保气源供应稳定,并修复或更换有问题的气源管路。同时,也要检查气源供应设备,如气泵或气瓶,确保其工作正常。

(4) 控制系统故障

气动吸盘式堵漏器的控制系统负责控制真空泵、吸盘和其他部件的工作。如果控制系统出现故障,可能导致堵漏器无法正常工作。可能的原因包括控制阀堵塞或损坏,电气元件连接不良或故障。解决方法是检查控制阀是否堵塞或损坏,确保电气元件连接正确,并修复或更换有问题的部件。同时,也要对控制系统进行定期维护,以确保其正常工作。

五、气动救生抛投器

气动救生抛投器是一种重要的救生设备,它主要用于水上救生和陆用救援等各种救援场合的抛绳作业。它通过压缩空气驱动,能够将救生绳快速、准确地投掷到目标位置,为遇险人员提供救生绳索,从而帮助他们脱离危险。气动救生抛投器具有操作简便、射程远、精度高等特点,是救援工作中不可或缺的工具。在各种紧急救援情况下,它都能够发挥出关键的作用,保障人们的生命安全。

1. 结构组成

气动救生抛投器主要由抛投发射器、陆用抛射弹、水用抛射弹、训练弹和气动装绳器 5 个部分组成,如图 3-3-5 所示。

其中,抛投发射器是气动救生抛投器的核心部分,负责将救生绳或者其他救援物品抛投到指定的位置。抛投发射器由发射管、气缸、压力表、枪托、充气装置、手柄、保险装置和扳机等组成。这些部件共同协作,确保救生绳或者其他救援物品能够准确、快速地投掷到需要救援人员的所在位置。

陆用抛射弹和水用抛射弹是用来发射救生绳的弹丸。陆用抛射弹由直径 3 mm、长度 100 m 的救援绳和救援绳装填管等组成,而水用抛射弹则由直径 3 mm、长度 80 m 的救援绳、救援绳装填管、救生圈、CO_2 气瓶和水溶药片等组成。这些弹丸的设

图 3-3-5　气动救生抛投器

计都是为了能够在发射过程中保持稳定,并在到达目标位置后迅速展开救援绳,为遇险人员提供救援。

训练弹主要由橡胶弹和直径 5 mm 的救援绳等组成,主要用于训练救援人员在使用气动救生抛投器时的操作技能。

气动装绳器由气动扳机和长管等组成,负责控制救生绳或者其他救援物品的释放,以保证救援过程的安全和顺利进行。

2. 维护保养

(1) 救援绳的清洁和保养。在使用救援绳后,首先用中性洗涤剂进行清洗,去除绳上的污渍和杂质,然后用清水冲洗干净,最后晾干。注意不要在阳光下暴晒,以免绳子变形或褪色。

(2) 发射装置的保养。用干净的抹布擦拭发射装置,确保各部件干净无尘。检查各部件是否完好,如有损坏,应及时更换。在确认各部件完好后,喷涂防锈润滑油,以保证各部件的顺畅运行。同时,检查接口密封圈是否完好,如有损坏,应及时更换。

(3) 气瓶的清洁和保养。用清水清洗气瓶各部件,确保气瓶内外清洁。然后用吹风机对准气瓶口吹热风进行干燥,以去除残留的水分。最后,用少许硅油涂抹在气瓶嘴上,以防止水分侵入。

(4) 气体的排放。如果救生抛投器已经充满气体,但在停止使用后,应将装在发射机械装置上的气瓶中的气体排放掉,以避免气压过高导致设备损坏。

(5) 安全阀的保养。安全阀是救生抛投器中非常重要的部件,对于救生抛投器的安全和操作起决定性作用。在平时,应尽可能少调整安全阀,而在充气操作时,时刻注意安全阀的压力,严禁超过 20 MPa。

(6) 救生圈的保养。使用后,用清水清洗救生圈,去除沙子和其他杂物,然后用干布擦拭。为防止救生圈受潮,应将其存放在干燥通风的地方。在使用前,用人工充气方式检查救生圈是否漏气,其他部件也应检查是否完好。在确认完好后,将救生圈卷好塞入塑料保护筒,存放于干燥通风的地方,以备再次使用。

(7) 保险按钮和扳机的检查。每月检查保险按钮和扳机,确保其顺畅自如。此项检查应在室外进行,以防止因有剩余气体残留在主体内造成危险。

(8) 存储条件。平时将救生抛投器存放在干燥安全的地方,避免阳光直射和潮湿环境。

3. 常见故障诊断与排除

(1) 使用抛投器时,无法正常发射

① 检查发射气瓶是否安装到位。有时发射气瓶可能没有安装好,导致发射过程中出现故障。此时,需要检查气瓶是否牢固地连接在抛投器上。

② 检查绳包开启情况。绳包的开启状态对于救生绳的发射至关重要。如果绳包没有完全打开,救生绳就无法正常发射。因此,需要确保绳包已经正确、完全地打开。

③ 检查气压表显示的压力是否达到气动救生抛投器正常使用的压力范围。如果压力过低,可能会影响救生绳的发射。此时,需要检查气瓶是否充满气体,如果气压不足,需要及时充气。

(2) 出现漏气现象

① 在充装气体时,如果发现有明显的漏气声音,需要对气管或连接接头密封件进行检查。如果发现泄漏处,应及时更换密封件,确保气体的正常供应。

② 当气体充装完成后,如果出现漏气现象,可以通过抛投器自身的压力表进行观察。还可以使用泡沫水进行检查判断,从而找出漏气的具体位置。

③ 如果发现安全阀损坏而处于常开状态,应及时更换新的安全阀。安全阀是救生抛投器中非常重要的部件,对于设备的安全和操作起决定性作用。更换新的安全阀后,需要确保其压力设定在正常范围内,以保证救生抛投器的正常运行。

(3) CO_2 储气瓶故障

① CO_2 储气瓶管路磨损或者出现漏气,从而无法提供足够的压力,需要及时进行维修或更换,以确保气体正常供应。在维修过程中,务必确保管路的密封性,防止气体泄漏。

② 发现 CO_2 储气瓶气压指示不正常,需要检查气压过低的原因,并及时更换气压表。气压表是监测 CO_2 储气瓶内气体压力的重要工具,如果气压表显示不准确,可能会影响到救生抛投器的正常使用。因此,当发现气压指示不正常时,需要及时检查原因,并更换新的气压表,确保救生抛投器可以准确地显示气体压力。

六、气动保护套具

气动保护套具是一种救生设备,其组装非常简便。单根支柱的支撑能力可达 10 t,

总支撑能力可达 20 t(安全系数为 4),适用于轻型车辆救援。在使用气动保护套具时,应确保其安装稳固,以充分发挥其支撑能力。

1. 结构组成

气动保护套具由多个部分组成,如图 3-3-6 所示。其中,手锁支柱是整个保护套具的核心部分,可以提供稳定的支撑;延长杆,用于延伸支撑范围,增加救援灵活性;链楔工作头,可以快速、准确地固定支撑位置;铰链底座,提供稳定的支撑基础;圆弧工作头和 V 形工作头,用于适应不同的工作环境。

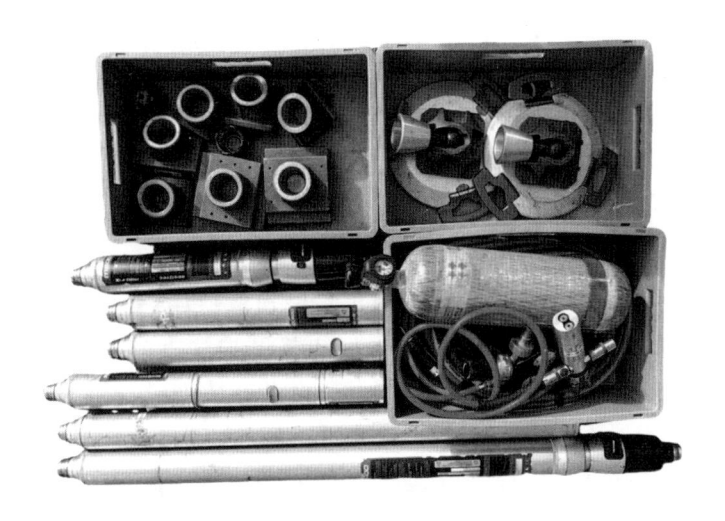

图 3-3-6　气动保护套具

此外,气动保护套具还包括带钩的棘轮紧固带,用于固定气动保护套具的位置;气管,用于连接气瓶和气动保护套具,提供气体驱动;气瓶,存储压缩气体,提供动力;减压阀,用于调整气压,保证气动保护套具的稳定运行;双控、Y 形分配器,用于控制气流的分配;脚踏泵,用于给气瓶充气。

2. 维护保养

(1) 每次使用前后都要检查产品有无损坏。使用前,应检查所有的线路、油管和螺栓连接的地方,确保没有泄漏和明显的损坏。使用后,也需要进行同样的检查,以确保设备在使用过程中不出现故障。

(2) 检查气瓶外观。气瓶是气动保护套具的核心部件,应确保其外观没有严重的碰伤和磨损。此外,还需注意气瓶的年检期,确保其内部的压力和气密性符合规定。在检查气瓶时,要重点关注瓶阀、减压器、开关、安全排气阀、通气管和脚踏泵等相关部件,确保其完好无损。

(3) 定期润滑脚踏泵的活塞杆。为了保证脚踏泵的正常工作,建议每月对活塞杆进行一次润滑油脂的添加。这可以减少活塞杆的磨损,延长设备的使用寿命。

(4) 将整套设备放置在专用保管箱内。在存放气动保护套具时,最好将其放在一个专用的保管箱内。这可以防止设备受到损坏,同时便于寻找和使用。

(5) 储存在适宜的环境中。气动保护套具应存放在温度为-5~40 ℃的室内,且通风良好。同时,要确保设备远离热源 0.5 m 以上,以防止高温对设备造成损害。

(6) 防止日晒、雨淋和化学物质接触。气动保护套具应避免直接日晒和雨淋,以免导致设备外壳损坏。此外,设备不得与酸、碱、有机溶剂等化学物质接触,以免导致设备材料腐蚀。

3. 常见故障诊断与排除

(1) 气体泄漏

气动保护套具存在气体泄漏问题,可能是密封件损坏或安装不当导致的。密封件是气动保护套具中非常重要的部件,其性能直接影响到设备的正常运行。解决方法是检查密封件是否完好,确保安装正确,并及时更换损坏的密封件。同时,还要定期检查气瓶的气压,确保其在正常范围内。

(2) 磨损或损坏

长时间使用后,气动保护套具的材料可能会磨损或损坏,导致其保护功能减弱。解决方法是定期检查保护套具的磨损情况,及时更换磨损严重或损坏的部件。这可以确保保护套具始终处于良好的工作状态,为救援工作提供安全、可靠的保障。

(3) 污染或堵塞

在恶劣的工作环境中,气动保护套具可能会受到污染物的侵入,导致堵塞。解决方法是定期清洁保护套具,确保通道畅通,并采取防护措施,防止污染物进入。此外,还要注意保持工作环境的清洁,避免污染物对设备造成损害。

(4) 安装错误

如果气动保护套具安装不正确,可能会导致其无法正常工作或容易损坏。解决方法是仔细阅读安装说明书,按照正确的方法进行安装,并确保安装牢固可靠。在安装过程中,要注意检查各部件的连接是否紧密,避免因为安装不当导致设备故障。

第四节 液压类装备器材的结构与维护保养

一、液压破拆工具组

液压破拆工具是一种非常实用的破拆装备,具有撬开、支撑重物、分离、剪切金属和非金属材料及构件的功能。它主要由液压机动泵、扩张器、剪扩器、剪切器、救援顶杆、开门器等部分组成。其中,液压机动泵是整个液压系统的核心,为其他工具提供压力;扩张器用于撑开或扩张各种构件;剪扩器可以同时进行剪切和扩张操作;剪切器用于剪切金属和非金属材料;救援顶杆能够在救援过程中提供强大的支撑力;开门器用于快速有效地开启各种门锁。

液压破拆工具的设计和制造均非常精良,能够应对各种复杂环境和紧急情况。在实际应用中,救援人员可以根据实际情况选择合适的工具进行操作,迅速解决问题,确保救援工作的顺利进行。

1. 结构组成

(1) 液压机动泵

液压机动泵是抢险救援工具中常用的动力源,它具有高、低压两级压力输出,能够根据外部负载的变化自动调整高、低压输出压力。在低压工作时,液压机动泵输出流量大,使得配套工具在空载时能够快速运动,从而节省时间。当配套工具负载工作时,液压机动泵则自动转为高压工作状态。作为液压动力源,液压机动泵主要与专业破拆工具配套使用。它通过驱动油箱内的液压油,为破拆工具提供能量,使得破拆工具能够在各种紧急情况下发挥出强大的威力。

液压机动泵是抢险救援工具中不可或缺的设备,其主要组成部分包括发动机、油箱、液压泵、支架和接口等,如图 3-4-1 所示。其中,发动机为液压机动泵提供动力,油箱用于存储液压油,液压泵则负责将发动机的动力转化为液压能,支架则用于固定液压泵,保证其在使用过程中的稳定性,而接口则用于连接液压泵和配套工具,实现动力的传输。

图 3-4-1 液压机动泵

(2) 液压扩张器

液压扩张器是主要由连接板、工作油缸、双向液压锁、换向手轮、手柄、高压软管、扩张臂、扩张头、联轴节等部分组成,如图 3-4-2 所示。其中,连接板作为设备的基座,负责连接其他部件;工作油缸则是扩张器的核心部分,负责提供扩张力量;双向液压锁保证扩张器的稳定性和安全性;换向手轮和手柄用于控制设备的操作方向和力度;高压软管负责输送液压油;扩张臂、扩张头、联轴节等部分共同协作,实现设备的扩张功能。

图 3-4-2　液压扩张器

(3) 液压剪扩器

液压剪扩器是一种非常实用的工具,它主要由手柄、工作油缸、油缸盖、高压软管、手控换向阀及手轮、中心销轴锁紧螺母等部分组成,如图 3-4-3 所示。在使用过程中,通过手柄的操作,可以控制工作油缸的伸缩,进而带动剪扩器的剪切和扩张功能。油缸盖和高压软管则保证了液压系统的正常运行。手控换向阀及手轮则用于控制液压流向,实现剪扩器的切换操作。中心销轴锁紧螺母则确保了整个工具的稳定性和安全性。

图 3-4-3　液压剪扩器

(4) 液压剪切器

液压剪切器主要由手柄、工作油缸、油缸盖、高压软管、手控换向阀及手轮、中心销轴锁紧螺母、剪刀等部分构成,如图 3-4-4 所示。通过手柄的操作,可以控制工作油缸的伸缩,进而带动剪刀进行剪切。油缸盖和高压软管保证了液压系统的正常运行。手控换向阀及手轮用于控制液压流向,实现剪切的切换操作。中心销轴锁紧螺母则确保了整个工具的稳定性和安全性。剪刀则是实现剪切功能的关键部分。

图 3-4-4　液压剪切器

(5) 液压救援顶杆

液压救援顶杆主要由双向液压锁、手控换向阀、前手柄、后手柄、高压软管、固定支撑、油缸、移动支撑等部分构成,如图 3-4-5 所示。其中,双向液压锁和手控换向阀用于

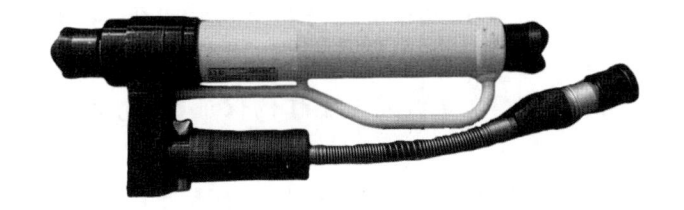

图 3-4-5　液压救援顶杆

控制液压流向,使顶杆能够进行双向伸缩。前手柄和后手柄则用于操作顶杆的移动。高压软管保证了液压系统的正常运行。固定支撑和移动支撑则确保了顶杆在使用过程中的稳定性和安全性。

（6）液压开门器

液压开门器主要由接头、快速接口、活塞杆、底脚、油缸等部分构成,如图 3-4-6 所示。其中,接头和快速接口用于连接液压系统,方便与其他设备进行组合使用。活塞杆是液压开门器的主要工作部分,能够在油缸的驱动下实现门窗的开合。底脚则起到稳定设备的作用,确保开门器在使用过程中保持稳定。油缸则是驱动整个开门器工作的核心部分,通过活塞杆的伸缩来实现门窗的开合。

图 3-4-6　液压开门器

2. 维护保养

（1）液压机动泵

① 液压机动泵应尽可能放置在水平位置,工作状态时倾斜角不应大于 15°,非工作状态时倾斜角不应大于 13°。

② 在起动前,务必检查润滑油油位。需要时,应按发动机使用说明书规定的润滑油牌号,向发动机曲轴箱内加注润滑油。

③ 使用汽油机时,应使用 92 号以上汽油。加注汽油时,不应加注过满,应留有一定的空隙以免工作时溢出,造成危险。

④ 工作结束后,发动机关闭后短时间内仍处于高温状态,此时不可将高压软管接触发动机,以免烫坏软管。

⑤ 液压机动泵中的安全阀是系统安全工作的保证,不允许非专业维修人员进行调整。

⑥ 在对机动泵或与之配套的破拆工具做任何调整和紧固之前,必须首先旋松液压油泵手控开关泄压,并关闭发动机,使高压软管内的油压为零,以免发生危险。

⑦ 在抢险工作特别是训练中,当配套工具停止工作后,应旋松手控开关泄压,并调小发动机油门,使之处于急速或停机状态。尽量避免机动泵长时间满载工作,以防止机动泵及配套工具过热或造成故障影响使用寿命。

⑧ 避免反复或长时间让皮肤接触汽油或呼吸汽油蒸气,以防止对身体造成损害。

⑨ 启动液压机动泵前,请务必检查机油、汽油、液压油以及电瓶是否满足工作要求。

⑩ 液压破拆工具液压部分的维修与调整应在指定维修部门由专业维修人员进行。

⑪ 定期检查设备各部位是否有松动、损坏等异常现象,确认正常后方可继续使用。

⑫ 在机动泵的存放和使用过程中,应注意防尘。保证液压油的清洁是保证可靠工作并延长其使用寿命的必要条件。

⑬ 长期存放机动泵时,应放在无灰尘处。将汽油从油箱中放空。拆下火花塞,从火花塞孔加入一匙干净润滑油,转动发动机几转,使润滑油均布于接触表面。再装回火花塞,将机动泵用防尘罩盖好。

⑭ 寒冷气候下,使发动机怠速以预热液压油。当液压油的油温升至10 ℃时方可使用工具。

⑮ 液压油的温度不得超过65 ℃,过热会使液压系统的密封失效。在使用过程中,要注意液压油的温度,避免过热。

(2) 液压扩张器

① 液压锁体上的三个安全阀是扩张器安全工作的保证,不允许非专业维修人员进行调整。这是因为安全阀的作用是防止液压系统压力过高,从而造成设备损坏或人身伤害。因此,只有专业人员进行维护和调整,才能确保安全阀的正常工作,保证扩张器的安全使用。

② 扩张头与工作对象应接触可靠,尽可能用扩张头上的大圆弧进行扩张,以免滑脱发生危险。这是因为扩张头的接触面越大,扩张力越稳定,工作效率越高。同时,大圆弧的设计可以更好地适应工作对象的几何形状,避免扩张过程中出现滑动或脱离,确保扩张的安全和稳定。

③ 扩张器在做扩张或牵拉作业时,应注意工作对象的重心位置,以免在作业时工作对象倾覆造成意外伤害。这是因为工作对象的重心位置决定了其在扩张或牵拉过程中的稳定性和安全性。如果重心位置不稳定,可能会导致工作对象在扩张或牵拉过程

中倾覆，造成意外伤害。

④ 扩张器用于扩张或夹持物体，一般不应作为长期支撑。当扩张器带负载工作至破拆对象达到所需位置时，即应采取适当措施固定破拆对象，以防破拆对象复位而引发危险。这是因为扩张器的设计和结构决定了它主要用于扩张或夹持物体，而不是作为长期支撑。如果长时间作为支撑使用，可能会导致扩张器的损坏或故障。

⑤ 使用完毕后应及时清洁，储存和使用时注意防尘。这是因为清洁和防尘可以防止污物和灰尘进入液压系统，避免液压系统的堵塞和故障，从而延长扩张器的使用寿命。

（3）液压剪扩器

① 剪扩器在剪切时，要注意所剪材料的硬度，只能剪切硬度不大于碳素结构钢Q235硬度或洛氏硬度不大于20的材料，不允许剪切淬硬钢，否则将会损坏刀具或造成崩出物伤人。如果操作者不清楚所剪材料的硬度，应进行试剪，即剪切1～2 mm后退出刀具，察看切入情况，发现为淬硬材料时，应停止作业，换用其他工具，如电弧切割机等。

② 当剪刀端部刃口的侧向分离垂直距离大于3 mm时即应退刀，调整剪切角度后重新进行剪切，否则将损坏刀具。剪切作业时应使被剪工件与剪刀平面垂直，以免剪刀因受侧力而产生侧弯、损坏。

③ 在使用剪扩器时，要做好安全防护，不允许剪切两端都是自由端的物体，以防止在剪切过程中因物体的移动而导致意外伤害。同时，剪扩器中心销轴锁紧螺母的拧紧力矩应为150～180 N·m，以保证其稳定性和安全性。

④ 使用完毕后，应及时清洁，储存和使用时注意防尘，以延长设备的使用寿命。在扩张头的使用过程中，应确保其与工作对象接触可靠，尽可能用扩张头上的大圆弧进行扩张，以免滑脱发生危险。

⑤ 剪扩器在做扩张或剪切作业时，应注意工作对象的重心位置，以免在作业时工作对象倾覆造成意外伤害。同时，也要注意自身的安全，避免因操作不当而导致的伤害。

（4）液压剪切器

液压剪切器的维护保养方法同液压剪扩器。

（5）液压救援顶杆

① 液压锁体上的安全阀是顶杆安全工作的保证，不允许非专业维修人员进行调整。这是因为安全阀能够保证顶杆在承受最大负载时不会因压力过高而损坏，非专业人员随意调整可能会导致设备故障，甚至可能危及使用者的安全。

② 固定支撑和活动支撑上带有防滑齿，在作用过程中，应使它们与被支撑对象接触牢靠，防止打滑发生危险或损坏工具。防滑齿能够提供足够的摩擦力，保证顶杆在顶撑过程中稳定可靠，避免因支撑不稳导致的意外事故。

③ 由于救援顶杆的活塞行程较长,活塞杆伸出部分也较长,在使用过程中应注意保护,避免硬物划伤,造成工具损坏。同时,应避免活塞杆受到侧向力或侧向冲击,以免失稳或顶杆滑脱。

④ 使用完毕后应及时清洁,储存和使用时戴好防尘帽并注意防尘。清洁可以保证设备表面的污垢不会影响设备的正常工作,戴防尘帽和注意防尘可以延长设备的使用寿命。

(6) 液压开门器

① 破拆工作除了操作部分外,其他液压部分的调整与维修应由专业人员进行。这是因为液压系统的调整和维修需要专业的知识和技能,非专业人员随意操作可能会导致设备故障,甚至可能危及使用者的安全。

② 连接软管为专用高压软管,工作压力为 63 MPa,不允许用其他软管代替。高压软管是液压系统中的重要组成部分,专用软管能够承受较高的压力,保证系统的正常工作。使用非专用软管可能会因为耐压性能差而导致系统故障。

③ 在运输和使用过程中,要防止外界强烈碰撞或冲击。液压开门器具有一定的硬度,但在敲击时应注意用力适当,并在敲击时垫上一块木片,以防止因用力过大导致的设备损坏。

④ 使用完毕后应及时清洁,储存和使用时戴好防尘帽并注意防尘。清洁可以保证设备表面的污垢不会影响设备的正常工作,戴防尘帽和注意防尘可以延长设备的使用寿命。

3. 常见故障诊断与排除

(1) 油泵不供油、供油间断或有气流流动噪声

① 可能的原因是油位过低,此时需要补充液压油。液压油是保证油泵正常工作的重要介质,油位过低可能会导致油泵无法正常工作。

② 如果油箱内有负压,需要松开油箱盖进行排气。负压会影响油泵的供油,导致供油间断。

③ 如果滤油器堵塞,需要清除堵塞物。滤油器是保证液压油清洁的重要部件,堵塞会影响油泵的供油,甚至可能导致系统故障。

(2) 高压供油不足

① 可能的原因之一是高压阀、低压阀或安全阀有污物堵住。此时需要拆下相关阀门,清除污物后重新安装。阀门的堵塞会导致高压供油不足,影响液压系统的正常工作。因此,定期对阀门进行检查和清洗是非常必要的。

② 另一种可能的原因是柱塞运动阀、密封圈磨损,或吸油单向阀密封不严。此时需要更换密封圈或阀门。密封圈磨损和阀门密封不严都会导致高压供油不足,影响液压系统的正常工作。定期检查和更换密封圈和阀门,可以保证液压系统的正常运行。

(3) 低压供油不足

① 吸油单向阀密封不严。单向阀是控制油流方向的重要部件,如果密封不严,可能会导致油流逆向,从而使得低压供油不足。

② 低压阀密封不严。低压阀是控制油压的关键部件,如果密封不严,可能会导致油压不稳定,进而影响到低压供油。

③ 密封圈磨损。密封圈磨损会导致系统油压降低,进而影响到低压供油。

(4) 手柄回弹

手柄回弹的原因可能出油单向阀阀口有杂物,阀口堵塞导致油路不畅,油压升高后回油不畅,手柄就会回弹。遇到这种情况,首先关闭发动机,然后检查出油单向阀阀口是否有杂物,清除杂物后即可正常使用。

(5) 手柄操作费力

当手柄操作费力时,可能是由于安全阀压力过高或者液压油不足或过脏。在这种情况下,首先检查液压破拆工具组的操作手册,了解是否有关于调节手柄力的说明。然后检查安全阀是否正常工作,如果安全阀工作正常,那么可能是泄油压力调整不当导致的,可以根据实际情况,适当调整泄油压力,以保证油路正常工作。其次,若液压油不足或过脏,则需补充或更换液压油。

(6) 破拆工具头工作无压力

当破拆工具头工作无压力时,可能是换向塞的O形圈损坏,导致油路密封不严。遇到这种情况,首先关闭发动机,然后检查换向塞的O形圈是否有损坏,如果损坏,可以购买相应的配件进行更换。更换完毕后,启动发动机进行检查,看是否恢复正常。

(7) 转动换向手轮,剪切器活塞不运动

当转动换向手轮,剪切器活塞不运动时,可能是油管连接不正常或液压泵液压油不足导致的。在这种情况下,首先检查油管是否正常连接,避免因为松动或破损导致油路不畅。其次,检查液压泵液压油是否充足,如果液压油不足,应及时添加同型号的液压油。

(8) 剪切器有负载时活塞杆不移动,而无负载时正常工作

当剪切器在有负载时活塞杆不移动,而在无负载时正常工作时,可能是由于剪切器负载超过了工具的支撑能力。在这种情况下,首先检查剪断器的负载是否超过其支撑能力,如果是,请减小负载。

(9) 接口漏油

当设备接口出现漏油现象时,可能是胶圈老化或者操作不当导致的。在这种情况下,首先检查胶圈是否出现老化现象,如果是,需要及时更换。其次,要确保操作过程是否规范,避免因操作不当造成胶圈损坏。

(10) 接口连接不上

当设备接口连接不上时,可能是操作不当(如带压情况下拆卸接口)引起的系统内憋压。在这种情况下,首先关闭发动机,确保系统内无压力,然后再尝试重新连接接口。

(11) 快速接头插拔困难

当快速接头插拔困难时,可能是滚花套未到位或接头被尘粒污染导致的。在这种情况下,首先检查滚花套是否完全安装,其次,清理接头上的尘粒,确保接头清洁。

(12) 液压剪切器不工作

当液压剪断器无法正常工作时,可能是供油开关未置于工作位置或液压油量不足导致的。在这种情况下,首先检查供油开关是否正确置于工作位置,如果不是,请将其正确设置。其次,检查液压油量是否充足,如不足,请及时补充液压油。

(13) 换向手轮不能自动回位

当换向手轮不能自动回位时,可能是回位弹簧变形或损坏导致的。在这种情况下,首先检查回位弹簧是否出现变形或损坏,如果是,需要及时更换。

(14) 换向手轮漏油

当换向手轮出现漏油现象时,可能是油缸和开关间的连接螺钉松动或油缸和开关间的密封件损坏导致的。在这种情况下,首先检查连接螺钉是否松动,如果松动,需要拧紧。其次,检查密封件是否损坏,如果损坏,需要及时更换。

二、手动液压泵

1. 结构组成

手动液压泵主要由手柄、油箱、油管、快速接口、高低压转换阀、手控开关阀等部分组成,如图 3-4-7 所示。其中,手柄设计人性化,操作简单易学,使抢险人员在紧急情况下可以快速上手使用。油箱容量适中,可以满足大部分的使用需求。油管和快速接口保证了液压泵的连接和使用的稳定性。

图 3-4-7 手动液压泵

手动液压泵是一种便携式超高压动力源,可以与破拆工具配套使用。其通常低压输出压力为 6～8 MPa,高压输出压力为 63 MPa,能够满足大部分的液压需求。

手动液压泵中的高低压自动转换阀可以根据外界负载的变化自动转变压力,保证了手动液压泵的稳定运行,同时也大大提高了使用效率和安全性。

2. 维护保养

(1) 在使用液压工具前,应检查各连接部位是否松动,这是为了避免在使用过程中因为连接部位松动而导致的设备故障。如果发现松动部分,必须及时拧紧,以确保设备的正常运行。

(2) 使用后应检查部件是否完好,连接是否稳固,防尘帽是否扣上等。这是为了确保设备的完好无损,以及避免灰尘和其他杂质进入设备内部,影响设备的运行性能。

(3) 经常检查油量,油量低于油箱标线位时,应添加相同牌号的液压油。这是为了保证设备的液压系统能够正常运行,避免因为液压油不足而导致的设备故障。

(4) 每次使用后,检查钳体,如有水或污泥等脏物,应及时清除。这是为了保证钳体的清洁,避免杂质进入设备内部,影响设备的运行性能。

(5) 液压油须保持清洁,保持滤油器正常出油,如果油脏了,需要及时更换。这是为了保证液压油的清洁,避免因为液压油脏污而导致的设备故障。

(6) 油泵中安全阀是系统安全工作的保证,不允许非专业维修人员进行调整。这是为了保证设备的安全运行,避免因为不当操作而导致的危险。

(7) 高低压转换阀均已在出厂前调整好,在使用过程中,不得随意调整。这是为了避免因为不当调整而导致的设备故障。

(8) 在手控开关阀关闭的情况下,特别是在出油管内有高压存在时,不允许调整或紧固油泵及配套工具的任何部位,调整和紧固工作应在松开手控开关阀的状态下进行,以免发生危险。这是为了保证使用者的安全,避免因为不当操作而导致的危险。

3. 常见故障诊断与排除

(1) 油泵不供油、供油间断或有气流流动噪声

在使用液压设备时,可能会遇到油泵不供油、供油间断或有气流流动噪声的问题。这些问题可能是由多种原因引起的,如果是油位过低导致的油路不畅,应及时添加油液;如果是油箱内有负压造成的供油间断,应松开油箱盖以释放负压;如果是滤油器堵塞造成的气流噪声,应及时清除滤油器堵塞物,确保油路畅通。

(2) 高压、低压供油不足

在使用液压设备时,可能会遇到高压、低压供油不足的问题。这些问题可能是由高压阀、低压阀或安全阀有污物堵住,柱塞运动阀或密封圈磨损,以及吸油单向阀密封不严等原因造成的。在处理这类问题时,应检查相关阀门是否有污物堵塞,如果有,应将相关阀门拆下,清除污物后重新安装。同时,检查柱塞运动阀或密封圈是否磨损,如果磨损,应更换密封圈。此外,还需检查吸油单向阀密封是否严密,如果不严密,应进行更换或修理。

(3) 手柄回弹和手柄操作费力

在使用液压设备时,可能会遇到手柄回弹和手柄操作费力的问题。手柄回弹可能是由出油单向阀阀口有杂物造成的,手柄操作费力可能是由安全阀压力过高造成的。在处理这些问题时,应检查出油单向阀阀口是否有杂物,如果有,应及时清除。同时,对于安全阀压力过高的问题,应调整泄油压力,使其处于合适的范围。

(4) 手柄空旷无力

在使用液压设备时,可能会遇到手柄空旷无力的情况,这通常表现为在使用过程中,手柄反复按压却无法产生压力。这种情况可能是由于液压油量不足引起的。此时,应首先打开油缸检查孔,查看液压油的油位。如果发现液压油位过低,说明液压油量不足,应立即添加同型号的液压油,以保证液压设备的正常运行。同时,定期对液压设备进行维护和检查,确保液压油的充足和清洁,可以有效避免手柄空旷无力的问题。

三、手动液压剪切钳

手动液压剪切钳是一种在狭小空间中进行破拆作业的工具,它在事故救援中发挥着重要作用,如剪断或扩张门框、事故车框架或其他金属结构,以救助被夹持或被锁在危险环境中的受害者。在操作时,操作人员应确保佩戴带有防护面罩的帽子、防护手套,并穿着防护服。使用过程中,特别需要注意工具的尖端部位和接头部位,剪切时应将被剪物体尽量靠近剪刀根部。工作完成后,将工作臂略微张开,以避免油缸中存在高压油。

1. 结构组成

手动液压剪切钳主要由多功能刀片、手控阀及工作油缸、手动操作杆及背带等部件构成,如图 3-4-8 所示。其中,多功能刀片是剪切钳进行剪切作业的关键部分,其设计和材质可以满足不同材料的剪切需求。手控阀及工作油缸是控制剪切钳动作的核心部分,能够精确控制剪切力度和剪切速度。此外,手动操作杆和背带等部件的设计和制造也相当重要,因为它们直接影响到剪切钳的使用便利性和安全性。

图 3-4-8 手动液压剪切钳

2. 维护保养

（1）在使用完液压剪切钳后，应将钳子分开 3～5 mm 的距离，并涂上黄油，以防止钳子生锈和磨损。其次，使用完液压剪切钳后，应及时对器材进行清洁，清除表面的污物和残留物，以免影响设备的正常运行。

（2）在储存液压剪切钳时，应注意防尘，避免设备受到灰尘和污物的侵害。同时，定期对器材进行测试，以确保其性能完好，及时发现并解决可能存在的问题。在使用液压剪切钳时，应注意工具的防护，使用完毕后要盖好防护帽，以防止设备受损。

（3）在剪切过程中，要将被剪材料尽量靠近剪刀根部，这样可以有效提高剪切效率。工作完成后，将工作臂略微张开，以免油缸中有高压油，这是保障操作人员安全的重要步骤。

3. 常见故障诊断与排除

（1）钳口磨损严重

钳口磨损严重是液压剪切钳在使用过程中常见的问题，也是引起打滑的主要原因。长期的使用使得钳口齿尖被磨钝，导致钳口磨损。这种磨损分为两种，一种是正常磨损，这是由于液压剪切钳在长期的使用过程中，经历的高强度作业导致的，这种磨损是不可避免的。另一种是非正常磨损，可能是由于使用不当，例如在夹紧时，齿尖不能顺利地咬进管子表面，引起打滑。

当发现钳口磨损严重时，应及时采取措施。如果是由正常磨损引起的，那么可以通过研磨或更换新的钳口来解决。如果是由非正常磨损引起的，那么应首先找出磨损的原因，如操作不当、工作环境不合适等，并进行相应的改进。同时，还应及时更换牙片，以恢复液压剪切钳的正常工作能力。在使用过程中，还应注意日常的维护和保养，避免出现钳口磨损等问题。

（2）钳口牙槽被杂物堵塞

在液压剪切钳的使用过程中，如果钳口牙槽被杂物堵塞，也可能导致打滑现象的发生。这种情况通常是由于牙片牙槽间积满了油管表面的锈蚀碎屑或其他污物，使得牙槽被填平。当钳头抱管时，牙齿无法顺利地咬进油管表面，进而引起打滑。

为了解决这个问题，应使用钢丝刷和柴油进行清洗。首先，用钢丝刷清洗牙片和牙槽，以去除表面的污垢。然后，使用柴油顺着牙齿槽的方向进行清洗，以便将污物从牙槽中冲刷出来。在清洗过程中，请注意不要让柴油进入液压剪切钳的内部，以免对设备造成损坏。

此外，为了防止类似问题的再次发生，建议在使用液压钳时，注意保持其清洁，并定期进行检查和维护。

（3）操纵杆调整不当

在液压设备的使用过程中，操纵杆的调整是非常重要的。如果操纵杆调整不当，可能会导致换向阀阀芯移动不到位，这种情况会使换向阀的油路通道不能全部打开，造成节流现象,从而使液压马达的转速降低。

如果发现液压马达转速降低,首先检查换向阀阀芯,看看是否移动到位。如果阀芯移动不到位,可能是由于阀芯上有污物或者损坏,这时我们需要进行清洗或更换。在更换过程中,要注意选择合适的阀芯,确保其尺寸和性能与液压设备相匹配。

此外,还需要定期检查和调整操纵杆,确保其能够正常工作。

(4)剪切时无压力

在使用液压剪切钳时,如果发现剪切时无压力,可能是由多种原因导致的。首先,需要检查油缸内的液压油是否缺少或油变质。如果液压油缺少,应及时添加同型号的液压油;如果液压油变质,应清洗油缸并更换新的液压油。

另外,还需要检查油缸密封件是否有破损或漏油现象。如果是部件松动造成漏油,应紧固松动部位;如果是密封圈老化损坏,应及时更换密封圈。同时,还要检查油缸活塞和缸体之间的配合情况,如果存在间隙,应及时进行调整或更换。

在日常使用和维护过程中,应注意保持液压剪切钳的清洁,避免污物进入油缸内部。

第五节　消防车底盘的结构与维护保养

一、传动系统

传动系统是安装在发动机和驱动车轮之间的动力传输装置,它的主要功能是将发动机产生的动力传递给驱动车轮,使行驶系统与发动机协同工作,以确保汽车在各种行驶条件下正常行驶所需的驱动力,同时使车辆具有优良的动力性能和燃油经济性。消防车底盘传动系统在普通汽车传动系统的基础上,加装了取力器和分动器等动力输出装置,用于向驱动车轮和车载消防系统传递动力。

1. 离合器

离合器是传动系统中直接与发动机相连的部分,它的主要功能:在汽车启动时,通过离合器主、从动部分之间的摩擦,使它们的转速逐渐接近,以确保启动的平稳性。在变速器换挡时,通过离合器主、从动部分的快速分离,切断动力的传递,以减少齿轮间的冲击,保证换挡过程的顺畅。当传递给离合器的转矩超过其所能传递的最大转矩时,主、从动部分之间会产生滑动摩擦,以防止传动系统过载。

关于离合器的常见故障诊断和排除,如下所述。

(1)离合器打滑

① 故障现象

当离合器打滑时,发动机的动力无法稳定传递,表现为车辆动力不足。

② 故障原因

离合器打滑的可能原因包括:离合器操纵系统调整不当,使得离合器踏板没有自由行程,分离轴承与分离杠杆之间没有间隙,导致压盘无法紧压从动盘;离合器从动盘摩擦片不平、磨损、烧损、铆钉外露或摩擦片沾有油污;离合器踏板不能可靠回位;发动机飞轮、离合器压盘或从动盘变形;离合器盖与飞轮之间的固定螺栓松动;从动盘盘毂花键与变速器输入轴卡滞;膜片弹簧损坏、变形或弹力不足。

③ 故障排除方法

解决离合器打滑的问题,可以采取以下措施:调整离合器操纵系统,确保离合器踏板的自由行程与总行程合适;磨平摩擦片,清除表面油污或更换摩擦片;检查离合器踏板助力机构和操纵机构,调整间隙,使离合器能可靠地分离和接合;消除飞轮、离合器或从动盘的变形,将离合器盖可靠地固定在飞轮上;维修从动盘盘毂或变速器输入轴花键,消除卡滞因素;更换膜片弹簧。

(2)离合器分离不彻底

① 故障现象

在车辆起步时,离合器踏板踏下后,离合器无法完全分离,处于半分半合状态,导致挂挡困难,变速器齿轮有撞击声。在变速器挂挡后,还未抬起离合器踏板,汽车就开始起步或者发动机熄火。

② 故障原因

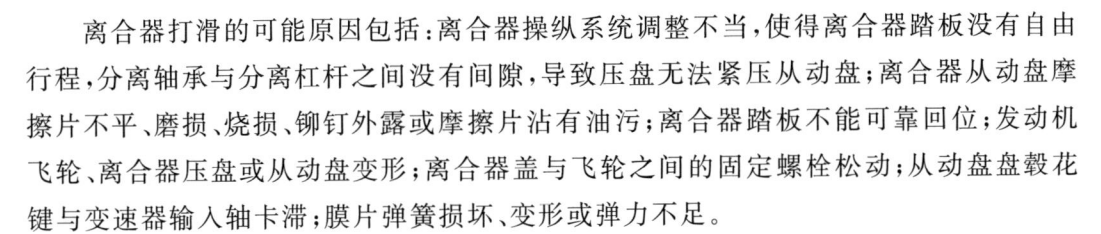

离合器分离不彻底的可能原因包括:离合器操纵系统调整不当,使得离合器踏板自由行程过大,工作行程过小,导致离合器踏到底仍无法使离合器完全分离;液压操纵系统中缺油或进入空气;液压操纵系统元件损坏或漏油;离合器扭转减振器损坏;从动盘花键在花键轴上移动发卡;变速器输入轴损坏;离合器摩擦片松动或表面不平或表面油污;膜片弹簧弹力减弱或指端磨损;离合器分离叉座及球头磨损或变形;离合器盖与飞轮之间固定螺栓松动。

③ 故障排除方法

解决离合器分离不彻底的问题,可以采取以下措施:重新调整操纵系统,确保离合器踏板自由行程与总行程合适,使离合器彻底分离;向离合器操纵系统的储液罐中加油,排出液压操纵系统中的空气;更换液压操纵系统中损坏的零件,拧紧液压系统各管接头,消除漏油现象;维修从动盘扭转减振器或更换从动盘总成;维修从动盘盘毂或变速器输入轴花键,使二者滑动自如;维修变速器输入轴;磨光离合器从动盘不平整的摩擦片表面,更换摩擦片或更换从动盘清除摩擦片上的油污;更换膜片弹簧;更换离合器分离叉座;离合器盖紧固在飞轮上。

2. 变速器与取力装置

变速器由变速传动机构和操纵机构组成,根据需求,还可以加装动力输出器或功率输出器(即取力器 PTO),以便于特种车辆如消防车、洒水车、自卸汽车、汽车起重机等取力使用。变速器与取力装置的维护和常见故障诊断排除如下:

(1) 变速器的润滑与密封

为了防止润滑油泄漏,变速器盖与壳体以及各轴承盖与壳体的接合面之间都装有密封垫或用密封胶密封;第一轴和第二轴与轴承盖的孔之间则用橡胶自紧油封或回油螺纹予以密封,并且一般在轴承盖下部制有回油凹槽,在壳体的相应部位开有回油孔,使沉积的润滑油流回壳体内,装配时应使凹槽与油孔对准。为了防止变速器工作时油温升高使气压过大而造成润滑油渗漏,在变速器盖上都装有通气塞。

(2) 变速器乱挡

① 故障现象

在离合器彻底分离的情况下,无法挂上所需挡位,或者即使挂上挡位,也无法退回空挡,甚至可能一次挂上两个挡位。

② 故障原因

变速器乱挡的可能原因包括:互锁装置使用时间过长,导致拨叉轴凹槽、互锁销及钢球磨损严重,失去互锁作用;变速杆下端长度不足、下端工作面磨损过大或拨叉轴上导块的导槽磨损过大;变速杆球头定位销松旷、折断或球头、球孔磨损过大;拨叉轴弯曲、拨叉弯曲,导致在操作过程中无法正常拨动换挡导块而出现乱挡。

③ 故障排除方法

解决变速器乱挡的问题,可以采取以下措施:检查互锁装置各锁销与定位钢球的工作情况,清洗、润滑各零件,必要时进行修复或更换;检查变速换挡杆球头定位销是否松旷、折断,或球头、球孔磨损过大,必要时应修复或更换;检查拨叉轴和拨叉是否弯曲,必要时应校正或更换。

(3) 变速器换挡困难

① 故障现象

在离合器工作正常的情况下,汽车起步挂挡或行驶中挂挡时,挂挡费力且齿轮有撞击声。

② 故障原因

变速器换挡困难的原因可能包括:变速叉轴弯曲变形,严重锈蚀,端头出现毛刺,导致拨叉轴轴向移动困难;锁止钢球损坏,使变速叉轴移动困难;变速叉或导块的凹槽磨损严重,导致换挡困难;变速杆调整不当;同步器损坏或严重磨损。

③ 故障排除方法

解决变速器换挡困难的问题,可以采取以下措施:检查拨叉轴是否弯曲,是否锈蚀严重。清洗、除锈、润滑各零件,必要时进行更换;检查齿轮齿端倒角是否过小,是否出现毛刺;检查变速叉轴能否正常移动,变速叉及导块凹槽是否磨损过度,锁紧螺钉有无松动,视情修复或更换;若是冬季换挡困难,还应检查齿轮油是否合格,若不合格,应换上合格的齿轮油;检查同步器锁环内锥面螺纹槽的齿顶宽不应小于 0.15 mm。锁环内锥面与齿轮锥面间隙通常为 1.0~1.5 mm;用塞尺测量滑块与花键毂槽内的配合间隙,其间隙应符合原车标准要求;检查接合套与锁环的齿端间隙必须大于滑块与锁环槽端的间隙。如果滑块发生磨损,不符合要求,必须予以更换;同步器弹簧圈弹力减弱时,必须更换弹簧圈。

(4) 变速器空挡时异响

① 故障现象

当发动机怠速运转时,变速器处于空挡位置时有异响,踏下离合器踏板时响声消失。

② 故障原因

变速器空挡时异响的可能原因包括:变速器与发动机安装时,曲轴与变速器第一轴的同轴度超标;第二轴前轴承磨损、污垢、毛刺;常啮合齿轮磨损发出均匀的噪声,个别齿轮的轮齿碎裂则发出有规律的间歇撞击声;常啮合齿轮修理时未成对更换,啮合不良;第一轴轴承损坏,如滚动轴承缺油,滚珠磨损失圆,滚道有麻点、脱层、伤痕,内外滚道在轴上或壳体内转动,或轴承间隙太大;旧齿轮换用了新轴承,在此之前已造成齿面不均匀磨损,换用新轴承后,齿面啮合位置改变;齿轮油不足、变质、规格不符合要求或油中有杂物。

③ 故障排除方法

a. 当发现空挡异响时,应首先检查变速器与发动机的安装是否正确,检查曲轴与变速器第一轴的同轴度,如有问题,应重新安装或调整至符合规定;

b. 检查第二轴前轴承,看是否有磨损、污垢、毛刺等问题,如有,应清洗、更换轴承;

c. 检查常啮合齿轮,看是否有磨损、轮齿碎裂等问题,如有,应更换损坏的齿轮;

d. 检查第一轴轴承,看是否有损坏、缺油、磨损等问题,如有,应更换轴承或进行维修;

e. 检查齿轮油,看是否不足、变质、规格不符合要求或油中有杂物,如有,应更换合适的齿轮油;

f. 检查齿轮啮合情况,看是否有啮合不良、齿面不均匀磨损等问题,如有,应修复或更换齿轮。

(5) 变速器挂挡后异响

① 故障现象

变速器挂入挡位后异响,这种现象通常是由于相互啮合的齿轮在运转时发生撞击,以及变速器空腔的共鸣作用引起的。另外,当车速大于 40 km/h 时,会发出一种不正常的响声,且车速越高,响声越大。而在滑行或低速行驶时,响声会减小或消失。

② 故障原因

变速器挂挡后异响的可能原因包括:齿轮更换不当,导致轴或轴承更换后破坏了齿轮正常的啮合;轴承磨损严重、轴承内(外)座圈与轴颈(孔)配合松动、轴承滚子碎裂等,工作时轴承发出响声;啮合齿轮轮齿磨损严重,啮合间隙过大,运动中有冲击,齿轮内孔表面磨损严重,配合松旷,造成齿轮异响;变速器第一轴或第二轴产生弯曲变形,或其轴承松旷引起齿轮啮合间隙不当;自锁装置凹槽、钢球磨损严重,或自锁弹簧疲劳、断裂,造成挂挡时越位;个别轮齿断裂;同步器磨损严重或损坏;变速器拨叉弯曲变形。

③ 故障排除方法

a. 检查啮合齿轮轮齿磨损是否严重,啮合间隙是否过大,必要时更换齿轮;

b. 检查轴承是否磨损严重,如轴承内(外)座圈与轴颈(孔)配合松动、轴承滚珠碎裂,必要时更换轴承;

c. 检查变速器第一轴或第二轴是否弯曲变形,或其轴承是否松旷引起齿轮啮合间隙不当,必要时校正或更换弯曲的变速器轴,更换松旷轴承;

d. 检查齿轮或轴上的配合花键是否过度磨损,必要时更换齿轮或轴;

e. 检查变速器是否缺少润滑油,若缺油应按规定数量加注规定型号的润滑油;

f. 检查同步器是否磨损严重或损坏,必要时更换同步器。

(6) 取力器无法挂入挡位

① 故障现象

取力器无法挂入挡位,可能是因为气压不足、活塞卡滞、取力器气缸活塞密封圈损坏漏气或控制系统故障等原因引起的。具体表现为挂挡时,取力器无法正常工作,或者无法将挡位挂入。

② 故障原因

气压不足:观察气压表上的数值,若气压低于工作压力时,则可能是气压不足的原因。此时需要加大油门提高气压。如果气压正常,应检查电磁气阀前、后气管是否堵塞,管道是否有破裂漏气。

活塞卡滞:可能是活塞卡滞在气缸内,导致取力器无法挂入挡位。此时应拆下取力器气缸,取出活塞杆,检查活塞,根据具体情况更换活塞或O形圈,并清除缸筒内壁污物。

取力器气缸活塞密封圈损坏漏气:活塞密封圈损坏会导致气缸内气压不足,从而影响取力器的工作。应更换活塞密封圈。

控制系统故障:如电磁阀不动作,可能是控制系统故障。应检查电磁阀的有效性、灵敏度、电路安全性和开关好坏,根据检查结果进行维修或更换。

③ 故障排除方法

气压不足:加大油门提高气压,检查并维修电磁气阀前、后气管,保证气压正常。

活塞卡滞:拆下取力器气缸,取出活塞杆,更换活塞或O形圈,清除缸筒内壁污物。

取力器气缸活塞密封圈损坏漏气:更换活塞密封圈。

控制系统故障:检查电磁阀的有效性、灵敏度、电路安全性和开关好坏,根据检查结果进行维修或更换。

3. 万向传动装置

万向节是用于在转轴与转轴之间实现变角度传递动力的基本部件,其分类依据在于其在扭转方向上是否有明显的弹性,分为刚性万向节和挠性万向节。

传动系的传动轴通常是一根壁厚均匀的轴管,两端分别焊接有万向节固定叉和带花键的轴头。由于驱动桥与车架是弹性连接的,所以普通万向传动装置无法在任何情况下都保证等速传动。在满载时,传动系负荷已经很大,应尽量消除由于不等速传动产生的惯性附加负荷。而在轻载或空载时,传动系的负荷较小,且质量小,惯性冲击附加负荷也小,角速度差不大,可以通过传动系的弹性变形来吸收。传动轴可分为单节式传动轴和双节式传动轴。

传动轴的维护主要包括紧固件的牢固程度检查,万向节轴承、花键槽套、中间支承轴承等的润滑,传动轴的外表和弯曲度检查,万向节轴承和花键套松动量的检查等。同时,应经常检查传动轴凸缘连接螺栓螺母和中间支承 U 形支架的紧固情况,如有松动,应及时按规定力矩(一般为 83～108 N·m)拧紧。

传动轴的损坏、磨损、变形以及失去动平衡都可能导致行驶故障,这些故障主要表现为异响和振动,严重时可能导致相关部件的损坏。例如,在车辆行驶中,起步或急加速时发出"咯噔"的声响,且明显表现出机件松旷的感觉。行驶中底盘发出"嗡嗡"声,且随着运行速度越高,声音越大。这通常是由于万向节十字轴与轴承磨损松旷、传动轴中间轴承磨损、中间橡胶支承损坏或吊架松动,或是由于吊架固定的位置不对所致。常见的传动轴异响故障如下:

(1) 车辆行驶中传动轴异响

① 故障现象

在车辆行驶过程中,传动轴出现异响,特别是在加速时,异响更加明显。此外,在脱挡滑行时,响声也十分明显。

② 故障原因

a. 传动轴万向节装配过紧:这可能导致传动轴的转动不灵活。

b. 传动轴两端的万向节叉不在同一平面内:这种情况会破坏传动轴的等速排列。

c. 中间支承轴承保持架散离或损坏:轴承滚珠的损坏或磨损可能导致轴承松旷。

d. 中间支承轴承保持架安装偏斜:这可能导致轴承滚珠在保持架中不正。

③ 故障诊断

车辆行驶时,出现有节奏的金属敲击声,且在脱挡滑行时,声响更加明显,这可能是万向节轴承壳压得过紧,导致转动不灵活。

如果提高车速,响声增大,脱挡后滑行尤为明显,停车后响声消失,这可能是中间支承轴承松旷发响。

若响声沉闷且连续,说明中间支承轴承可能已经散架。

若拆下中间传动轴,发动车辆,挂挡运转,响声仍存在,说明中间支承轴承损坏。

若响声消失,可能是中间支承吊架安装没有找正,运行中产生振响。

④ 故障排除方法

a. 检查并调整传动轴万向节的装配连接部位。

b. 按照传动轴等速原理,调整传动轴两端的万向节叉,使其在同一平面内。

c. 更换损坏的中间支承滚珠,紧固其保持架,并进行润滑。

d. 检查并调整中间支承轴承的保持架,确保其对正。

(2) 车辆行驶中传动轴有异响并伴随车身振动

① 故障现象

在车辆行驶过程中,当车速超过中速时,会出现异响,且车速越高,响声越大。当车速达到某一数值时,车身会出现抖振。如果在此时脱挡滑行,振动会更强烈。当车速下降至中速时,振动现象会消失,但响声仍然存在。

② 故障原因

a. 传动轴弯曲变形:这可能导致传动轴在高速行驶时产生异响。

b. 传动轴上平衡片脱落:这可能导致传动轴不平衡,进而引起车身抖振。

c. 传动轴中间支承橡胶块损坏:损坏的橡胶块会影响传动轴的稳定性,从而产生异响和振动。

d. 传动轴伸缩节花键严重磨损或松旷:这可能导致传动轴在高速行驶时产生异响。

e. 发动机前后固定支架螺栓松动:松动的螺栓可能导致发动机在高速行驶时产生抖振。

f. 发动机曲轴飞轮组不平衡:不平衡的曲轴飞轮组可能在高速行驶时引起车身抖振。

③ 故障排除方法

a. 检查传动轴是否弯曲变形。如果弯曲变形,应采用冷压校直的方法校直传动轴。无法校直的应更换。

b. 检查传动轴平衡片。如果脱落,应补焊上,并进行动平衡试验。

c. 更换损坏的中间支承橡胶块。

d. 如果响声较轻,伸缩节仍能使用;如果严重松旷发响,应更换。

e. 检查并紧固发动机支架松动的螺栓。

f. 对发动机曲轴飞轮组重新进行动平衡试验。

4. 驱动桥

驱动桥位于传动系统的末端,由主减速器、差速器、半轴和驱动桥壳等主要部件组成。驱动桥有两种类型:断开式驱动桥和非断开式驱动桥。在行驶过程中,尤其是在起步过猛或紧急制动时,驱动桥内部的各个部件都将承受巨大的冲击载荷。随着行驶里程的增加,驱动桥各部件的技术状况会逐渐恶化,从而导致各种故障的出现。以下是一些常见的驱动桥故障的检查和排除方法：

(1) 齿轮啮合间隙过大

① 故障现象

在行驶过程中，特别是在变换车速的瞬间或车速不稳定时（如拖挡），驱动桥内会发出无节奏的沉重"咯噔、咯噔"撞击声。当车速相对稳定时，这种响声会减小或消失。

② 故障原因

这种故障主要是由于中央主传动器的主、被动锥齿轮啮合间隙过大导致的。这可能是由于长时间的使用和磨损，或者由于错误的安装和维护造成的。

③ 故障排除

对于这种故障，可以通过调整或更换齿轮来解决问题。如果啮合间隙过大，可以通过重新加工或更换齿轮来减小间隙。同时，也需要检查和调整驱动桥的其他部件，以确保它们的正常工作。此外，正确的维护和保养也是防止这种故障发生的关键。

(2) 齿轮啮合间隙过小或啮合失常

① 故障现象

在行驶过程中，驱动桥内会发出一种连续的齿轮咬合声，响声的频率会随着车速的升高而增大。特别是在改变车速或上坡时，响声会更加明显。当收油门后，响声会随之减小；停车后，响声会立即停止，而且桥壳会发热。

② 故障原因

这种故障主要是由于中央主传动器的主、被动圆锥齿轮啮合间隙过小或啮合印痕调整不当导致的。这种情况通常发生在车辆大修后或更换过齿轮的时候。由于新的齿轮磨合不良或调整不当，导致齿轮啮合间隙过小或啮合印痕不正确。

③ 故障排除

对于这种故障，可以通过重新进行调整来解决问题。需要按照厂家提供的维修手册，正确调整齿轮的啮合间隙，同时对齿轮进行重新磨合，确保齿轮的啮合印痕正确。在调整过程中，需要确保齿轮啮合间隙符合厂家规定，同时注意齿轮的磨合情况，避免过度磨损。

(3) 差速器发响

差速器是汽车驱动系统中的一个重要部件，它的主要作用是在汽车转弯时，使内外侧车轮有不同的转速，以保证汽车顺利转弯。然而，由于各种原因，差速器可能会出现故障，其中最常见的就是发响。

当差速器出现发响的故障现象时，驾驶员通常会在转弯时听到清晰的"咯嗒、咯嗒"声，严重时，驱动桥还会伴随轻微抖动现象。如果直线行驶时，响声会减小或消失。这种情况通常是由于差速器行星齿轮侧隙过大，或是半轴齿轮、半轴花键磨损所导致的。

要诊断和排除这种故障，首先要将发响驱动桥的任意一边车轮制动，用千斤顶顶起另一侧车轮，启动发动机，挂挡并抬离合器。此时，差速器始终起差速作用。如果响声明显增大,那么很可能是差速器出现问题。如果响声较轻微,且随着行驶里程的增加,响声逐渐减小,那么可以继续使用。但如果响声越来越严重,那么就应该立即分解差速器,查明原因并排除。

(4) 轴承和齿轮损坏以及桥壳变形

当车辆在行驶中发出一种非常杂乱的"哗啦、哗啦"的声音,车速越快响声越大,且加、减速都响时,可能是驱动桥轴承预紧力调整不当或缺油致使轴承烧蚀,或者是驱动桥齿轮损坏或桥壳变形。

要诊断这种故障,需要进行以下步骤:首先,检查驱动桥轴承的预紧力是否调整得当,轴承是否缺油。如果轴承烧蚀损坏,会在行驶中听到明显的响声,且车速越高,响声越大。其次,如果突然听到金属破碎声,可能是齿轮打坏。最后,如果是驱动桥壳变形,会听到响声格外大和刺耳,轮边减速器有齿轮的咬合摩擦声,轮胎也发出响声,而且轮胎偏磨。

如果发现以上故障现象,应及时停车检查,必要时,需要更换轴承和齿轮,或者修复桥壳。同时,要定期对汽车进行保养,保持轴承的润滑,避免由于缺油而导致的轴承烧蚀。此外,还要注意驾驶习惯,避免急加速和急刹车,以免损坏驱动桥的齿轮。

(5) 中、后轴间差速器损坏

中、后轴间差速器损坏是汽车传动系统中常见的一种故障,它通常会导致汽车在转弯时,中、后桥轮胎拖滑,驱动桥内减速齿轮易断裂。

这种故障的发生通常有以下几个原因:首先,可能是差速锁开关损坏。当挂上轴间、轮间差速锁后,转动方向盘,差速锁开关可能无法正常工作。因此,挂上差速锁后,冲出不良路面后,应关掉差速锁开关。

其次,如果跷板开关故障,差速锁没有摘掉,打方向盘转弯会造成差速器损坏。这通常是因为不是在车辆停止状态下挂上差速锁,而是在车辆运行中挂上差速锁,由于扭矩大而打坏差速器。

另外,差速器润滑不良也会导致行星齿轮、轴承损坏。这通常是由于车辆保养不善,没有定期更换润滑油,或者是由于车辆陷入泥泞中,一个车轮空转,导致差速器内部润滑油流失。

最后,当车辆陷入泥泞中,一个车轮空转时,如果挂上轴间差速锁,那么附着良好的驱动桥将承受过大的集中载荷,导致减速器齿轮轮齿打坏、折断。

如果发现以上故障现象,应及时停车检查,必要时,需要更换差速器或者进行修复。同时,要定期对汽车进行保养,保持差速器的润滑,避免由于润滑不良而导致的故障。此外,也要注意驾驶习惯,避免在车辆运行中挂上差速锁,以免损坏差速器。

(6) 驱动桥轮边减速器损坏

驱动桥轮边减速器损坏是车辆传动系统中的另一种常见故障,它通常会导致车辆在行驶中,轮边减速器内有响声,甚至影响汽车的正常行驶。

这种故障的发生通常有以下几个原因：首先，可能是齿轮磨损。轮边减速器内缺油，造成齿圈和行星齿轮工作表面严重磨损；行星齿轮轴颈和行星齿轮内孔磨损，轴承损坏。

其次，驱动桥产生弯曲变形，破坏了轮边减速器各齿轮的啮合间隙，导致中心齿轮、行星齿轮、齿圈轮齿工作表面严重磨损。同时，中心齿轮位置变化和行星齿轮啮合不正常，造成行星齿轮轴颈和轴承的间隙变化而损坏。

另外，轮边减速器齿轮加工质量及安装质量问题也可能导致齿轮齿面的严重磨损。这通常是由于齿轮加工精度不高，表面粗糙度大，或者是安装过程中齿轮的啮合间隙调整不当。

如果发现以上故障现象，应及时停车检查，必要时，需要更换轮边减速器或者进行修复。同时，要定期对车辆进行保养，保持轮边减速器的润滑，避免由于润滑不良、驾驶习惯不当等原因导致的故障。

（7）半轴油封漏油

半轴油封漏油是汽车传动系统中常见的一种故障现象，它会导致轮边减速器中的油量增多，并从轴头处漏油。

这种故障的原因可能有以下几点：首先，可能是由于驱动桥减速器内加油过多，使得油面超过正常高度，从而导致油封处的压力过大，进而漏油。

其次，如果驱动桥减速器的通气孔堵塞，那么在行驶过程中，由于油温升高，压力上升，油被挤出，从而从油封处漏油。

此外，油封本身的质量问题也是导致漏油的原因之一。油封可能会因为使用时间长而变质老化，失去密封作用；或者是因为安装不正，使得油封和半轴套管安装过松，导致油封质量不好，尺寸不符。

最后，半轴轴颈的磨损，轮毂轴承和减速器轴承的松动，以及半轴的上下抖动，都可能导致油封的密封不良，进而漏油。

如果发现半轴油封漏油，应及时停车检查，必要时，需要更换油封或者进行修复。同时，要定期对汽车进行保养，保持驱动桥减速器的润滑，避免由于润滑不良、驾驶习惯不当等原因导致的故障。

二、行驶系统

行驶系统负责接收发动机通过传动系统传递过来的转矩，并通过驱动轮与路面的附着作用，产生路面对驱动轮的驱动力，确保车辆能够正常行驶。同时，行驶系统还需要传递并承受路面作用于车轮上的各种反力及其所形成的力矩。

为了保证车辆行驶的平顺性，行驶系统应尽可能缓和不平路面对车身造成的冲击，并减小其振动。此外，行驶系统还需要与汽车的转向系统协同工作，实现汽车行驶方向的准确控制，以确保汽车的操纵稳定性。

1. 车架

车架是车辆的基体,它支撑并连接车辆的各种零部件,确保它们保持正确的相对位置,并承受来自车内外的各种载荷。根据结构形式的不同,车架可分为边梁式、中梁式、综合式和无梁式。下面是车架一些常见的故障诊断和排除方法:

(1) 使用拉线法、直尺和角尺检查前后车架是否变形或扭曲。在检验纵梁弯曲时,可以通过拉线和梁之间的距离来确定弯曲量。

(2) 用钢丝刷清除车架上的铁锈和污物,仔细检查构件是否有开裂或脱焊的情况。

(3) 使用大型压力机或螺旋加压机构对车架进行冷校正。

(4) 检查车架铆钉是否松动,可以用小锤敲击并根据声响来判断。

(5) 如果轴套销轴磨损,应更换新件。轴孔磨损可以通过镶套法进行修复。但需要注意的是,在车架上有同轴度要求的地方,一定要在镶套之后精镗至标准尺寸,以确保同轴度的正确性。

2. 车桥和车轮

车桥,也被称为车轴,通过悬架与车架相连,两端安装车轮。车桥的作用是安装车轮,并承受和传递车轮与车架之间的作用力。根据功能的不同,车桥可以分为转向桥、驱动桥、转向驱动桥和支持桥四种类型。

车轮和轮胎是行驶系统的重要部件,对保持车辆正常行驶起着关键作用。它们的主要功能包括:支撑车重;确保与路面有良好的附着,传递驱动力矩、制动力矩和侧向力;确定汽车行驶方向;与悬架共同缓和由不平路面传来的冲击,并衰减由此产生的振动;在保证车辆正常转向行驶的同时,通过轮胎产生的自动回正力矩,使车轮保持直线行驶的方向。

(1) 车桥的维护

在车桥的使用过程中,应当注意不要超负载运行,避免冲击载荷的作用,以防止车桥的损坏。为了保证车桥的正常运行,应按照规定的行驶里程对车桥进行检查与保养。

检查的项目包括:首先,检查轮胎的气压是否符合要求,如果不符合要求,就需要按照规定进行充放气,以保证轮胎能够正常工作。其次,检查轮胎的磨损情况和轮毂的变形量,如果发现磨损过快或者变形过大,就需要及时更换。再次,检查车架是否有扭曲和弯曲变形,如果发现有变形,就需要进行修复。最后,检查前桥,确保轴线与前进方向垂直,如果发现不垂直,就需要进行调整。

(2) 车轮的维护

车轮的维护对于保证车辆的正常行驶和安全至关重要。车轮的维护主要包括轮胎的检查和清洁。

首先,需要对轮胎进行分解,分别检查内胎和外胎的状态。如果发现有破裂,应该及时修补。对于外胎,需要确保其外部没有严重的刮伤或损坏,如果有条件,可以进行修补,否则就应该更换。

其次，需要对轮胎进行清洁。这包括清洁内胎、外胎以及衬带。可以使用除锈机或钢丝刷来清除轮辋、压圈和锁圈的锈迹。对于那些不易清除的锈迹，可以使用手锤进行敲击振动，以帮助清除。

清洁完成后，需要在轮辋、锁圈和压圈上涂上防锈漆，然后刷上黑漆。这样可以防止锈蚀，延长车轮的使用寿命。

3. 悬架

悬架是连接车架与车桥的所有传动装置的统称。它的作用是将车架与车桥弹性连接，以吸收和减轻车轮在不平道路上所受的冲击和振动，并传递力和力矩。悬架在保证汽车行驶的平稳性方面发挥着重要作用。悬架由弹性元件、导向装置和减振器三部分组成。根据结构特点，汽车悬架可分为非独立悬架和独立悬架两大类。悬架的常见故障与排除方法见表 3-5-1。

表 3-5-1 悬架的常见故障与排除方法

故障现象	原因分析	排除方法
板簧沿中心孔断裂	U 形螺栓长期松动	换件，按规格拧紧，并定期检查
	超载	正常使用
板簧早期断裂	缓冲块脱落	及时补装上
	超载	正确使用
	U 形螺栓松动	拧紧到规定力矩
板簧下沉或沉到底	减振器失效	更换减振器
	板簧折断	更换板簧
	行车条件恶劣或超载运行	检查额定载重量
方向盘振手、驾驶室振动不衰减	减振器失效	更换或拆修减振器
在不平路面上行驶冲击严重	减振器卡死	更换或拆修减振器
	板簧变软或断裂	钢化板簧
	悬架组件松动	检查、调整，必要时进行修理或更换
板簧衬套、吊耳衬套早期磨损	未按规定里程加注润滑脂	按规定保养润滑
平衡悬架轴与衬套早期磨损	未按规定里程加注润滑脂	按规定保养润滑
板簧有噪声	U 形螺栓松动	拧紧到规定力矩
	卷耳衬套磨损或松动	更换卷耳衬套
	润滑不足	按要求进行润滑
	减振器失效	更换减振器
传动系有"咻咻"声、"噼啪"声或"咔哒"声	后板簧衬套螺栓松动	把螺栓拧紧到规定力矩

三、转向系统

转向系统的主要功能是确保车辆能够按照驾驶员的意愿进行转向行驶。根据转向能的不同,转向系统可分为机械转向系统和动力转向系统两大类。

机械转向系统依赖人的体力作为转向能,其所有传力部件都是机械的。该系统由转向操纵机构、转向器和转向传动机构三大部分组成。根据我国交通规则,车辆应靠右侧行驶,因此车辆的转向盘都安装在驾驶室左侧。这样,驾驶员在驾驶时,左侧视野较广阔,有利于行车安全。

为了简化操作、提高安全性并减轻驾驶员的劳动强度,机械转向系统中还加装了转向加力机构,形成了动力转向系统。这种系统在转向时更加轻便,有助于提高驾驶舒适性和安全性。

1. 转向器

转向器是一种减速增扭的传动装置,其主要功能是放大转向盘传递到转向节的力,并改变力的传递方向。根据结构类型的不同,转向器可以分为蜗杆滚轮式、蜗杆曲柄销式、循环球-齿条齿扇式、齿轮齿条式、循环球曲柄指销式等几种。根据作用力传递情况的不同,转向器可以分为可逆式、不可逆式和极限可逆式。

(1)机械转向器的维护

首先,清洁转向器的外表及通气塞。这可以防止尘埃和污物进入转向器内部,从而避免影响其正常工作。

其次,检查转向器是否有漏油现象。如果发现有漏油,应查明漏油原因,并及时进行修复。油量的充足与否直接影响到转向器的正常工作,因此需要定期检查并补充油量。

再次,检查转向器的紧固情况。转向器的安装应牢固可靠,避免在行驶过程中出现松动,影响行驶安全。

最后,通过让车辆在各种条件下行驶,检查转向盘的操作力大小、摆动量、回位状况和稳定性等。这有助于判断转向器的工作状态,如果发现问题,应及时进行调整和维修。

(2)动力转向器的使用与维护

动力转向器是车辆行驶过程中不可或缺的组成部分,它的使用与维护对于保证车辆的行驶安全和稳定性具有重要作用。

首先,动力转向系统是一个高度精密的液压系统,其中助力泵采用转子叶片泵,使用专用的 AFT 自动传动油。因此在使用过程中,需要经常进行检查和调整,同时要注意防止砂子等物质进入动力转向油箱内。

其次,需要定期对动力转向油罐内的滤清器及滤网进行清洁,以保证油路的畅通。同时,也需要检查转向系统的工作情况以及前轮的稳定情况,这利于及时发现并解决问题。

接下来,需要检查液压系统的油量,定期加油和放气,以确保系统的正常运行。同时,也需要对转向限位阀进行检查和调整,以确保其在需要时能够正常工作。

此外,还需要检查转向器的密封情况,防止油液泄漏。同时,对方向盘的自由行程进行检查和调整,以保证其操作的灵活性。

最后,需要定期检查油液的状态,如果发现油液不足或者出现异常,应及时更换,以确保动力转向器的正常工作。

(3) 转向盘自由行程过大

① 故障现象

当前轮不发生偏转时,转向盘左右转动的角度超过规定的值,这就是转向盘自由行程过大的故障现象。此时,驾驶员在驾驶过程中可能会感受到车辆的方向盘转动过于轻松,甚至在没有受到外力作用的情况下,车辆也会发生自行偏转的现象。

② 故障原因

转向系统各运动副磨损严重、配合间隙过大。例如,转向柱万向节松动、磨损或损坏,输入轴轴向预紧力过小,摇臂轴与壳体轴承磨损过大,配合间隙过大,齿条与齿扇或螺杆与循环球等运动副之间啮合间隙过大,摇臂、转向节臂、直拉杆臂等处固定螺母松动,横、直拉杆的球头销磨损严重,轮毂轴承轴向间隙太大,转向节主销与衬套配合松旷等。

液压助力系统的油压不足或油路不畅,导致转向盘的自由行程过大。

转向盘的安装位置不正确,导致前轮的转向角度超过规定的范围。

③ 故障诊断、排除

检查摇臂是否滞后于转向盘转动。如果摇臂滞后,则故障可能在操纵机构或转向器;否则,故障可能在转向传动机构或行驶系统。

检查转向轴万向节是否松动,如果松动,则应进行紧定。

检查转向器齿条与齿扇之间啮合间隙是否过大,如果间隙过大,则应进行调整;否则,需要分解转向器,检查螺杆与循环球等运动副之间啮合间隙是否过大,如果间隙过大,则应更换齿条活塞、螺杆/输入轴总成、阀套以及循环球。

支起前桥,并用手沿转向节轴轴向推拉前轮,检查其是否松旷。如果松旷,则需要检查、调整轮毂轴承的预紧力。

如果调整好轮毂轴承预紧力后,仍有松旷感,则故障在转向节主销与衬套配合松旷,可以更换衬套进行修复。

检查摇臂、转向节臂、直拉杆臂等处固定螺母是否松动,如果松动,则应紧定;否则,分解、检查横、直拉杆的球头销是否磨损严重,如果磨损超过 0.5 mm,则应更换球头销。

(4) 转向沉重

① 故障现象

当驾驶时感到方向盘上的阻力过大，沉重费力，转向助力性差或无助力，这就是转向沉重的故障现象。此时，驾驶员在驾驶过程中可能会感受到车辆的方向盘转动过于困难，甚至需要用较大的力量才能进行转向操作。

② 故障原因

操纵机构的原因：如转向轴弯曲或转向轴管凹陷碰擦，万向节损坏等。

转向器机械部分的原因：如转向摇臂轴轴承损坏，转向器输入轴上下轴承调整过紧或损坏，转向器啮合间隙调整过小等。

转向传动机构的原因：如各处球头销缺少润滑油；转向直拉杆和横拉杆的球销调整过紧；压紧弹簧弹力过大或锈蚀；转向直拉杆或横拉杆弯曲变形；转向节主销与衬套配合间隙过小或衬套转动使油道堵塞，润滑油无法进入，发生干摩擦而沉重；转向节推力轴承缺少润滑油、损坏；转向节臂变形等。

液压助力系统的原因：如储油罐缺油；液压助力系统中进入空气；各油管接头处密封不良，有泄漏现象；液压助力系统堵塞或转向滤清器污物太多等。

③ 故障诊断、排除

检查转向轴是否弯曲或转向轴管是否凹陷碰擦，如果发现问题，需要进行修复或更换。

检查万向节是否损坏，如果发现问题，需要进行更换。

检查转向摇臂轴轴承是否损坏，如果发现问题，需要进行更换。

检查转向器输入轴上下轴承是否调整过紧或损坏，如果发现问题，需要进行调整或更换。

检查转向器啮合间隙是否调整过小，如果发现问题，需要进行调整。

检查各处球头销是否缺少润滑油，如果发现问题，需要添加润滑油。

检查转向直拉杆和横拉杆的球销是否调整过紧，压紧弹簧弹力是否过大或锈蚀，如果发现问题，需要进行调整或更换。

检查转向直拉杆或横拉杆是否弯曲变形，如果发现问题，需要进行更换。

检查转向节主销与衬套配合间隙是否过小或衬套是否转动使油道堵塞，润滑油是否无法进入，如果发现问题，需要进行修复或更换。

检查转向节推力轴承是否缺少润滑油或损坏，如果发现问题，需要添加润滑油或更换。

检查转向节臂是否变形，如果发现问题，需要进行更换。

（5）左右转向轻重不同

① 故障现象

当车辆行驶时，向左和向右转向的操纵力不相等，这就是左右转向轻重不同的故障现象。此时，驾驶员在驾驶过程中可能会感受到车辆在向左或向右转向时的阻力不同，造成行驶过程中不稳定。

② 故障原因

转阀的阀芯偏离中间位置,或虽然在中间位置但与阀套槽肩的缝隙大小不一致。

转阀内有污物阻滞,使左右转动助力不同。

液压助力系统中动力缸的某一油腔渗入空气。

行程阀损坏。

③ 故障诊断、排除

首先,检查液压助力系统的油液是否脏污,如果发现问题,应按规定更换新油后再进行检查。

如果油质良好或更换新油后故障没有消除,应对液压助力系统进行排气,并检查系统有无油液泄漏。液压助力系统中出现泄漏时,应更换泄漏部位的零部件。

如果故障仍不能排除,则可能是由于控制阀工作不良造成的。此时,需要通过分解检查来排除故障。

(6) 转向系统异响

① 故障现象

当汽车在正常行驶和高速行驶中,听到转向系统中有异常声响,异响主要来自储油罐、转向器和转向油泵等处。此时,驾驶员可能会感受到车辆在转向过程中有异常声音,严重时可能会对行驶安全性产生影响。

② 故障原因

动力转向系统中有空气。

转向油泵损坏或磨损严重。

储油罐滤网堵塞或液压回路中有过多的沉积物。

油管接头松动,油管老化或破裂。

转向控制阀性能不良。

③ 故障诊断、排除

当转向盘处于极限位置或原地缓慢转动转向盘时,如果转向器发出"嘶嘶"声,且异响严重,则可能为转向控制阀性能不良。此时,应更换转向器总成。

当转向油泵发出"嘶嘶"声或尖叫声时,应进行以下检查:

首先,检查储油罐液面高度。如果液面高度不够,应查明泄漏部位并修理,然后按规定加足油液。

其次,检查油液中有无泡沫。如果有泡沫,应查找漏气部位并予以修理,然后排除空气。如果没有漏气,则说明油路有堵塞或油泵严重磨损及损坏。此时,应予以修复或更换。

最后,检查油管连接是否正常,油管是否老化或破裂。如果发现问题,必要时更换新件并按规定力矩拧紧接头。

2. 转向传动机构

转向传动机构的作用是将转向器产生的力量传递给转向车轮,使其偏转以实现汽车的转向。根据转向轮悬架类型的不同,可以将转向传动机构分为与非独立悬架配合使用的转向传动机构和与独立悬架配合使用的转向传动机构两大类。下面介绍转向传动机构常见故障的诊断和排除方法:

(1) 转向沉重

转向沉重是指驾驶员在操作转向盘时感觉需要用较大的力量,这不仅影响驾驶舒适性,而且可能对行驶安全性产生影响。转向沉重的原因可能涉及多个部件,包括转向传动机构、前桥(转向桥)和车轮等。

① 转向传动机构的原因

各处球销缺乏润滑油。由于润滑油不足,球销在运动过程中会产生较大的摩擦力,导致转向沉重。

转向直拉杆和横拉杆上球销调整过紧,压紧弹簧过硬或折断。这种情况会导致球销无法顺畅运动,从而使转向沉重。

转向直拉杆或横拉杆弯曲变形。这会导致拉杆在运动过程中产生异常阻力,进而影响转向的轻松程度。

转向节主销与衬套配合间隙过小,或衬套转动使油道堵塞,润滑油无法进入,使衬套与转向节主销烧蚀。润滑油无法进入,导致部件间的摩擦阻力增大,从而使转向沉重。

转向节止推轴承调整过紧或缺少润滑油或损坏。止推轴承磨损或损坏会导致转向沉重。

② 前桥(转向桥)和车轮的原因

前轴变形、扭转,引起前轮定位失准。前轴变形或扭转会导致前轮定位失准,进而使转向沉重。

轮胎气压不足。轮胎气压不足会影响轮胎与地面的摩擦力,从而导致转向沉重。

前轮轮毂轴承调整过紧。轮毂轴承调整过紧会增加轮毂与轴承之间的摩擦力,进而导致转向沉重。

转向桥或驱动桥超载。超载会使转向桥或驱动桥承受过大的负荷,从而导致转向沉重。

③ 其他部位的原因

车架弯曲、扭转变形。车架变形会影响前悬架的稳定性,从而导致转向沉重。

前钢板弹簧或前悬架变形。前悬架变形会影响车轮的跳动,进而导致转向沉重。

前轮定位不正确。前轮定位不正确会导致前轮与地面之间的摩擦力不均匀,从而使转向沉重。

动力转向系统不良。动力转向系统故障会影响转向助力的提供,进而导致转向沉重。

(2) 转向不稳

转向不稳是指车辆在行驶过程中,不能保持稳定的直线行驶,方向盘抖动明显,给驾驶者带来不稳定的感觉。这种情况不仅影响驾驶舒适性,而且可能对行驶安全性产生影响。

① 故障现象

车辆在行驶过程中,不能保持直线行驶,方向盘抖动。这种情况通常在行驶速度较高时更加明显。

② 故障原因

转向横、直拉杆球头销磨损松旷。转向横、直拉杆是连接方向盘和前轮的关键部件,如果球头销磨损松旷,会导致方向盘的操作不稳定。

转向节主销和衬套磨损严重,造成松旷。转向节主销和衬套是连接前轮和车架的关键部件,如果磨损严重,会导致前轮的转向不稳定。

前轮毂轴承松旷,前轴弯曲变形,以及前束过大。这些情况都会导致前轮的定位不准,进而影响转向的稳定性。

车架和轮辋变形。车架和轮辋的变形会影响前轮的稳定性,从而导致转向不稳。

③ 故障诊断、排除

首先,启动发动机,转动方向盘,如果方向盘转了许多,而前轮并不偏转方向,说明故障在传动机构,应检查转向拉臂及球销是否松旷。

其次,如果上述检查良好,应架起前轴,检查转向节主销及衬套是否磨损松旷,前轮毂轴承是否松旷。

最后,经过以上两项检查、修理,均未排除故障,应检查前轴和车架是否变形。如果变形,应校正。如变形过大,应更换。

四、制动系统

车辆制动是一个涵盖减速、保持稳定和保持不动的统称。制动系统由产生制动效果的制动器和控制制动器的传动机构两部分构成。消防车底盘制动系统设有专门的底盘取气接口,可用于气动阀门、升降照明灯升降系统等,保证气量充足、充气速度快,且不影响底盘制动性能。

1. 制动器

除了辅助制动系统中的各种缓速装置外,制动系统中的制动器都是通过固定元件与旋转元件工作表面的摩擦来产生制动力矩的摩擦式制动器。目前,各类车辆所使用的摩擦制动器可以分为鼓式和盘式两大类。

在使用过程中,车辆制动器由于磨损导致间隙增大,从而使制动效能下降,并可能引发制动噪声和振动。当两侧制动器间隙因磨损不均而不一致时,还可能出现制动跑偏的故障。因此,车轮制动器在使用一段时间后,需要对其间隙进行调整和检查。调节臂应定期加注润滑脂,以保证蜗轮、蜗杆转动灵活。常见故障的诊断和排除如下:

(1) 车轮制动跑偏

车轮制动跑偏是一种常见的制动系统故障,主要表现为车辆在制动过程中,行驶方向发生偏移。这种故障主要是由于左、右制动蹄片间隙不同步导致的。也就是说,当车辆开始投入制动时,左右制动蹄片与制动鼓的接触时间不同步。

此外,左、右制动蹄片与制动鼓接触面积的差异,或者油污等原因造成的接触摩擦力矩的差异,也会导致制动力矩的不平衡,从而产生制动跑偏的现象。

当车辆出现制动跑偏的问题,并且通过调整制动蹄片间隙无法解决问题时,就需要拆卸制动鼓进行检查和光磨。通过这种方式,可以有效地解决制动跑偏的问题,确保车辆的行驶安全。

(2) 制动不灵

制动不灵是指车辆在行驶过程中,制动力不足,无法满足车辆安全行驶的需求。制动不灵的原因除了制动控制系统的故障外,还有可能是制动鼓与制动蹄片的问题。这些问题包括制动蹄片间隙过大、制动气室膜片损坏、制动蹄片上有油污、制动软管破裂等。

当遇到制动不灵的情况时,首先要做的是保持冷静,然后采取适当的措施。如果车辆在行驶过程中,可以先打开排气制动器,利用柴油机排气制动器降低车速。同时,用力进行紧急驻车制动,以尽快减速停车。

如果上述方法仍然无效,而车辆面临碰撞或下滑的危险,可以采用最后的急救办法,即立即熄火,将变速器挂入最低挡。对于没有同步器的车辆,挂低挡时需要迅速、准确、有力地操作变速器,同时轰一脚"空油",以便尽快停车。

如果在坡道上行驶,还可以利用路边的自然环境或设施来帮助车辆减速。例如,路沿、土堆、栏杆、树干等都可以用来擦着车轮,帮助车辆尽快停下。同时,尽量保持车辆行驶的方向稳定,避免发生侧滑或翻车的意外。

在处理制动不灵的问题时,要注意自身和他人的安全,避免发生意外。

(3) 制动拖滞

制动拖滞是指车辆在制动后,制动系统不能立即释放,使车辆在行驶过程中出现制动力不足或者无法正常行驶的现象。这种问题的出现主要是由于制动凸轮轴或蹄片轴的问题。

首先,制动凸轮轴或蹄片轴因为润滑不良而锈蚀,导致转动困难,工作阻力过大,从而使得制动不灵或者制动拖滞。这种情况需要对制动凸轮轴或蹄片轴进行清洗和润滑,以保证其正常工作。

其次,制动凸轮轴或制动蹄轴的配合过紧,转动不灵,或者有污物卡滞、锈蚀,致使回位缓慢或不回位,也会导致制动拖滞。对于这种情况,需要拆卸制动凸轮轴或制动蹄轴,进行清洗和润滑,并检查是否有损坏,如有损坏应进行更换。

另外,制动器间隙不适当也会导致制动凸轮不能回位,从而造成制动拖滞。对于这种情况,需要调整制动器间隙,使其符合规定。

最后,制动蹄回位弹簧折断或疲劳过软,以及制动鼓圆度误差过大或摩擦片破碎卡阻,都是导致制动拖滞的原因。对于这些情况,需要更换制动蹄回位弹簧,或者更换制动鼓和摩擦片。

2. 制动操纵机构

(1) 液压制动操纵机构

通常情况下,制动踏板机构和制动主缸都安装在车架(或车身)上,而制动器则位于车轮处,它们之间需要用管路进行连接。另外,车轮通过悬架与车架弹性连接,前轮需要转向,因此,制动轮缸与车架之间的位置经常发生变化。所以,制动主缸与轮缸之间的连接管路除了使用金属管(如铜管)外,还需要特制的橡胶制动软管进行柔性连接。

考虑到双管路的需求,液压操纵制动系统通常采用串联双腔式制动主缸。制动轮缸有双活塞式和单活塞式两种类型。制动液的质量是保证液压系统正常工作的重要因素。

为了减轻驾驶员的体力负担,可以在一般液压制动系统的基础上增加一套助力装置,形成助力式制动操纵机构。这种机构可以帮助驾驶员更轻松地操作制动踏板,从而提高驾驶舒适性和安全性。

(2) 气压制动操纵机构

气压制动,又称为动力制动,是最早发展起来的动力制动方式。它主要通过压缩空气来驱动制动装置,实现车辆的制动。气压制动操纵机构的供能装置主要包括空气压缩机、储气罐、调压及卸荷阀、滤清器、油水分离器、空气干燥器、防冻器、多回路压力保护阀等关键部件。这些部件共同为制动系统提供稳定、可靠的气压动力。

气压制动操纵机构的控制装置则主要包括制动阀、双向阀、手控阀、继动阀与快放阀、制动气室、辅助用气系统元件等。这些控制装置负责控制气压制动系统的启动、停止以及制动力的调整,确保制动过程的稳定性和安全性。通过这些控制装置的协同工作,气压制动操纵机构能够实现对车辆的精确制动,提高行车安全。

(3) 制动工作性能的检查

① 静止状态检验

a. 启动发动机,检查双针气压表显示是否正常,要求发动机运行数分钟后,指针应停留在 0.7 MPa 以上。

b. 当气压表显示正常,熄火发动机,然后在不踩制动踏板和踩下制动踏板的情况下,检查主制动阀的排气口是否都无排气声。

c. 踩下制动踏板后,检查制动管路是否有漏气。

d. 在储气罐气压正常的情况下,操作驻车应急制动阀手柄,解除中、后轮制动,然后用一挡(重车)或二挡(空车)应能顺利起步。

e. 发动机运行时,踩下排气制动控制阀后,发动机应立即熄火。

② 行驶状态检验

a. 启动发动机,当气压正常后,松开驻车应急制动阀手柄,使车辆以 30 km/h 的速度行驶。

b. 在干燥平直的路面上踩下制动踏板,车辆应迅速减速和停车,且无跑偏现象。车辆制动后,当松开制动踏板并继续行驶时,应能顺利起步和行驶,且行驶一段路程后,停车检查制动鼓温度,应不烫手。

c. 在行驶中操作驻车应急制动阀手柄,使中、后轮制动时,车辆应迅速减速和停车;或者将车辆停在有一定坡度的道路上,操作驻车应急制动阀手柄,车辆应不下滑。

d. 行驶中踩下排气制动控制阀,发动机应熄火,车辆也应出现制动现象。

(4) 气压制动失灵

气压制动失灵是一种常见的故障,主要表现为制动踏板踩到底后,车辆不能立即停车或减速,制动距离延长。这种情况对行车安全构成严重威胁,需要及时诊断和排除故障。

① 故障原因

空气压缩机工作不正常,储气罐气压不足。这可能是由于空气压缩机故障、滤清器堵塞、进气管道不畅等原因导致压缩空气供应不足。

制动阀调整不当,制动踏板自由行程过大。这可能是由于制动阀的调整螺栓松动或调整不当,使得制动踏板的自由行程过大。

制动气室推杆行程调整过长。这可能是由于制动气室推杆的调整螺栓松动或调整不当,使得制动气室推杆的行程过长。

气管破裂、管接头松动等引起漏气。这可能是由于气管老化、磨损或安装不当导致破裂,或者管接头松动。

制动气室膜片破裂或损坏。这可能是由于制动气室膜片老化、磨损或安装不当导致破裂或损坏。

制动蹄摩擦片沾有油污、表面烧焦、炭化、碎裂、磨损过度或铆钉外露。这可能是由于摩擦片保养不当,如沾有油污,或者磨损过度导致铆钉外露。

制动鼓失圆、起槽或磨损过量,制动鼓与摩擦片的接触面过小或两者之间间隙过大。这可能是由于制动鼓磨损、安装不当等原因导致失圆或起槽。

制动凸轮轴或蹄片轴因润滑不良而锈蚀,转动困难,工作阻力过大。这可能是由于润滑油不足或质量差,导致凸轮轴或蹄片轴锈蚀、转动困难。

气压制动感载阀及继动阀有故障。这可能是由于阀门故障、密封件损坏等原因导致气压制动系统不能正常工作。

② 故障诊断、排除

检查发动机运转 6 min 后,观察气压表有无气压。如果没有气压,可能是空气压缩机工作不正常或储气罐气压不足。

检查制动踏板与制动阀之间的连接是否脱开,如果脱开,应修复。

如果储气罐气压正常(可达 0.8 MPa),停止发动机运转,观察气压表。如果气压下降较快,可能是制动阀调整不当、制动踏板自由行程过大。

检查制动气室推杆行程是否过长,如果是,应调整到合适范围。

检查气管是否破裂、管接头是否松动,如果是,应更换气管或紧固管接头。

检查制动气室膜片是否破裂或损坏,如果是,应更换新的膜片。

检查制动蹄摩擦片是否沾有油污、表面烧焦、炭化、碎裂、磨损过度或铆钉外露,如果是,应更换新的摩擦片。

检查制动鼓是否失圆、起槽或磨损过量,如果是,应更换新的制动鼓或进行修复。

检查制动凸轮轴或蹄片轴是否因润滑不良而锈蚀,如果是,应清洁、润滑并检查转动是否顺畅。

检查气压制动感载阀及继动阀是否有故障,如果是,应进行维修或更换。

(5) 气压制动跑偏

气压制动跑偏是一种常见的故障,表现为制动时,同轴上的左、右车轮不能同时制动,甚至一边车轮制动,另一边车轮滚动,导致车辆不能直线停车,而偏向道路一侧。这种情况对行车安全构成严重威胁,需要及时诊断和排除故障。

① 故障原因

左、右车轮制动器制动力矩不平衡。这可能是由于制动器本身的问题,如制动鼓失圆、起槽,或者制动片磨损不均等原因导致制动力矩不平衡。

左、右车轮制动器操纵力不平衡。这可能是由于制动阀调整不当,或者左右车轮的制动气室工作气压不同等原因导致操纵力不平衡。

其他原因致使制动不平衡。这可能是由于轮胎气压不均、轮胎花纹不同,或者装载不均等原因导致制动不平衡。

② 故障诊断、排除

进行道路制动试验,确定制动不良车轮。在试验过程中,观察哪一侧的车轮制动效果较差,哪一侧的车轮制动效果好。

检查制动不良车轮的制动气室工作情况。如果气室推杆伸张速度不等,应检查左、右制动气室工作气压差。如果气压差过大,则检查制动软管,可能是软管堵塞、老化。如果气压差正常,检查制动气室。

如果制动气室正常,再拆检制动器。检查制动鼓是否失圆、起槽,蹄片是否脏污,磨损不均等原因。同时,检查轮胎气压、花纹是否正确,装载是否合理,转向机构是否松旷,钢板弹簧高度及弹力是否正常等。

如果以上各项都正常,那么可能是左、右车轮制动器操纵力不平衡。检查制动阀的调整情况,以及左右车轮的制动气室工作气压是否一致。如果不一致,应进行调整,确保左右车轮的制动效果一致。

(6) 气压制动拖滞

气压制动拖滞是指在解除制动时,车轮不能正常驱动,或者感到车辆起步困难,行驶无力,或行驶一定里程后制动鼓烫手,或制动阀排气缓慢、不排气,或制动灯不灭等情况。这种情况会影响到汽车的正常行驶,甚至可能威胁到行车安全,因此,必须及时诊断和排除故障。

① 故障原因

制动踏板及操纵机构卡死或有运动干涉;回位弹簧疲劳、过软或折断。这种情况可能导致制动踏板不能正常回位,从而影响到制动效果。

制动阀排气间隙过小。这种情况会导致制动阀排气不畅,从而影响到制动系统的正常工作。

制动气室推杆伸出过长,弯曲变形卡滞;回位弹簧疲劳、过软或折断。这种情况会导致制动气室不能正常工作,从而影响到制动效果。

制动气室油污过多;膜片老化;冬季因积水结冰而卡住;制动软管老化不畅通。这种情况会导致制动系统的正常工作受到干扰。

制动凸轮轴或制动蹄轴配合过紧,转动不灵或有污物卡滞、锈蚀,致使回位缓慢或不回位。这种情况会影响到制动凸轮的正常工作。

制动器间隙不适当导致制动凸轮不能回位。

制动蹄回位弹簧折断或疲劳过软。

制动鼓圆度误差过大或摩擦片破碎卡阻。

气压感载阀及继动阀有故障。

轮毂轴承松旷,轴承外座圈与轮毂配合松旷。

② 故障诊断、排除

行驶一段里程后,检查起步和制动情况。如果制动时有"哽、哽"的异响,车身发抖,应该检查车轮制动器。

如果制动无异响,但起步费力,停车后触摸制动鼓,发现个别制动鼓发热,应该检查该车轮制动气室。如果推杆回位缓慢或不回位,拆下气室推杆与制动器连接部分进行检查。

如果推杆回位正常,则应该润滑凸轮轴及蹄片轴。如果推杆回位缓慢或不回位,则为继动阀或气压感载阀有故障。

如果推杆回位正常,检查轮毂轴承紧度。如果紧度正常,检查制动器间隙。如果间隙过大,应该检修车轮制动器。

如果全车制动鼓发热,踏下制动踏板后急速抬起,检查制动阀排气情况。如果排气正常,检查气压感载比例阀、继动阀及制动器间隙。如果排气缓慢或不排气,检查踏板能否彻底回位。

如果不能彻底回位,则说明踏板轴发卡,回位弹簧过软或折断。踏板回位正常时,检查踏板自由行程是否正常。如果自由行程正常,检查制动阀。

检查并调整轮毂轴承的预紧力。

(7) 驻车制动工作不良

驻车制动,也被称为手刹,是车辆安全系统的重要组成部分,它能够在停车时保持车辆固定,防止车辆自行滑动。然而,在使用过程中,可能会出现驻车制动工作不良的情况,如当气压为 0.65 MPa 时,欲解除驻车制动,但制动器仍处于制动状态;或空气压缩机正常供气,但储气罐储气不足,行车时发咬;或扳动驻车制动控制应急阀时,驻车制动不起作用;或中、后桥车轮制动"扒紧"。

① 故障原因

驻车制动气室与行车制动气室之间的 O 形密封圈损坏,造成两气室窜气,从而使制动器处于制动状态。这可能是由于长时间的磨损或者安装不当导致的。

防冻器失效,虽然加入乙醇也会不起作用,出现驻车制动松不开,后轮制动器"扒紧",车辆无法起步。这可能是由于防冻器内部的零件损坏或者防冻液不足导致的。

预排水储气罐下部的自动排污阀失效也会产生上述故障。这可能是由于自动排污阀的零件损坏或者卡滞导致的。

储能弹簧气室活塞体密封圈损坏或气室内壁磨损间隙过大,致使密封不严,高压气体从边隙漏掉。这可能是由于密封圈的老化或者安装不当导致的。

驻车制动气室中的储能弹簧折断,导致驻车制动不起作用。这可能是由于储能弹簧的疲劳或者安装不当导致的。

手制动阀漏气或制动膜片损坏。这可能是由于制动阀的零件损坏或者制动膜片的疲劳导致的。

② 故障诊断、排除

当出现驻车制动阀松开后,不能解除制动情况时,应检查驻车制动回路。这包括检查驻车制动气室、防冻器、自动排污阀、储能弹簧气室、手制动阀等部件的工作状态,以及检查制动管路的连接情况。

如果发现防冻器失效,应及时修复或更换。同时,也可以检查储气罐的储气情况,如果储气不足,应及时补充。

对于储能弹簧气室活塞体密封圈损坏或气室内壁磨损间隙过大的情况,应及时更换密封圈,或者对气室内壁进行修复。

对于驻车制动气室中的储能弹簧折断的情况,应及时更换储能弹簧。

对于手制动阀漏气或制动膜片损坏的情况,应及时更换制动阀或制动膜片。

在排除故障时,需要注意拆卸和安装过程中的密封性,避免因为安装不当导致新的故障。同时,也需要注意检查制动系统的其他部件,如制动盘、制动钳、制动分泵等,确保整个制动系统的工作状态良好。

3. ABS制动系统

防抱死制动系统(antilock brake system,ABS)是一种在普通制动系统基础上加装轮速传感器、ABS电控单元、制动压力调节器等组成的制动系统。它能够充分利用车轮与地面之间的地面制动力,提高制动效果和制动时的方向稳定性,从而保证汽车行驶的安全性。

(1) ABS工作情况判断

要判断ABS工作是否正常,可以通过观察ABS指示灯的指示情况或者采用紧急制动方法来进行判断。如果ABS指示灯亮起,或者在紧急制动时,ABS系统没有正常工作,那么可能存在ABS故障。

(2) ABS故障诊断方法

对于ABS故障的诊断,可以采用多种方法,如诊断仪诊断、PC诊断、便携式诊断仪和闪码诊断。其中,诊断仪诊断是最常用的一种方法。通过连接诊断仪到ABS系统,可以获取到ABS系统的各种实时数据,从而对ABS系统的工作状态进行判断。PC诊断是通过专门的软件来对ABS系统进行诊断。便携式诊断仪和闪码诊断则是通过读取ABS系统中的故障码来判断ABS系统是否存在故障。

对于ABS故障的排除,需要根据故障的具体情况进行。例如,如果是由于ABS系统的某个部件损坏导致的故障,那么需要更换相应的部件。如果是由于ABS系统的电路问题导致的故障,那么需要检查和修复电路。

4. 驻车制动系统

驻车制动系统,也称为手刹,是汽车安全系统的重要组成部分。它的主要作用是保证汽车在长时间停驻原地(包括有一定的坡度)时,不会自动滑行。根据在汽车上安装位置的不同,驻车制动装置分为中央驻车制动器和车轮驻车制动器两类。中央驻车制动器的制动装置安装在传动轴上,也称为中央制动器;车轮驻车制动器和行车制动装置共用一套制动器,结构简单紧凑,因此在汽车上得到普遍应用。

(1) 故障现象

驻车制动系统常见的故障是无法解除驻车制动。这可能是由于驻车制动气室的排气孔被泥土堵死,手控阀的阀芯卡滞,或者管路接错等原因导致的。

(2) 故障原因

驻车制动气室的排气孔被泥土堵死。这可能是由于汽车在行驶过程中,泥土、灰尘等杂质进入驻车制动气室,导致排气孔堵塞。

手控阀的阀芯卡滞。这可能是由于手控阀内部的零件磨损、老化,或者外部灰尘、油污等杂质进入手控阀,导致阀芯卡滞。

管路接错。这可能是由于维修过程中,管路的接头接错,导致驻车制动系统的工作异常。

(3) 故障诊断、排除

首先，清洁驻车制动气室的排气孔。使用压缩空气或手动清洁工具，清理驻车制动气室排气孔的杂质，确保排气孔畅通。

其次，清洁手控阀，解除阀芯卡滞。拆开手控阀，清洁阀芯和阀体，确保阀芯灵活。在阀芯表面涂抹一层薄薄的工业凡士林，然后重新安装。

最后，检查相关管路，按制动系统图重新连接。检查管路的接头是否接错，重新按照制动系统图进行连接，确保管路的正确性。

在排除故障过程中，需要对手控阀和制动系统进行详细的检查，确保每一个环节都正常工作。同时，也需要注意维护和保养，避免由于长期的使用而导致磨损和老化。在日常驾驶过程中，如果发现驻车制动系统存在异常，应立即进行检修，以确保行车安全。

5. 辅助制动系统

辅助制动系统在汽车行驶过程中发挥着重要作用，特别是在不使用或较少使用行车制动系统的情况下，能够降低车辆速度或保持稳定，但不能将车辆紧急制停，这种作用被称为缓速作用。辅助制动系统中产生制动力矩从而减缓车辆速度的部件被称为缓速器。

缓速器有多种类型，包括发动机缓速、牵引电动机缓速、液力缓速、电磁缓速和空气动力缓速等。其中，排气缓速、电涡流缓速器和液力缓速器等制动方式属于缓速器制动。而发动机缸内制动则包括排气泄气制动装置和压缩泄气式发动机制动装置等。辅助制动系统常见故障诊断和排除如下：

(1) 排气制动器不工作，即排气制动失效

首先，要检查保险丝是否熔断，如果熔断，需要更换相应的失效件。接下来，需要挂空挡，打开钥匙，再接通排气制动开关，然后拔下油门开关的插线端子，使其接地。这一步骤的目的是检查排气制动阀是否能够正常工作。如果能听到排气制动阀动作的声音，那么问题可能是油门开关失调或失效；如果没有动静，那么可能是排气制动阀的接地线路断路，需要检修线路。

如果排气制动阀的接地线路没有问题，那么就需要调整或测量排气制动阀的电阻，并更换失效件。接下来，需要调整或检测离合器开关，并更换失效件。同时，还需要检测排气制动开关，并更换失效件。

此外，还需要检修继动曲柄和继动推杆，确保它们的正常工作。在检修过程中，可以用暖风机加热空气缸、真空室或电磁阀，以便更好地进行检查。

如果以上步骤都没有解决问题，那么就需要检修电磁阀，看是否需要更换。同时，还需要检修空气缸、真空室，确保它们的正常工作。最后，需要检修相关电路，看是否有线路故障。

在排除了所有可能的故障后，最后一步是检修气路，消除阻塞之处。完成这些步骤后，排气制动器就应该能够正常工作了。

(2) 排气制动作用过慢,即排气制动反应过慢

排气制动反应过慢,可能是由排气制动阀或继动曲柄过紧,或者油门开关或离合器开关失调等原因引起的。遇到这种情况,需要采取以下措施进行排除:

首先,可以尝试调松气制动阀或继动曲柄,看是否能够解决问题。如果调松后问题仍然存在,那么就需要对油门开关或离合器开关进行调整。

在调整油门开关或离合器开关时,需要按照相关的技术规范进行,确保调整后的开关能够正常工作。同时,还需要对排气制动阀和继动曲柄进行检查,看是否有损坏或磨损,如果发现问题,需要及时进行更换。

此外,还需要检查排气制动系统的其他部件,如电磁阀、空气缸、真空室等,看是否有故障,如果有,需要及时进行修复。

(3) 排气制动作用减弱

可能是由多种原因引起的,如排气制动阀失调或过紧,继动曲柄太紧,空气或真空管路扭结或部分冰堵,接头泄漏,空气缸或真空室泄漏等。对于这些问题,需要采取以下的排除方法:

首先,针对排气制动阀失调或过紧的问题,可以尝试松动或调整排气制动阀,并根据需要进行润滑。调整后,排气制动阀应能正常工作。

其次,对于继动曲柄太紧的问题,可以调松并润滑继动曲柄,确保其在工作过程中不会过紧,从而影响排气制动的性能。

再次,在排除空气或真空管路问题时,我们需要检修管路,并在结冰天气打开储气筒的排放阀,以防止管路冰堵。同时,需要紧固或检修空气或真空管路,确保管路接头不会泄漏。

最后,对于空气缸或真空室泄漏的问题,需要检修或更换空气缸或真空室。在更换过程中,应确保新部件的质量,避免因部件质量问题导致排气制动作用减弱。

第六节　罐类消防车的结构与维护保养

罐类消防车是消防救援队伍灭火战斗使用的主力消防车,这种车的结构特征是都有用于盛放灭火剂的罐。为了提高罐类消防车的使用可靠性,大量采用了电子监控和计算机技术对罐类消防车的整个运转过程进行精确的控制,对各机件的运行状况进行连续的监控。

根据《消防车　第1部分:通用技术条件》(GB 7956.1—2014)规定,罐类消防车主要包括水罐消防车、泡沫消防车、压缩空气泡沫消防车、供水消防车、机场消防车、供液消防车等。因供水消防车、供液消防车在前面章节已展开阐述,水罐消防车与供水消防车类似,泡沫消防车与压缩空气泡沫消防车类似,且压缩空气泡沫消防车系统和结构更为复杂,故以压缩空气泡沫消防车为例进行阐述。

一、结构组成

压缩空气泡沫消防车,也称 A 类泡沫消防车,是指主要装备水罐、泡沫液罐,通过压缩空气泡沫系统喷射泡沫灭火的消防车,执行《消防车 第 6 部分压缩空气泡沫消防车》(GB 7956.6—2015)。压缩空气泡沫消防车主要由底盘、乘员室、容罐、泵及管路、功率输出及传动装置、附加电器、消防器材及固定装置、压缩空气泡沫灭火系统(CAFS)、操控系统等组成,如图 3-6-1 所示。

图 3-6-1 压缩空气泡沫消防车

二、维护保养

车辆应避免带故障作业,操作人员或设备维护人员应做好车辆的日常检查和维护保养工作。为了保证维护的正确和彻底,维护人员必须经过厂家的培训,在允许的范围进行维护和检查。

1. 定期检查、维护的内容

定期检查周期分为每日、每月、每六个月、每年,具体内容如表 3-6-1 所列。

表 3-6-1 定期检查和维护表

检查内容	检查周期				检查方法、位置
	每日	每月	每 6 个月	每年	
水罐水位	√				消防泵操作处液位计
取力器油位及渗漏		√			取力器齿轮箱
真空泵润滑油位	√				润滑油箱
消防泵润滑油位及渗漏		√			消防泵变速箱

表 3-6-1(续)

检查内容	检查周期				检查方法、位置
	每日	每月	每6个月	每年	
水罐渗漏				√	目测
消防泵渗漏		√			消防泵运转时检查
吸水管路密封			√		真空泵抽真空后 1 min 内真空度降低值小于 2.6 kPa
气路渗漏检查	√				停车 12 h 应检查驾驶室气压表、取力器气路接头、气阀接头、水阀气缸接头
消防泵传动轴紧固件检查			√		目测、扳手检测
取力器传动轴紧固件检查			√		目测、扳手检测
消防泵安装紧固件		√			目测、扳手检测
取力器安装紧固件			√		目测、扳手检测
消防泵操作面板开关功能检查	√				实际操作
仪表信号灯功能检查			√		模拟工况，实际操作
卷帘门检查			√		实际操作
标识检查				√	完整、清晰
水罐的清理			√		目测
胶管老化、磨损检查				√	目测
电缆线束老化、防松检查			√		目测

2. 定期加注润滑脂

定期润滑周期分为每月、每六个月、每年，具体方法如表 3-6-2 所列。

表 3-6-2 定期加润滑脂

内 容	检查周期			加注位置
	每月	每6个月	每年	
取力器传动轴		√		万向节、伸缩套
水泵传动轴		√		万向节、伸缩套
炮	√			各个回转节

三、常见故障诊断与排除

压缩空气泡沫消防车除车辆底盘的故障外,易出现故障的主要是CAFS压缩空气泡沫灭火系统部件,如消防泵故障、空气压缩机故障、泡沫泵及控制元件的故障。当故障出现时,应按如下所列方法进行故障判断和排除。水路系统常见故障及排除方法,如表3-6-3所列。空气压缩机常见故障及排除方法,如表3-6-4所列。泡沫泵常见故障及排除方法,如表3-6-5所列。

表3-6-3 水路系统故障排除方法

故障	特征	原因	排除方法
引不上水	真空表不显示或真空度很小	吸水管路漏气	逐一检查并排除
		滤水器沉入水中太浅	滤水器沉入水中20 cm以上
	真空表显示真空度良好	滤水器埋入泥中	清除泥沙并适当提起
		吸水管内橡胶剥离	更换吸水管
		水泵吸水口滤网堵塞	清除
		吸水高度太高	降低吸水高度
流量不足	出水压力不高,真空度很大	水泵进口堵塞	清除
		滤水器堵塞	清除
		吸水管内橡胶剥离	更换
	出水压力不高,发动机运转正常	超过水泵供水能力	减少水枪支数或减小水枪口径
		吸水高度过高	降低吸水高度
		泵密封有问题	更换或调整
出水中途自然落水	压力表无压力,发动机运转正常	进水管路漏气	排除
		滤水器露出水面	将滤水器沉入水中
		吸水管局部造成中间高两头低,高出部位易产生空气囊	重新布置吸水管,使其从吸水口到滤水器逐渐降低
水泵发出噪声或振动	有噪声或振动	沙石、杂物进入泵内	清除
		叶轮摩擦泵壳	修复
		泵轴变形	修复或更换
		管路或水泵密封不严	排除
		吸水深度过高	降低吸水深度
		进水管路内阻过大	用合理的进水管路更换

表 3-6-4　空气压缩机常见故障排除方法

问 题	原 因	维 修
空气压缩机不能启动	气缸的气源或气管有问题,气缸不工作	检查车辆储气筒里是否有气压,管路是否漏气
	变速箱有问题	修理变速箱
	启动顺序不对	先启动空气压缩机,再启动水泵
空气压缩机建立不起压力或流量太低	空气压缩机没有启动	重新启动空气压缩机
	针阀是关闭的	打开空气压缩机进气阀上针阀
	压力调节得太低	手动调高压力
	发动机转速太低,不能满足流量要求	增加发动机转速
空气压力连续上升,不能被控制	控制空气压力的管路漏气	检查控制管是否漏气,修理漏气部件
	进气阀上的衬垫安装位置不对,影响了压力控制	重新调整好衬垫
水带里的液体运动不稳定	泡沫比例低	混合液稳定流出后再打开空气阀;增加泡沫比例
泡沫太干	水和空气的比例不合适	增加水的流量或减少空气流量
	泡沫比例过高	降低泡沫比例
泡沫太稀	水和空气的比例不合适	减少水的流量或增加空气流量
	泡沫比例过低	增加泡沫比例
	使用的泡沫枪不对	使用直流水枪,并阀门全开
	水带长度不够	增加水带长度,并不能折叠,打卷
压力安全阀放气压力(200 PSI)过高(200 PSI=1.33 MPa, 150 PSI=1.0 MPa)	压力调节阀调得太高	在发动机 900 r/min 时手动调节压力到 150 PSI
	进气阀上的感应阀开度太大	调节感应阀开度
	安全阀失效	更换安全阀
压缩空气里附带机油	储油罐里液压油过多	调节液压油油位
	油气分离器失效	更换分离器
	油管连接不对	检查并重新连接油管
	回油管堵塞	清理回油管
	油的型号不对	更换压缩机机油
压力建立比较迟缓	进气阀孔脏	清理进气阀孔

表 3-6-4(续)

问 题	原 因	维 修
空气压缩机过热报警	油温过高	发动机怠速运行一段时间,然后再试
	水泵的水过热	部分打开泵到罐的阀门,让水泵里的水一直同水罐保持循环
	热交换器失效	检查清理热交换器水管
	油温调节阀失效	调节清理油温调节阀

表 3-6-5 泡沫泵常见故障排除方法

问 题	原 因	维 修
泡沫泵运转,但没有泡沫输出	泡沫泵内有空气	让泡沫泵内充满泡沫
	泡沫阀是关闭的	打开泡沫阀
	泡沫输入管路堵塞	清理泡沫输入管路
泡沫泵吸泡沫不好,并有噪声	泡沫输入管漏气	修理漏气管
	泡沫滤网堵塞	清理泡沫滤网
泡沫泵不运转,电器系统工作正常	流量传感器处没有水流动	流量传感器处应有水流动,打开出口球阀
	流量传感器失效	更换传感器
	流量传感器导线失效	更换导线
	泡沫罐里的泡沫少于传感器位置	加注泡沫
	液位计导线失效	更换导线
在控制器上显示"LO. CON"	泡沫罐里的泡沫量少	加注泡沫
	液位传感器失效	更换传感器
在控制器上显示"LO. CON",2 min后,显示"NO. CON"	泡沫罐里没有泡沫	加注泡沫
	传感器失效	更换传感器
打开电源开关后,泡沫泵全速运转	负极线连接不好	确认负极线连接可靠
	电机控制盒有问题	更换控制盒
在控制器上显示"ERREL"	负极线连接不好	确认负极线连接可靠
	转速传感器有问题	更换传感器
	泡沫泵有问题	修理泵
在控制器上显示"?"	流量传感器处有水流动但流量太低	增加水流量
泵运转时,控制器上显示"HYPRO"	功率不足	增加电源功率
	导线细	更换粗导线

第七节　举高类消防车的结构与维护保养

举高类消防车指装备有支承系统、回转盘、举高臂架和灭火装置,可进行登高灭火和救援的消防车。举高类消防车主要有云梯消防车、登高平台消防车和举高喷射消防车三种,如图 3-7-1 至图 3-7-3 所示。

图 3-7-1　云梯消防车

图 3-7-2　登高平台消防车

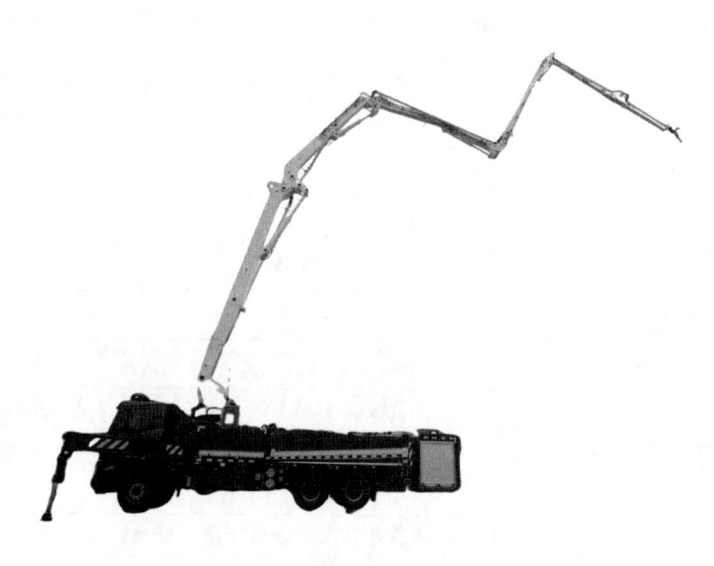

图 3-7-3　举高喷射消防车

一、结构组成

举高消防车具有四个共同点:一是选用二类汽车底盘改装消防车,由汽车发动机提供动力。二是下车都是由四条水平和四条垂直支腿支撑起的。三是上车都是由举升臂架或梯架组成,以保证起升高度。四是需要有能够发挥同样作用的电气、液压和消防水系统。这些共同点使所有类型的举高消防车原理和功能是一样的。只要弄懂了其中一种类型举高消防车的原理,会操作和使用,其他另外两种类型举高消防车也就懂了。

举高消防车由一般汽车底盘、取力装置、支承系统、回转系统、举升系统、水路系统、液压系统、电气系统和安全保险装置等组成。从整体结构上看,分上车和下车两大部分,上车和下车以回转支承、中心回转体为连接,通过液电控制系统将其紧密地连成一体。上车主要由转台、臂架、上车消防水路、工作平台等部分组成;下车主要由底盘、副车架及支腿、台板、器材箱总成、下车消防系统、取力装置等部分组成;整车由底盘侧窗取力器驱动高压齿轮泵为液压系统提供动力,电器系统与气路系统配合实现取力操纵和油门控制,整车的安全保护措施由电气系统实现。

二、维护保养

1. 机械部分维护保养

(1) 主要润滑点

曲臂连接各绞点、曲臂油缸连接绞点、伸缩臂两侧滑道运动面、曲臂内调平油缸各绞点、变幅油缸与臂架绞点、伸缩臂与转台连接绞点、回转支撑、变幅缸与转台绞点、回转机构和回转支撑齿轮、伸缩水管、消防炮、活动支腿下平面两侧滑道处。

使用油枪从油杯处加注润滑脂时,应加注至其从油杯处溢出;用毛刷涂抹时,只涂在各处的滑道部位即可。

(2) 回转支撑连接

目测紧固回转支撑的所有螺栓,看看有无松动的现象,特别要注意油漆过的部分是否有裂痕。回转支承运行 100 h 后,要检查螺栓的预紧力,以后每运转 500 h 检查一次,必须保持有足够的预紧力。检查时要用扳手逐一检查。

(3) 臂架运动状况

臂架伸缩动作时,注意观察臂架动作的稳定性以及臂架滑道处的润滑情况,臂架的润滑可借助其他的登高设备对臂架进行润滑。臂架收回后,检查臂头外部拉伸链及回缩链的缩紧螺母松紧情况。

2. 液压系统维护保养

液压系统维护保养主要涵盖液压油面及液压油质量、液压油箱及管路、接头、油泵及汽油机泵(电动泵)等 10 项,可按照每天、每累计工作 50 h、每累计工作 200 h、每累计工作 1 000 h 等 4 个周期来开展,每个周期开展项目如表 3-7-1 所列。

表 3-7-1 液压系统维护保养项目与周期

保养项目及周期	每天	每 50 h	每 200 h	每 1 000 h
液压油面及液压油质量		√	√	√
液压油箱及管路、接头		√	√	√
油缸	√	√	√	√
主阀			√	√
阀类安装	√	√		
系统压力的调节状况			√	√
油泵及汽油机泵(电动泵)			√	
紧急降落系统			√	√
更换液压油,清洁油箱	每 2 000 h 一次或根据液压油质量			
清洗或更换滤油器中滤芯	每 2 000 h 一次或随液压油更换			

3. 电气系统维护保养

(1) 日常保养、检查的项目

检查所有控制板上的停止和启动按钮的功能;检查紧急下降装置的功能;检查应急停止按钮的功能,特别是上下互锁性能。

(2) 每 50 h 必须检查的项目

检查蓄电池的容量和液面高度;检查所有操纵杆的功能;检查信号喇叭(声光报警)的功能。

(3) 每 200 h 必须检查的项目

检查所有安全保护装置(软腿报警装置、极限位置停止装置、上下车互锁装置、控制台切换装置、伸缩保护装置、工作斗手动调平装置、工作斗防碰撞装置、工作斗中位保护装置、驾驶室区域保护装置、伸缩链防松断检测装置、曲臂梯状态检测装置、工作斗限摆装置、单边作业性能);检查所有支腿检测开关(垂直支腿受力检测开关、水平支腿全伸检测开关)是否紧固和清洁,发电机、通信联络系统、信号灯、闪光灯、计时器等工作状态是否正常。

(4) 每 1 000 h 必须检查的项目

检查所有 200 h 所要求的维修和检查的执行情况;检查中心回转体的清洁及运行情况;检查电路接线盒及盒盖和电线入口处的情况;检查后尾箱、转台、工作斗等部分的电气保险丝情况。

4. 消防系统维护保养

举高消防车的消防系统保养内容主要有伸缩水管,平台、中心回转处水管回转体、消防泵,消防炮,阀门等项目,保养周期主要按照每次出水作业、每累计工作 25 h、每累计工作 50 h,具体保养内容如表 3-7-2 所列。

表 3-7-2　消防系统维护保养项目与周期

保养项目及周期	每次出水作业后	每 25 h	每 50 h
伸缩水管	加注润滑油		加注润滑油
平台、中心回转处水管回转体	加注润滑油		加注润滑油
消防泵	检查	检查润滑油量	加注润滑油
消防炮	检查、加注润滑油		加注润滑油
手动阀门	加注润滑油		加注润滑油
气动阀门	加注润滑油		加注润滑油

举高消防车技术保养按完成周期和作业量可归纳为交接班的每日技术保养、在灭火救援现场或训练演练场上操作前的技术保养、在灭火救援现场或训练演练场上归队后的技术保养、每累计工作 50 h 或每周的技术保养、累计工作 200 h 或每季度的技术保养、每累计工作 1 000 h 或每年的技术保养等 6 种。

三、液压系统常见故障诊断与排除

举高类消防车的液压系统故障排除见表 3-7-3。

表 3-7-3　液压系统常见故障及排除方法

故障	原因	排除方法
发出噪声	吸油管吸入空气 滤油器堵塞 油的黏度太高 油太冷 泵转速过高 泵轴和分动箱轴不同心 阻尼阀堵塞	紧固接头 清洗滤油器 更换液压油 加热油液降低转速 重新安装油泵 清洗阻尼阀或更换
泵排不出油	油面过低 滤油器堵塞 油的黏度过高 泵转向不对或转速过低 油泵不转动	加油清洗滤清器 更换液压油 改正泵的转向 检修传动系统和油泵本身
压力不足或系统无动作	油泵排不出油 系统泄漏严重 油泵损坏 溢流阀工作不正常 转速过低多路换向阀滑阀不动作 电磁阀不换向、不复位 油缸密封件损坏 电液比例阀失灵失控	拆泵检查、维修 对系统检查修理 清洗、更换或修理 修理或更换 加大油门 修复或更换换向阀 更换电磁铁，采用手动推杆 更换密封件 更换电磁铁，清洗阀芯

第四章

饮食保障

第一节 饮食保障车的结构、操作与维护保养

饮食保障车是一种特殊的消防车,主要装备有炊事设备、橱柜系统、供水系统等,能够满足抢险救援情况下消防救援人员餐饮需求。在重大火灾、抢险救灾、拉动演练等任务期间,消防救援队伍需要快速响应并处置,此时饮食保障车可以发挥作用,及时为指战员提供标准饭菜。这种车辆适用于野外或长期作业条件下,保证消防救援人员的作战能力。饮食保障车的存在,可以让消防救援人员在执行任务时更加专注于工作,无须担心餐饮问题,从而更好地保障了消防救援行动的顺利进行。

一、结构组成

饮食保障车主要由底盘、翼开保温厢体、炊事设备、灶具设施、水存储净化系统、电气控制系统、水路系统、油路系统、液压系统、空气调节系统等部分组成,如图 4-1-1 所示。整车供电情况如图 4-1-2 所示。

1. 车厢

(1) 车厢左右侧翼开门设计为上下对开形式,翼开门的开启方式采用液压缸控制,控制面板设在车辆尾部,左右各一个,独立控制。在门的中部设计有机械锁止机构。

(2) 在车厢上门设有两个外掀式玻璃窗,供厢体内采光用;下门设置有可手动调节高度的支撑腿,保证下翻门的支撑强度。

(3) 车厢尾部设有尾门,供工作人员进出厢体内使用。紧靠门的位置布置有一个不锈钢爬梯,可供工作人员爬上车顶检修保养设备用。

(4) 车厢内布置有净水箱、冰箱、储物柜、灶台、油烟机、蒸饭柜。

(5) 配置大容量净水箱及潜水泵,在没有自来水的地方,可通过潜水泵从江河湖泊里取水。净水箱上方设有供清洗和检修用的检修盖,下部设有加水口、溢流管、出水管、

图 4-1-1　饮食保障车

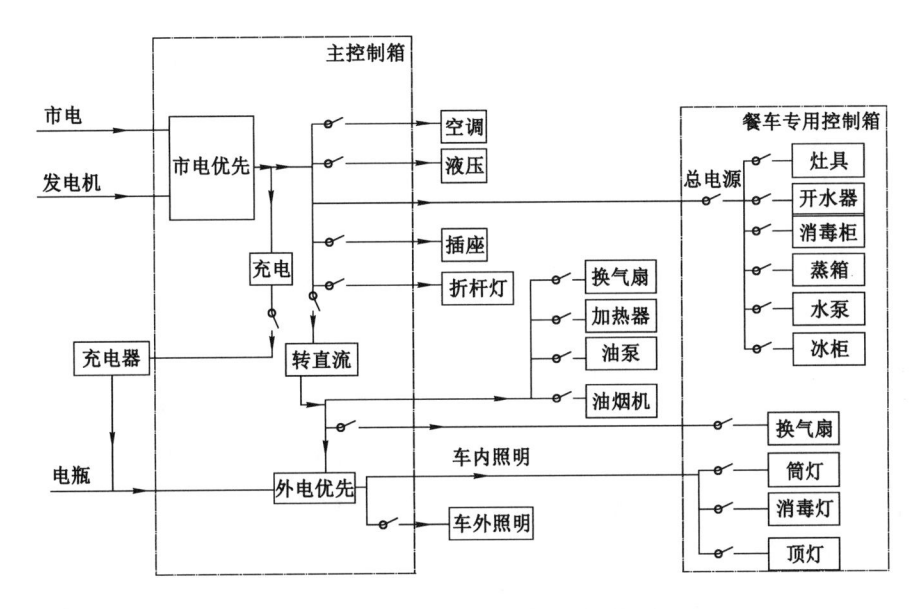

图 4-1-2　饮食保障车供电拓扑图

放水阀等。加水口可直接接自来水龙头或消防栓接头,净水箱外侧设计有液位显示管,并且在水箱内部安装有高低位液位传感器,当水加满或者快用完时会出现报警提示,补给到一定位置高度后警报解除。

(6) 车厢内前部安装有冰箱和洗菜池,洗菜池下方安装有净水系统和水泵。

(7) 灶台布置在车厢的中部,带有两个炒灶及相应的调味罐,炒灶的对面布置有菜板等,灶台下方布置有油箱、燃烧器等。灶具采用厨房专用燃烧器,以柴油为燃料,带操作控制面板,火力分为高中低挡可调。

(8) 灶台上方是抽油烟机,里面设计有强力抽风机,可将炊事作业时产生的油烟及时排出车外,油烟机孔板可拆卸,下方设置有油杯,可定期清洗,保持烟机清洁。

(9) 蒸饭柜布置在车厢的尾部,可供 150～300 人食用,蒸饭柜上方设置有排烟罩,可将柜门打开后产生的蒸汽有效排出车外。

(10) 车厢左右两侧下方分别设计有裙箱,上掀式开门。左侧布置的是左前手动支腿、原车油箱、原车电瓶、发电机液压控制单元、左后手动支撑腿;右侧布置的是右前手动支腿、加装油箱、外接口箱、污水箱、右后手动支腿。发电机安装于裙箱内,配备 50 m 外接市电手动线缆盘,当有市电时不用启动发电机。外接市电输入自动转换,即外接市电优先。

(11) 车顶从前到后布置有电动换气天窗、油烟机排烟罩、抽风机。

(12) 车身尾部进门的位置布置有配电柜,通过配电面板上相应开关、按钮来控制车内各设备的通电状态。

2. 作业指标

(1) 炊食能力。每小时提供 150 人份主副食,食物分量满足指战员食物定量标准,通常主食 1~2 种、菜 4 种、汤 1 种。

(2) 配有 1 000 L 净水箱,携带水量为 1 000 L 净水,另有 500 L 污水箱。

二、操作使用

1. 操作展开流程

(1) 车辆停放。在使用前,确保车辆停放在平坦的路面上,然后拔掉两侧插销,打开尾部折叠登舱梯。

(2) 车辆供电。取出线盘并连接到外接电源,将插头插入市电,然后打开左侧电源控制器边仓,充电接头接入车辆市电接口,打开集中控制系统总开关,再依次打开输出开关。在不使用车辆时,关闭集中控制系统开关以保证电气安全。若周围环境无市电,打开右侧发电机边仓,使用发电机控制面板打开发电机,然后用线盘接入发电机电源。确认电源开启后,将支撑电板放置在液压支腿下。

(3) 翼开门使用。翼开板遥控器操作前,先长按 3 s 绿色开启键,接通电源。长按按键,底盘液压支腿展开,确保支腿与垫块接触完整并保持车辆稳定。展开翼开板时,注意车辆两侧 1 m 范围内为作业区,确保作业安全。遥控器操作翼开板,注意先开启上翼开板,再开启下翼开板;关闭时先关闭下翼开板,再关闭上翼开板。翼开板完全开启后,手动翻起围栏并上紧螺母,取出翼开板支腿及垫板,对准支撑位向外推,挂上后旋转支腿螺母至支腿与垫块完全接触。进入后舱,取出两侧登舱梯,对准下翼开板凹槽位置插入。

(4) 登车。使用遥控钥匙开启乘客门,即翻转踏步,进入车内。

(5) 炊食设备用电。通过炊食区电器控制面板操作双联灶、冰箱、抽油烟机、消毒灯、保温箱、插锁供电、切菜机及绞肉机、蒸箱、换气扇、顶灯、水泵、油泵、消毒柜与电热水器,使用切换开关错峰用电。

(6) 灶具使用。将水龙头朝向灶具,蓄水至一定水位后,开启灶具面板开关,点击相应选择,旋转挡位开关调节大小,点击确认后绿色指示灯亮起,开始工作。确认后将灶盖盖好并旋紧螺母。

（7）蒸箱使用。将食物放置在托盘上放入蒸箱,旋紧把手开关,开启蒸箱面板开关,点击相应选择,旋转挡位开关,调节大小,点击确认后绿色指示灯亮起,开始工作。蒸箱停止工作 5 min 后,方可打开蒸箱。

2．操作使用注意事项

（1）基本注意事项

① 在车辆外出工作前,需确认底盘油箱和汽油发电机附加油箱内的燃油是否充足,以满足任务需求。

② 外出工作前,要检查车辆状态,确保各门锁已锁好、车身两侧的自动收折系统、液压支腿等正常运作。

③ 车辆到达现场后,应停放在相对平稳的地方,拉好手制动以确保车辆稳定。

④ 在离开现场前,须确保车身两侧的自动收折系统、液压支腿等设备已复位,方可移动车辆。

（2）发电机

① 不要在雨雪天气下使用发电机。

② 不要用湿手触摸发电机,以防触电。

③ 每次使用发电机前,需检查燃油、油管、机油、蓄电池的状态。

④ 不要在封闭区域内操作发动机,否则可能导致意识不清甚至死亡。在通风良好的环境下操作发动机（将其拉出裙厢外使用）。

⑤ 启动发动机前,不要连接任何电气设备。

⑥ 使用前,需清洁插座上的灰尘、污垢或水。

（3）翼开门

① 翼开液压系统须由经过培训的专人操作和维护。

② 操作时需集中注意力,密切关注翼门的运行状况。

③ 在翼门活动范围内,严禁人员站立。

④ 上升或下降过程中,尽量避免中途停车。

⑤ 每周对系统进行一次常规检查,重点检查受力焊接部位是否有裂纹,各转动轴是否有窜动。平时应经常检查液压管路是否有松动、破损、漏油等。

（4）燃油灶具

① 开启燃油总阀前,必须检查火种、燃油火力调节阀是否关闭,以免燃油积聚、爆燃造成灼伤和浪费燃料。

② 人员离开蒸饭柜前,应关闭电、油开关,以防火灾事故。先打开风机开关,关闭风阀,再点火,严禁不开风机点火。

③ 燃烧机停止工作后,必须切断电源。

④ 燃烧机停止工作后,油路阀门不能关闭,否则可能导致油泵进空气而不能正常

启动。

⑤ 在进行启动/停操作及大、中、小火转换时,用手轻触控制器薄膜开关相应按键即可,请勿用其他物件撞击,否则会导致控制器薄膜开关损坏而不能正常使用。

(5) 燃油蒸饭箱

① 使用前必须检查蒸箱水胆是否有水,防止干烧。

② 防止炉膛溅入水,避免导致燃烧器损坏,不能点火等。

③ 蒸箱在工作产生蒸汽时,请不要随意打开蒸箱门以免蒸汽烫伤人。

④ 蒸箱压力出厂时已调好,请不要随意调节。

⑤ 外界温度低于 0 ℃,必须将蒸箱水胆存水排空,防止结冰胀裂水胆及水管。

三、维护保养

1. 发电机

(1) 在使用发电机之前,必须仔细检查机油量,如果发现机油不足,应立即添加,以确保发电机的正常运行。此外,还需要定期更换机油,以保持发电机的良好状态。

(2) 初次使用发电机 50 h 后,应进行一次全面的保养,包括更换三滤,即燃油滤清器、空气滤清器和机油滤清器。此后,每次运行 100 h 后,都要对发电机进行保养,确保其正常运行。

(3) 在使用发电机的过程中,需要定期检查空气滤清器。如果发现空气滤清器有灰尘或污垢,应及时清洗或更换,以防止灰尘或污垢进入发电机内部,影响其正常运行。

(4) 在保养和清洗发电机时,应遵循相应的操作规程,确保安全。同时,应使用正规的配件和耗材,以保证发电机的质量和性能。

(5) 如果发电机在使用过程中出现故障或异常,应立即停止使用,并联系专业人员进行检修。切勿自行修理,以免造成更大的损坏。

2. 翼开门

首先,系统的油杯(黄油加油口)需要每 15～20 d 加注一次黄油。黄油能够提供润滑和防锈的功能,这对于保证系统的正常工作和延长其使用寿命是非常重要的。需要注意的是,黄油的加注量应该适中,过多的黄油可能会导致系统运行不畅,而过少的黄油则可能导致磨损和故障。

其次,液压油是翼开液压系统的血液,它负责传递动力和冷却系统。因此,液压油的质量对于系统的运行效率和安全性至关重要。至少每半年,液压油需要更换一次,以确保系统的正常运行。在更换液压油时,需要使用 200 目以上的滤网进行过滤,以保证油的清洁度。

此外,环境温度对于液压油的性能也有影响。当环境温度低于 -10 ℃ 时,应换用低温液压油,以保证系统在低温下的正常运行。

电瓶电压也是需要注意的一个因素。电瓶电压不低于 20 V 是保证系统正常工作的最低要求。对于使用频率较高的车辆,需要定期检查电瓶电量,每隔一段时间(一般10～20 d),应使用外部充电的方式对车载电瓶进行一次充电。

最后,还需要经常检查电瓶至动力单元电机的电源线,一旦发现破损,应及时更换或将破损处包扎好。这是为了防止电源线短路或断路,确保系统的安全运行。

3. 燃油灶具

首先,需要保持灶面及灶体的清洁,并确保排水畅通。清洁的灶面和灶体不仅可以保证厨房的美观,还能避免因油污等杂物堆积而引发的火灾隐患。同时,畅通的排水也能防止水流入风机或开关内,避免漏电事故的发生。

其次,需要定期检查风机清洁,并及时清理进风口处的油污。风机是燃油灶具的重要组成部分,它的清洁与否直接影响到燃油灶具的运行效率和安全性。

滤油器是保证燃烧器正常运行的关键部件,它需要每2～3个月进行清洗。滤油器的清洗可以防止油污等杂质进入燃烧器,从而保证燃烧器的正常运行。

燃油灶具的使用也需要注意燃油的添加时机。缺油可能会引起进空气及不能点火等问题,因此,不应等到油箱的油全部用完后再加油,而应提前加油。

此外,每年更换一次喷油嘴。喷油嘴是燃油灶具喷油的核心部件,它的磨损和老化可能会影响到燃油灶具的燃烧效率。

在检查和维修燃油灶具时,必须先切断电源,以确保安全。同时,严禁使用喷射式器具清洁,以防漏电或水进入炉头影响使用。在清洗炉具时,也应避免用水冲向电源开关及风机,以免受潮降低绝缘性能造成短路及损害风机。

第二节　单兵灶的结构、操作与维护保养

单兵灶主要用于满足消防救援人员在灭火救援情况下的热食需求。单兵灶的设计非常人性化,它具有操作简单、加热迅速、携带方便等优点,能够在野外或长期作业的条件下,为消防救援人员提供高效的热食保障。

在重大火灾、抢险救灾、拉动演练等任务期间,单兵灶可以充分发挥其优势,快速为指战员提供热食,保证他们的饮食健康和营养需求,从而更好地完成救援任务。

一、结构组成

灶具总成是厨房烹饪的重要设备,它包括铁锅一套、灶一个、油管一根、油罐一个和支架一套,如图4-2-1所示。其中,灶具则提供了稳定的火源,满足烹饪需求。油管和油罐则用于存储和输送燃料,确保烹饪过程中的火源供应。

油管长度为1.5 m,灶的直径为20 cm,油罐容积大于或等于8 L,铁锅的直径为60 cm、容积为45 L,支架采用不锈钢材质,稳固耐用,能够满足烹饪的各种需求。整个灶具总成的设计合理,使用方便,不仅能够满足日常烹饪的需要,还能在户外露营等环

境下使用,为人们提供便捷的烹饪体验。

图 4-2-1　单兵灶结构示意图

二、操作使用

操作使用单兵灶时,首先需要展开器材,架设支架及炉灶。这一步骤需要确保支架的稳定性,以保证烹饪过程的安全。加油注气时,应确保油罐内的油量充足,以保证炉灶能够持续燃烧。

连接油炉后,可以开始点火,并根据烹饪需求调整火势大小。在烹饪过程中,需要注意以下几点:

首先,单兵灶应架设在平坦的地面上,以保证烹饪过程的稳定性。其次,在使用前,需要检查灶具是否完好无损,油罐油量是否充足,以确保烹饪过程的正常进行。

另外,支架和锅体在烹饪结束后需要冷却后才能撤收,以避免烫伤。如果在紧急情况下,可以选择用水冷却,以确保安全。这些操作注意事项能够确保单兵灶的正常使用,同时也能够保证使用者的安全。

三、维护保养

为了保持单兵灶的正常工作和延长其使用寿命,需要对其进行定期的维护和保养。每次使用后,应清除油腻和水渍,以防止油污和水分残留导致炉具故障。此外,经常使用单兵灶可能会导致锅体结垢,如果发现锅炉热效率降低,加热时间明显延长,这就说明灶具已经严重结垢。在这种情况下,应该及时进行除垢,以保证灶具的正常工作。除垢时可以使用专业的清洁剂,也可以使用食醋进行清洁。注意在清洁过程中要避免对炉具造成二次损伤。

第三节　冷藏车的结构、操作与维护保养

冷藏车的主要功能是为消防救援人员提供饮食冷藏和冷冻需求。冷藏车装备有保温车厢、制冷机组、温度记录仪、电器电路系统等,具有冷藏功能完备、饮食冷藏量大、卫生环保、野外工作能力强等特点。

在重大火灾、抢险救灾、拉动演练等任务期间,冷藏车能够在野外或长期作业的条件下,为消防救援人员提供果蔬肉蛋、主副食品及饮用水等物资的冷藏功能,确保他们的饮食需求得到满足。

冷藏车的使用不仅可以保证食品的新鲜度和营养价值,还可以为消防救援人员提供健康的饮食环境。在执行任务过程中,消防救援人员面临的挑战和压力非常大,健康的饮食对于他们的体力恢复和精神状态具有重要作用。

一、结构组成

冷藏车车厢的设计非常人性化,从前往后分为冷冻室和冷藏室两部分,如图 4-3-1 所示。这样的设计可以满足不同食品的冷藏和冷冻需求,确保食品的新鲜度和营养价值。整车供电情况如图 4-3-2 所示。

图 4-3-1 冷藏车

冷冻室内,车厢前板装有制冷机组,温度可以达到 −20 ℃。这样的低温可以满足冷冻食品的储存需求。室内车门前侧横置一套不锈钢货架及相应周转筐,用来存放冷冻货物。后侧安装两组肉钩,用来冷冻肉类食品。车门采用可 180°开启的单侧门,方便取用食品。车门处还安装有上下车挂梯,方便消防救援人员拿取货物。

冷藏车内,车厢前部顶板上安装有蒸发器,温度可以达到 −10 ℃。室内车门两侧竖放有 4 套不锈钢货架及相应周转筐,用来存放冷藏货物。前部两套货架用来储存熟食,后部货架可储存蔬菜、水果等食品。车尾采用可 270°开启的对开门,方便取用货物。车门处也安装有上下车挂梯,方便消防救援人员拿取货物。

车身左侧的布局十分合理,从前往后依次布置了尿素罐舱、底盘油箱舱和储物舱。尿素罐舱位于车头部分,方便驾驶员及时补充尿素,保证车辆的正常运行。底盘油箱舱则位于车身中部,保证车辆的燃油供应。储物舱位于车尾,可以放置线盘、灭火器等紧急救援设备,方便驾驶员在紧急情况下使用。厢体前部还安装了左侧登顶梯,方便驾驶员和乘客上下车。

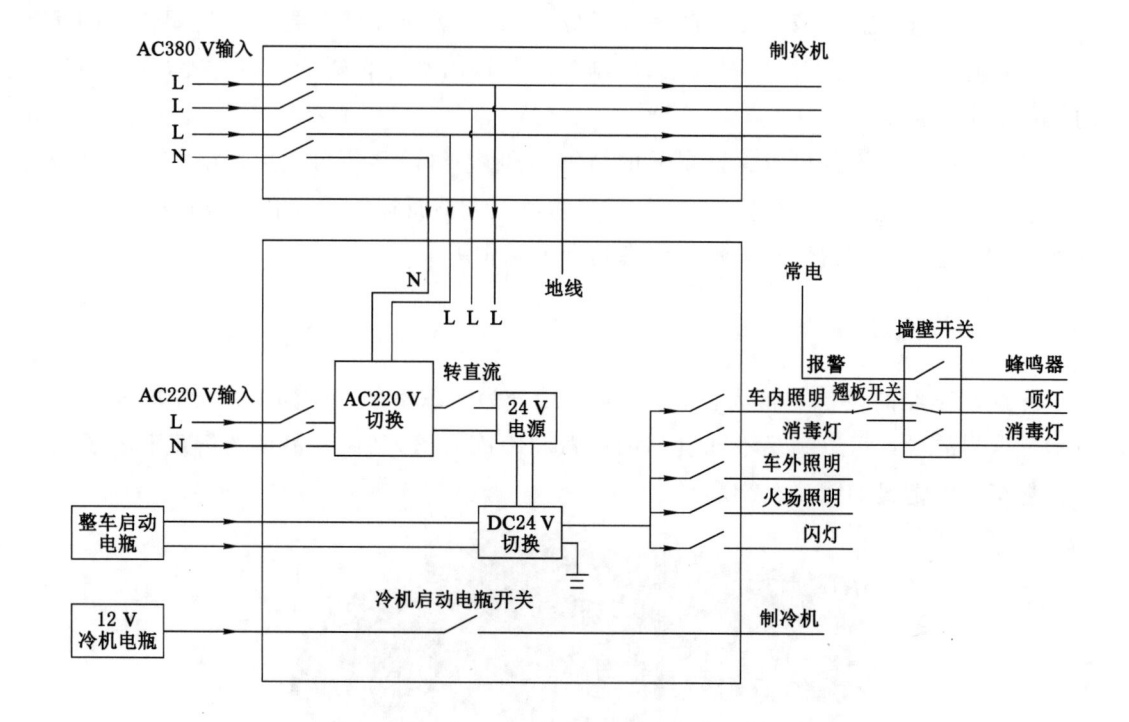

图 4-3-2　冷藏车供电拓扑图

车身右侧的布局同样精心设计，边仓为尾气处理舱，可以有效处理车辆排放的尾气，保护环境。底盘电瓶+冷机启动电瓶舱位于车身中部，为车辆提供电力。电控舱则位于车尾，方便驾驶员对车辆进行控制。厢体前部安装了右侧登顶梯，侧围安装了180°单开门及风钩，方便驾驶员和乘客上下车。

车辆前方的布局也很讲究，驾驶室顶部安装有长排警灯，可以在夜间或者恶劣天气条件下提高车辆的能见距离。导流罩位于驾驶室顶部，可以引导空气流动，提高车辆的行驶稳定性。导流罩后部上方位置安装了制冷机组，为车辆提供冷气。

车辆后部的布局同样重要，设有270°对开门，方便驾驶员和乘客下车。车门正上方安装有倒车影像，可以方便驾驶员倒车。下部安装了防撞杠，可以保护车辆免受碰撞的损害。这样的布局充分体现了人性化和实用性的设计理念，为驾驶员和乘客提供了舒适和安全的环境。

二、操作使用

1. 操作展开流程

（1）车辆停放。在使用车辆前，首先要将车辆停稳在平坦路面上。平稳的停放位置可以保证车辆稳定性，避免在操作过程中发生意外。

（2）车辆供电。当有外接220 V及380 V电源时，使用电源连接线，对准相应接口位置，插入电源线并向右旋转即可锁紧电线接头。打开右侧电源控制舱，打开市电保护开关后再打开相应开关即可启动相应功能。如果没有外接电源，需要进入驾驶室启动车辆。打开右侧电源控制舱，依次打开相应开关即可启动相应功能。

（3）冷机启动。打开冷机电源开关。进入驾驶室后，在副驾驶位置短按冷机开关即可启动，其他按键为调节按钮。在开启状态下，长按冷机开关键 3 s 即可关闭。启动冷机后，注意观察冷机工作状态，确保其在正常运行。

（4）冷藏室开启。首先将锁扣旋转打开，然后将把手向外旋转至 90°后竖直向上提，使用双手向外拉即可打开冷藏室。为防止冷藏室门摆动，需要使用钩锁固定。取下登舱梯，将登舱梯对准卡位，挂上登舱梯，上推扶手，再旋转 90°，即可翻起挂梯扶手。货架门向上提起即可打开或关闭。

（5）车辆在不使用时，先依次关闭相应开关，在关闭总电源后方可熄火或拔出电源连接线，这样可以防止损坏电器元件。长时间不使用车辆时，应关闭底盘电瓶电源，以免亏电。

2. 操作注意事项

（1）制冷机组。制冷机组除设定制冷温度外，其他参数厂家均已设定好，不需重新设定。用户只需按照实际需求调整制冷温度即可。在调整制冷温度时，注意不要将温度调得太低，以免影响食品的新鲜度和质量。

（2）燃油检查。车辆在外出工作前，首先确定底盘油箱和汽油发电机附加油箱内的燃油是否能够供本次执行任务使用所需。确保燃油充足，以免在外出工作过程中因燃油不足而导致车辆无法正常运行。

（3）停车注意事项。车辆到达现场后，将车停到相对平稳的地方，拉好手制动将车辆停好。平稳的停放位置可以保证车辆稳定性，避免在操作过程中发生意外。

（4）系统检查。每星期应对系统进行一次常规检查，包括检查制冷机组、电源系统、燃油系统等。确保各个系统正常运行，以免出现故障影响使用。在检查过程中，发现故障或问题，应立即进行维修，确保车辆处于良好的工作状态。

（5）清洁与保养。定期对冷藏车进行清洁和保养，保持车厢内外的清洁卫生，避免污染食品。同时，定期检查车厢密封性能，确保冷藏效果。

三、维护保养

（1）转向系统的保养。转向系统的转动关节应每月加注一次黄油，以保证转动关节的顺畅运转。每三个月检查一次各个连接头螺母，发现松动应及时拧紧，以确保转向系统的稳定运行。

（2）后桥主减速器润滑油更换。后桥主减速器润滑油每两年换一次，并经常检查是否有漏油现象。定期拧开螺塞检查润滑油是否足够，如果发现润滑油不足，应及时添加。

(3) 蓄电池组维护和清洗。车辆底盘配备 24 V(两块)启动电池组,冷机配备 12 V 启动电瓶(一块)。为了保持启动电池组的电量充足,要求定期发动车辆及冷机给启动电瓶充电。每周保养一次,一旦亏电切勿启动冷机和发动机。定期对蓄电池组外部尤其是连接柱头进行清洗,要检查电池组连接是否牢固,有无腐蚀现象,保持电池组周围清洁。这有助于延长蓄电池的使用寿命。

(4) 轮胎检查。经常检查轮胎的充气压力及花纹的磨损程度。确保轮胎充气压力符合规定,磨损花纹及时更换,以确保行车安全。

(5) 悬挂系统检查。悬挂系统的紧固螺栓应每三个月检查一次,发现松动及时紧固,以确保车辆行驶的稳定性。

(6) 轮毂螺母检查。轮毂的紧固螺母要经常检查,拆换轮胎时要按顺序拧紧,确保轮毂的稳定运行。

(7) 内装饰件清洁。内装饰件的污物,可用中性洗涤剂或低浓度肥皂水浸湿海绵或软布进行擦拭。去污后用清水浸湿软布进行擦拭,保持车内环境的清洁。

(8) 车身外部清洗。清洗车身外部应采用流动的水清除车身表面污物,也可用海绵状物浸湿擦洗。避免用硬质东西擦洗,以免损伤漆层。在清洗过程中,注意清洁车身的每一个部位,确保车辆外部整洁。

第四节 净水车的结构、操作与维护保养

净水车主要用于在灭火救援情况下,为消防救援人员提供生活用水保障。

净水车具有很多优点,比如水质保证、卫生环保、自动化程度高、野外工作能力强等。这些优点使得它非常适用于消防救援队伍在处置重大火灾、抢险救灾、拉动演练等任务期间使用。在野外或长期作业的条件下,净水车能够净化原水,实现洁净水的携带和净水即开水的供应,从而保障指战员的生活用水需求。

一、结构组成

净水车主要由底盘、翼开保温厢体、净水设备、净水箱、电气控制系统、水路系统、液压系统、空气调节系统等部分构成,如图 4-4-1 所示。

车辆前部为电力供应舱,内部安装有大功率静音发电机,顶部安装有检修照明灯与排风扇,左右对称布置有两个百叶舱门,门中间为散热格栅。

车辆中部为设备控制舱,右侧安装有电动外摆门储物柜,左侧安装有开水器、储物柜、电控吊柜,主要实现净水设备的启停操作、运行监控、饮用开水供应以及常用装备存放等功能。

车辆后部为产水设备舱,采用翼开结构以便于设备的安装、检修和维护。内部安装有净水设备,主要包括原水箱、原水泵、石英砂过滤桶、活性炭过滤桶、一级精密过滤器、

图 4-4-1 净水车

二级精密过滤器、高压水泵、RO反渗透装置、净水箱、紫外线杀菌器、供水泵等。厢体双侧上、下翼开板由液压系统控制。在设计时,考虑到开启和关闭的顺序,以及驻车时的安全考虑,确保液压支腿的正确状态。行车时,必须保证液压支腿收起,翼开板关闭,电动外摆门关闭。

车身右侧的边仓包括线盘舱、上下水舱(底盘液压支腿)、潜水泵舱、浮艇泵舱、柴油水暖加热器舱、底盘排气单元舱(底盘液压支腿)。车厢后部上方为右上翼开板,下方为右下翼开板。车厢上部安装有方形爆闪灯,车顶上方安装有车顶围栏,围栏的左右及后部安装有补光灯。驾驶室上方则安装有长排警灯。方形爆闪灯与补光灯左右对称装配。车尾配备了登舱梯。

车身左侧的边仓包括底盘尿素罐舱、底盘电瓶气瓶舱、底盘燃油舱、电控翼开板支腿舱、液压机构控制舱(底盘后支腿舱)和随车附件舱。车厢后部上方为左上翼开板,下方为左下翼开板。车顶上方安装有发电机排气口、通风换气天窗。

二、操作使用

1. 操作展开流程

(1) 车辆电源供应。如需连接外部电源,打开键盘仓库,将车内电源线接入键盘,然后将另一端线头接入380 V电源。在周围没有380 V市电的情况下,打开左侧发动机舱门,旋转发电机,启动电瓶开关,按照绿色位置打开电源箱,顺时针旋转,打开发电机控制面板钥匙,等待发电机启动。启动后,若油量不足,不要使用发电机,以免损坏。点击主菜单"menu"按键,再点击"start"开始按键,等待发电机启动。注意观察发电机控制面板信息,待显示额定运行电压稳定后,方可使用电气设备。

(2) 翼开门操作。使用翼开板遥控器,先长按3 s绿色开关键,然后接通翼开板遥控器电源,展开翼开板。注意车辆两侧 1 m 范围内为作业区,确保作业安全。使用遥控器点击对应开关,开启翼开板。注意开启时先开启上翼开板,再开启下翼开板;关闭时先关闭下翼开板,再关闭上翼开板。翼开板完全开启后,手动将翼开板围栏翻起,拔出翼开板围栏插销,并将围栏螺母向外拉旋转至开启状态。另一侧也进行相同操作,确保翼开板围栏翻起。

(3) 净水设备使用。接通净水设备电源时,须确保原水箱出水口、净水箱出水口、净水设备废水排水口、生活用水出水口处于打开状态。到车辆右侧打开接口舱,将水带一端接入原水箱上水口,另一端接入消防栓水源接入口或使用潜水泵。观察原水箱水位位置,满状态即可。车辆下方溢水口向外溢水即水箱已满。进入车内或车尾操作区,点击净水设备控制面板的用户登录,选择打开密码,输入密码,点击"N",点击弹窗确定,选择返回,点击监控,即可操作净水设备。观察净水设备监控画面,注意观察各个水箱状态及设备状态。

(4) RO 产水投运。根据需求可选择 RO 产水投运,饮用水过滤显示为绿色即为选中界面,点击"启动",设备会自动运行。根据现场用水量需求,可在设备区左侧进行调节。先观察饮用进水压力表及饮用水浓水流量计,饮用水浓水流量计数值越高,净水纯度越高,产水量越低。反之,根据现场需求,可通过旋转下方饮用水浓水水量阀门进行浓水水量调节,顺时针为关,逆时针为开。饮用水压力表达到 0.7 MPa,饮用水浓水流量即达到 50 L/min,即可满足饮用使用,并能有效延长设备使用寿命。饮用水到达使用需求时,通过控制面板点击"停止"即可结束。

(5) 超滤产水投运。根据需求也可选择超滤产水投运,生活用水过滤显示为绿色即为选中界面,点击"启动",设备会自动运行。根据现场用水量需求,可在设备区左侧进行调节。先观察原水压力表及生活用水流量计,生活用水未使用高压水泵,因此观察原水压力表即可。生活用水浓水流量计数值越高,净水纯度越高,产水量越低,反之,根据现场需求,可通过旋转下方生活用水浓水水量阀门进行浓水水量调节,顺时针为关,逆时针为开。生活用水流量计达到 70 L/min,生活用水浓水流量即达到 20 L/min,即可生活使用,并能有效延长设备使用寿命。生活用水到达使用需求时,通过控制面板点击"停止"即可结束。

(6) 设备板冲洗使用。在长时间(3 个月以上)不使用设备时,需手动操作清洗水罐。长按水管控制器上下键,听到滴声即解锁,点击"手动反洗"键,听到咔声即开启反洗功能,等待清洗结束 10 min 后,使用同样操作方法清洗另一个水罐。

2. 操作注意事项

(1) 发电机不能与外接电源同时使用。当发电机的油箱没有燃油时,应及时补充,防止油管燃油用尽。如果不小心让燃油用完,需要对发电机进行排气处理。

(2) 在车辆移动时,必须确保所有的液压支腿和翼开板都已经收回到位才能移动车辆。

(3) 当液压缸伸缩到尽头时,应及时松开按钮,以避免液压泵长时间过载工作而损坏系统。

(4) 在进行生活用水生产操作前,需要确认以下阀门的状态:生活用水出水口阀门打开;原水上水口阀门打开;原水箱出水阀门打开。

(5) 在进行生活用水生产操作前,需要确认以下阀门的状态:原水上水阀门打开;原水箱出水阀门打开;净水设备废水排水口打开;净水箱出水阀门打开。

(6) 在进行反冲洗操作前,需要确认以下阀门的状态:原水上水阀门打开;原水箱出水阀门打开;净水设备废水排水口打开。

(7) 保持净水设备废水排空口处于常开状态。

三、维护保养

1. 净水车的维护保养

(1) 净水车的使用结束后,不论天气冷暖,都需要将车内的水排尽。在寒冷的天气中,这一步骤尤为重要,以防止水结冰冻坏设备及管道。在温暖的天气中,如果净水车停用时间较长(比如超过 2 d),也需要将设备和管道内的水排尽。特别是在转场、运输、储存时,更要注意将设备及管道内的水排尽,并将车厢内的水渍擦干,避免水分滞留导致设备受损。同时,打开天窗进行通风干燥,有利于保持车内干燥,防止设备受潮。

(2) 新投入使用的净水车,每行驶 200 km,应对底盘各紧固件及底盘上装配各设备的紧固件进行检查、紧固工作,并重复 2~3 次,确保设备的稳定性和安全性。

2. 水路系统维护

(1) 当气温低于 0 ℃时,水管内部的水结冰凝固会有冻坏管路的风险,因此车辆在低温野外存放(过夜)时要进行管路排空操作,将水排尽,避免管路受损。

(2) 水箱的防寒有两种方式:一是将水箱放空,在使用时再进行加水;二是如果水箱频繁使用(比如正常用时过夜),可以关闭舱体所有门窗,在箱体外整体进行聚氨酯包裹,这样可以保温,防止水箱结冰。

(3) 净水设备的防寒:净水设备严禁低温(0 ℃以下)存放,冬季温度较低时应将车辆停放在温度较高的室内。当车辆停放环境无法满足存放温度需求时(低于 0 ℃),应将车辆管路内部的水排放干净,取出 RO 反渗透膜将其放置在专用保存溶液里进行存放。需要注意的是,结冰会损坏 RO 反渗透膜,导致其脱盐效果失效。

3. 液压油路系统维护

液压油路系统常用的液压油有 L-HM46 抗磨液压油和 L-HM32 抗磨液压油,分别适合温度－5~40 ℃和－10~35 ℃。还有航空 10# 液压油,适合温度－50~30 ℃。使用时要根据环境温度选择合适的液压油,并时刻关注油质变化,及时更换。

第五节　食品的分类与储存

一、食品分类

食品的分类可以依据其原料和性质进行划分。一般来说,可以将食品分为以下几类:谷物类,如大米、面粉、玉米等;蔬菜类,如白菜、萝卜、黄瓜等;水果类,如苹果、香蕉、橙子等;肉类和蛋类,如猪肉、牛肉、鸡肉、鸡蛋等;乳类和豆类食物,如牛奶、豆浆、豆腐等。每一类食品都有其独特的营养成分和味道,在日常生活中都扮演着重要的角色。

二、食品储存原则

(1) 食品与非食品要分开存放,防止污染。同时,仓库内不得存放个人物品和杂物,保持仓库的整洁。

(2) 仓库内要定期清扫,保持清洁卫生。经常开窗或使用机械通风设备通风,保持仓库内的干燥,防止食品受潮。

(3) 对于食品的验收,需要检查其数量和质量合格证明或检疫证明。任何腐烂变质、发霉生虫、有毒有害、掺杂掺假、质量不新鲜的食品,以及无卫生许可证的生产经营者提供的食品、未提供相关证明的食品都不得验收入库。

(4) 食品入库时,需要做好数量、质量的登记,按照入库的先后次序、生产日期、分类、分架、生熟分开、摆放整齐、挂牌存放。遵循先进先出,易坏先用的原则。

(5) 食品应按类别、品种分架、隔墙、离地整齐摆放。散装食品及原料储存容器要加盖密封,防止污染。同时,要经常检查,防止食品霉变。

(6) 肉类、水产品、禽蛋等易腐食品应分别冷藏储存。保存食品的冷藏设备,必须贴有明显标识并有温度显示装置。肉类、水产类要分柜存放,生食品、熟食品、半成品也要分柜存放,避免生熟混放。

(7) 生鲜食物,特别是肉类、鱼类和其他海鲜应存放在冰箱底层;加工过的食品放在顶层。同时,食品的摆放要保持间隔,不妨碍冰箱内冷空气循环,不要过于拥挤。冷冻设备要定期化霜,保持霜薄(不得超过 1 cm)、气足。

(8) 要经常检查食品的质量,及时发现和处理变质、超过保质期限的食品,确保食品安全。

(9) 做好防鼠、防蝇、防蟑螂工作,安装符合要求的挡鼠板,防止害虫侵入。

(10) 严禁存放变质、有臭味、污染不洁或超过保存期的食品,保证食品的新鲜和卫生。

三、食品储存方式

(1) 米、面、干质谷物。将干燥的谷物放在防潮、通风的地方,并放置在密封容器内,以防虫害。在储存过程中,要定期检查谷物的状态,如有发霉、异味等现象,应及时处理。同时,保持储存环境的清洁,避免污染。

(2) 蔬菜。蔬菜的储存要保证其新鲜度,通常情况下,适合冷冻保存的蔬菜有玉米、青豆(各种豆类)、胡萝卜、青椒、西兰花、花菜、香菇、辣椒、黄瓜、菠菜、韭菜、香葱等。适合冷藏保存的蔬菜有大多数绿叶蔬菜、大白菜等。需要注意的是,有些蔬菜不适合放入冰箱,如土豆、南瓜、冬瓜、柿子椒等,这些蔬菜在低温环境下容易变质。此外,一些热带水果也不适合放入冰箱,如香蕉、芒果等,储存温度过高或过低都会影响其口感和营养价值。

(3) 水果。水果的储存要保证其干燥和通风,可将水果装在透明的盒子里,这样方便观察水果的状态。储存时,应将水果放在阴凉通风的地方,避免阳光直射,以延长水果的新鲜度。

(4) 牛奶、饮料。这类食品应放在冰箱中储存,以避免细菌繁殖。在冰箱中保存的牛奶和饮料,要注意保持瓶盖紧闭,防止冰箱内的异味污染。同时,定期检查饮料瓶身,如有胀气、异味等现象,应及时处理。

(5) 肉类、蛋类。这类食品需要严格控制室温下的时间,应该在 30 min 内食用或冷冻保存。避免反复冻融,以免影响口感和营养价值。在烹调或食用冷冻食品时,应彻底煮熟,确保食品安全。此外,储存肉类和蛋类时,要注意分开存放,避免交叉污染。

第五章

生活保障

第一节 盥洗车的结构、操作与维护保养

盥洗车(厕所车)是一种非常重要的移动设施,主要用于保障处置灾害事故期间现场救援人员和指挥部人员的如厕需求。它在设计和功能上非常人性化,考虑到在灾害事故现场,往往没有可供人们使用的卫生设施,因此,盥洗车(厕所车)的出现,极大地解决了这个问题。盥洗车(厕所车)在不加水的情况下,能单次保障 600 人次持续使用,这为救援人员提供了极大的便利。

盥洗车(厕所车)还用于各类灾害事故救援现场等野外作业环境,为救援人员提供了一个干净、舒适的如厕环境,从而更好地保障了他们的工作效率和身体健康。

一、结构组成

盥洗车主要由底盘、车厢、卫生设施、给排水系统、污水处理系统等部分组成,如图 5-1-1 所示。整车供电情况如图 5-1-2 所示。

图 5-1-1 盥洗车

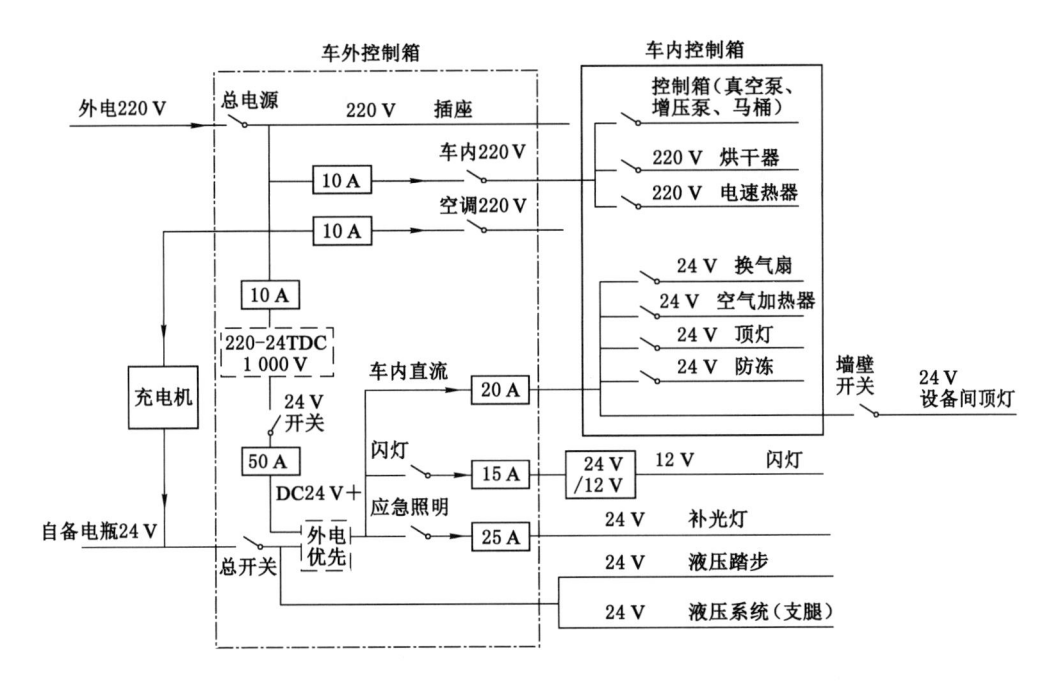

图 5-1-2　盥洗车供电拓扑图

车厢前部是整个盥洗车（厕所车）的核心部分，主要包括水箱、真空系统和水增压设备。水箱负责储存水源，保证卫生间内的供水；真空系统则负责处理污物，确保卫生间的清洁和卫生；水增压设备则为卫生间内的水龙头、淋浴等提供稳定的水压。

中部区域为车载卫生间，设计有多个卫生间隔间，提供舒适的如厕环境。卫生间内部设施齐全，包括坐便器、蹲便器、洗手池等，且采用防水、防潮湿的材料，保证卫生间的干燥和清洁。每个隔间都设有通气窗，保证空气流通，同时，还配备了防蚊帘、遮光帘，以适应不同环境的需求。

车尾部分设置了上下车抽拉梯，方便乘客上下车。同时，车厢左右两侧各设置4个单人卫生间，共8个便器卫生间（2个坐便器，6个蹲便器），隔断采用蜂窝铝板，防水、防潮湿、质量轻便。每个隔间设置通气窗。

值得一提的是，2个坐便器设置在尾部，与前面6个蹲便器分隔开，这样的设计既不影响正常使用，又能满足保障现场女性使用的要求。这种人性化的设计，体现了盥洗车（厕所车）对用户需求的细致考虑，使得其在各种灾害事故救援现场等野外作业环境中，都能发挥出良好的作用。

二、操作使用

（1）在使用盥洗车（厕所车）时，首先要确保打开驾驶室电源总开关和上装开关，这样才能保证卫生间内的电气设备和供水系统正常运行。此外，还需检查各个卫生间的设施是否完好，保证使用过程中不会出现故障。

（2）使用真空集便器及电源系统时，必须按照技术要求进行操作。这包括正确连接电源线路，确保电源系统稳定运行；正确操作真空集便器，以便及时清理卫生间内的污物。同时，还需定期检查真空集便器和电源系统的运行状态，及时进行维护和保养。

（3）在排污时，应当进行无害化处理，将污水排入化粪池或进行掩埋。此外，还要定期清理污水箱，避免造成环境污染。在清理污水箱时，要确保操作安全，避免发生意外事故。

三、维护保养

（1）使用完毕后，必须将所有厕所门锁好，防止车辆行进过程中碰撞损坏。同时，要检查卫生间内设施是否完好，如有损坏，要及时进行维修。此外，还需注意保持卫生间内的清洁和卫生，避免异味的产生。

（2）定期对车辆及厕所进行清洗和消毒，以保证其干净、卫生。在清洗和消毒过程中，要注意使用专业的清洁剂，避免使用过于强烈的清洁剂，以免对卫生间内的设施造成损害。同时，要定期更换卫生间内的卫生纸、洗手液等消耗品，确保其正常使用。

（3）当气温低于0℃时，应排空水箱内余水，并用管路吹气系统吹干管路残留水。这样可以防止水箱内的水结冰，导致管道破裂。在排空水箱内余水时，要确保操作安全，避免发生意外事故。同时，还要定期检查水箱及管道的运行状态，及时进行维护和保养，确保其正常使用。

第二节　被服洗涤车的结构、操作与维护保养

被服洗涤车是一种专业化的消防救援车辆，它集洗衣、烘干、挂烫等多功能于一体，能够为消防员在洪涝灾害救援现场、地震救援现场等提供便捷高效的被服清洗服务。这种车辆的设计充分考虑了消防员的工作需求，能够满足恶劣环境下的大量被服清洗任务。在被服洗涤车上，还配备了先进的洗涤设备和高效的烘干系统，能够快速地将消防员们的被服清洗干净，并将其烘干，确保他们在救援行动中能够穿着干净、舒适的服装。

一、结构组成

被服洗涤车主要由驾驶室、车厢、洗烘系统、管路系统、供电系统、控制系统以及警示照明系统等部分组成，如图5-2-1所示。车厢内部的设计科学合理，从前至后分别设置了设备区（包括水罐和洗脱烘一体机）和衣物储存区，最大限度地满足了35 kg的洗脱烘要求。整车供电拓扑图如图5-2-2所示。

车辆配备了1台25 kg的洗脱烘一体机和1台10 kg洗衣机，能够有效地洗涤作训类、战斗服等救援衣物。这种一体机不仅能够满足大量的洗涤需求，还能够在最短

图 5-2-1　被服洗涤车

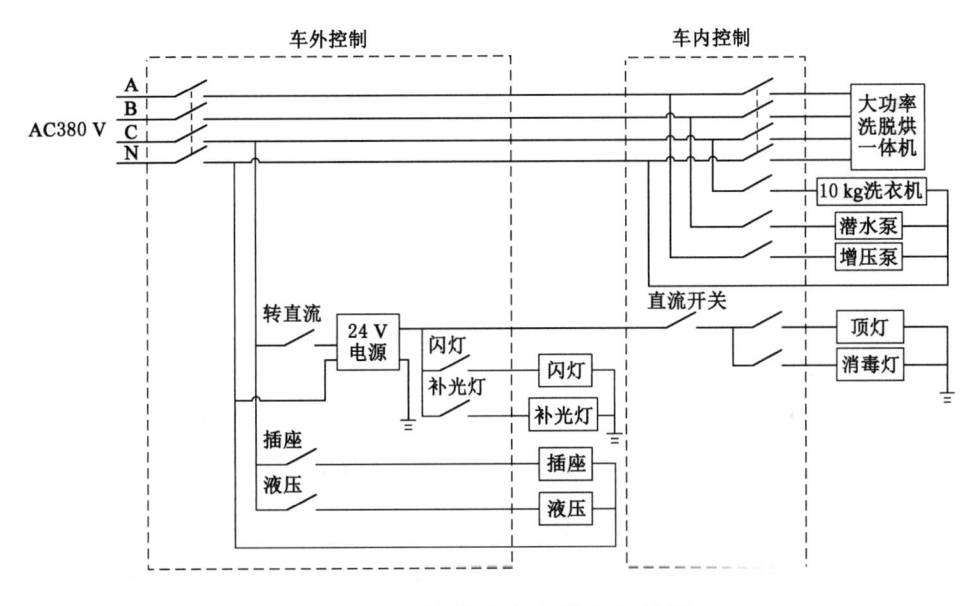

图 5-2-2　被服洗涤车供电拓扑图

的时间内将衣物烘干,保证了消防员们在救援行动中能够迅速地穿上干净、舒适的衣物。

此外,被服洗涤车还配备了车载发电供电系统,额定功率达到 40 kW。这个系统既可以为整车用电设施供电,具有过压、欠压、过载、缺相等保护功能,也可以外接对其他用电设备进行供电。车辆还留有对外供电接口(220 V 和 380 V 输出电压各 1 个),方便在需要时进行快速连接。

被服洗涤车还提供了 50 m 电线卷盘 2 套(母线 380 V×50 m,三相四线制;子线 220 V×50 m),以满足整车设备供电要求。同时,车辆还配备了市电转换接口及市电线缆盘,能够自动切换,当接入市电时,发电自动切断,以市电为主,确保了车辆的稳定运行。

二、操作使用

1. 操作展开流程

（1）将车辆停至平坦的硬质路面上，拉起手刹，挂入空挡。启动车辆，踏下离合器踏板，挂入五挡，打开取力器开关和油门控制开关，慢抬离合器。这一步骤是为了确保车辆稳定启动，并确保取力器能够正常工作。

（2）下车后，将侧板钥匙插入对应的钥匙孔内，旋转至"开"的位置，按下绿色按钮方可打开。需要注意的是，打开侧板时应按照一侧打开后再打开另一侧，先打开上面板再打开下面板的顺序打开两侧侧板。所有侧板打开完毕后，将下侧板的护栏支撑好，而后至车辆后侧将左侧蹬梯，架设在后门下方，将右侧蹬梯架设在右侧下侧板中间位置，并检查两架蹬梯是否牢固。而后将后门打开，取出支腿，将支腿安装在两侧下侧板，并检查是否牢固、正直。支腿安装完毕后，打开右侧第一个下护板。将 $\phi 65$ mm 水带连接排污口至下水道或污水槽。

（3）进入车厢至右侧下侧板前方控制面板处，将油门控制旋钮向右断续旋转至电压 220 V 左右，发动机转速 1 300 r/min 左右。此时，电源故障灯亮起为正常情况。打开洗衣机 1、洗衣机 2 和增压开关旋钮，观察指示灯，若无异常情况，方可使用洗衣机。

（4）打开洗衣机门，将需要清洗的衣物放入洗衣机内，关闭洗衣机门并锁止。将衣物洗涤剂倒入洗涤剂加入口，按下"start"键开启洗衣机。需要注意的是，长按"start"键可对洗衣程序进行调节，根据衣物的干净程度选择洗衣时长。清洗完毕后，将清洗后的衣物放入烘干机，根据现实情况，使用高、中、低温（按键上为温度计样式显示）烘干。烘干完毕后，应将衣物取出，根据衣物的烘干程度，选择晾晒时间。

在清洗衣物的过程中，可以将工作台及晾衣架在车的两侧展开，方便后续操作的顺利进行。此外，还可以根据需要调整车厢内的灯光，以保证良好的照明效果。在整个操作过程中，应确保车辆稳定，避免发生意外情况。如果遇到问题，应立即停止操作，检查车辆及设备，确保安全。

2. 注意事项

（1）在操作被服洗涤车时，应尽量靠近水源，以便在车辆缺水时能够快速补水。这样可以保证洗涤过程的顺利进行，提高工作效率。同时，应确保水源的质量，避免对洗涤效果产生不良影响。

（2）打开两侧侧板时，应按照先上后下的顺序进行，关闭时按相反顺序进行。这样操作是为了保证侧板的稳定性和安全性，防止意外事故的发生。在操作过程中，应确保侧板打开或关闭到位，避免出现卡滞或损坏情况。

（3）所有支腿支撑完毕后，要求牢固、正直。支腿是车辆稳定性的重要保障，因此在操作过程中要确保支腿的稳固。在支腿支撑完毕后，应进行检查，确保其能够承受车辆和设备的重量，避免发生意外。

(4) 清洗衣物时,应根据衣物的干净程度选择洗涤时间。一次洗涤过程中,一台洗衣机可洗涤战斗服 2 套左右,抢险救援服 5 套左右。通常情况下,一次洗涤快洗需要 20 min 左右,精洗需要 50 min 左右。烘干时,应根据烘干机的容量和衣物的数量进行选择,不超过烘干机玻璃上粘贴的推荐衣物容量。这样可以保证衣物的清洁度,同时避免损坏设备。

(5) 在操作过程中,应注意观察控制面板左上角的水位显示器,了解水位情况。当水位低于 10% 时,应及时加水。加水时,可使用 $\phi 65$ mm 水带,连接注水口和消防栓进行加注。这样可以确保洗涤过程中有足够的水源,保证洗涤效果。

(6) 在车辆操作过程中,应设置一名安全员,负责车辆周边的警戒和安全。安全员需密切关注车辆及设备的运行状况,及时发现并处理潜在的安全隐患,确保操作过程的安全。同时,安全员还应与操作人员保持沟通,确保操作的顺利进行。

三、维护保养

(1) 为了保证洗涤效果和设备的使用寿命,应定期对洗衣机和烘干机进行清洗。清洗时,可以使用专用清洗剂,确保清洗彻底,避免残留物对衣物和设备造成损害。此外,还需定期检查设备的运行状态,确保其正常工作。

(2) 当气温低于 0 ℃ 时,应排空水箱内的余水,并用管路吹气系统吹干管路内的残留水。这样可以防止管路冻裂,确保设备的安全运行。同时,还需检查水箱内的水位传感器和温度传感器,确保其正常工作。

(3) 烘干机在工作过程中会积累一些绒毛和灰尘,因此需要定期清理烘干机的滤网。清理时,可以使用软刷子和吸尘器,确保滤网的清洁。这样可以提高烘干效果,避免滤网堵塞导致烘干时间过长或烘干不彻底。

(4) 在维护保养过程中,应遵循设备的使用说明书,确保操作正确。如果遇到问题,应及时与设备供应商联系,寻求技术支持。同时,应定期对操作人员进行培训,提高其操作技能和安全意识。

(5) 为了保证设备的正常运行,还需定期检查设备的电源线、水管、气管等,确保其完好无损。在检查过程中,发现损坏或老化的部件,应及时更换,防止发生意外。

第三节　宿营车的结构、操作与维护保养

宿营车是一种专为消防救援队伍野外宿营设计的车辆,也被称为"流动营房",是野营装备的重要组成部分。它能够快速转移和保障部队在行进中宿营,具有较高的机动性,对提升快速设营能力有着关键作用。

宿营车的车厢是固定在汽车或挂车底盘上的箱式房屋,内设睡铺。部分宿营车还配备了洗漱和厕所等设施,为官兵提供了良好的宿营环境和条件,有助于恢复战斗力。

此外,宿营车还具备提供会议空间、空气调节净化、车内外照明监控、图像存储及GPS定位等功能,为野外宿营提供了便利和保障。

一、结构组成

宿营车是在二类底盘的基础上,加装专用设施改装而成。它包括新的保温厢体,分为生活起居间和卫生洗浴间,如图5-3-1所示。车上设有卫生洗浴装置和寝卧装置,同时还配备了电气装置(移动电源)、空调装置、供水装置、照明装置、影视装置,以适应高温或低温恶劣环境,如图5-3-2所示。这些设备使得宿营车能够在野外无补给依托的情况下,为军事、勘探、科技试验等提供生存环境。

图 5-3-1 宿营车

驾驶室与车厢相对独立,车厢采用液压双侧拉厢结构。车厢内主要设置床铺,床铺之间的通道距离不低于750 mm,每套床铺都配有小桌板和床头灯,床头灯可以调节不同亮度。每个床铺旁边安装一个220 V、10 A二三插安全面板。厢体左右两侧安装遮光、防蚊多功能窗,顶部设2个换气逃生天窗。

车厢尾部配套设独立淋浴间可供2人淋浴,独立卫生间供1人如厕,带洗手台,设换气扇及遮光、防蚊多功能窗。厢体内部前后各配一套1.5P壁挂式空调,前部安装42英寸液晶电视1台。车厢裙部安装发电机系统以及配套电器设施,采用4件液压支腿,液压传动作为驱动方式,液压动力取自独立蓄电池,采用24 V 400AH免维护蓄电池,可通过外接电源为蓄电池充电提供保障。车尾部抽拉式折叠梯1套,梯面进行防滑处理,供人员进出车厢内使用。

整车供电系统由移动电缆盘、防水电源连接器、电气集中控制系统、发电机及电气线路元件组成。电气集中控制市电优先接入,同时发电机也可以快捷切换输入。整车电气线束、电源开关/插座、车内照明等电气设施满足通用电气安全基本要求,采用专业房车电气线路设计。

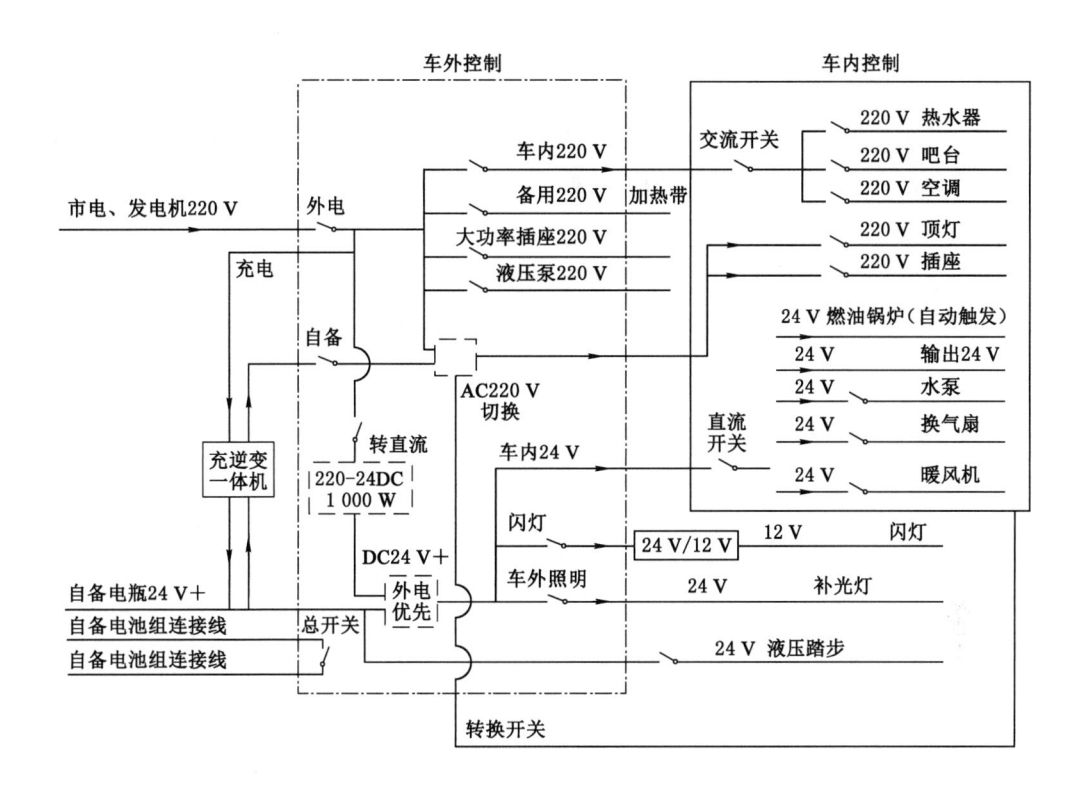

图 5-3-2　宿营车供电拓扑图

二、操作使用

（1）首先，将车辆停放在平坦的硬质路面上，确保车辆稳定。然后，拉起手刹，挂入空挡，使车辆熄火。此步骤是为了确保车辆在操作过程中保持稳定，防止意外移动。

（2）下车至车辆右侧，打开"液压控制动力单元"侧板。在这里，需要操作以下几个开关：打开"副电瓶"开关，以便为车辆提供电力；打开"液压扩展电源"开关，为液压系统提供能量；打开"液压支腿控制电源开关"，为支腿提供电力。接着，按下"自动支"按钮，放下支腿。需要注意的是，这里的支腿是自动调平支腿，能够确保车辆在不平整的地形上保持稳定。待液压支腿支撑完毕后，打开"发电机"侧板，将发电机卸下并放置在车辆侧后方。

（3）使用遥控器操作宿营扩展箱体的伸出。依次按下"左退、右退"按键，使两侧宿营扩展箱体伸出。扩展完毕后，取出"工具箱"侧板中的四块垫木，分别放置在车辆两侧。将扩展箱体支腿支撑于垫木上，并检查是否牢固。这一步骤是为了确保宿营箱体在使用过程中稳定可靠。

（4）将车辆后侧的抽梯拉出并放置牢固，以确保人员进出车厢的安全。接着，打开后厢门并固定于风钩上，以免门在行驶过程中意外开启。

(5)启动发电机并将其连接到车身尾部的"市电接口",为车辆提供电源。然后,进入车厢内,观察右上方的配电机柜,确认是否有电。依次按下"总电源开关"、"逆变器开关"、"空调开关"、"顶灯开关"、"灯带开关"、"镜前灯开关"、"风机1、2开关"和"水泵开关",同时"智能逆变器开关"开始给副电瓶充电。

(6)使用不同遥控器打开电视、空调等电器。然后,将床位依次放下,方便人员入住。在床铺放下之前,请确保车内电气设备已关闭,以免浪费电能。

通过以上操作,可以安全、顺利地使用宿营车。在实际使用过程中,还需要注意车辆的维护与保养,确保车辆始终处于良好状态。同时,熟悉并掌握各种电器的使用方法与注意事项,以保障人员安全和设备正常运行。

三、维护保养

(1)在使用完毕后,务必确保所有床位复位,车厢内无遗留障碍物。此外,还要将车辆完全收回,防止在行驶过程中造成任何损坏。这一步骤十分重要,因为如果没有恢复到初始状态,可能会影响车辆的稳定性和安全性。

(2)在装卸发电机时,必须使用绞盘缓慢下降。这是因为快速下降可能会对绞盘和钢丝绳造成不必要的损坏,而缓慢下降可以延长它们的寿命。同时,也要注意保持绞盘和钢丝绳的清洁,避免灰尘和污垢影响其使用效果。

(3)在所有步骤都完成撤收后,才可以收回自动液压支腿。如果没有完成撤收就收回支腿,可能会引起其他支腿和蹬车梯的损坏。此外,在收回支腿之前,要确保地面平整,以免支腿受力不均导致损坏。

维护保养工作对于宿营车的使用寿命和性能至关重要。因此,在使用过程中,要定期检查车辆各部件的工作状态,并及时进行维修和更换。同时,要保持车辆的清洁,避免灰尘和污垢影响车辆性能。只有做好维护保养工作,才能确保宿营车在野外环境下提供舒适、安全的工作和生活环境。

第四节 淋浴车的结构、操作与维护保养

淋浴车是一种特殊的车辆,主要用于野外救援任务中,为指战员提供洗浴保障。它的设计考虑到了野外环境的特殊性,能够满足不少于8人同时淋浴的需求。车上配备了先进的淋浴设备,包括热水器、淋浴喷头、洗浴用品等,确保指战员在完成任务后能够得到及时的洗浴保障,保障他们的健康和舒适。此外,淋浴车还配备了相应的污水处理设备和废气排放设备,充分考虑到了环保和可持续性,满足野外救援行动中的环保要求。总的来说,淋浴车是一种重要的野外救援后勤保障设备,为指战员提供了舒适、便捷的洗浴条件。

一、结构组成

淋浴车主要由底盘、厢体、水电接口、淋浴设施、排风系统等组成,如图 5-4-1 所示。整车供电拓扑图如图 5-4-2 所示。

图 5-4-1　淋浴车

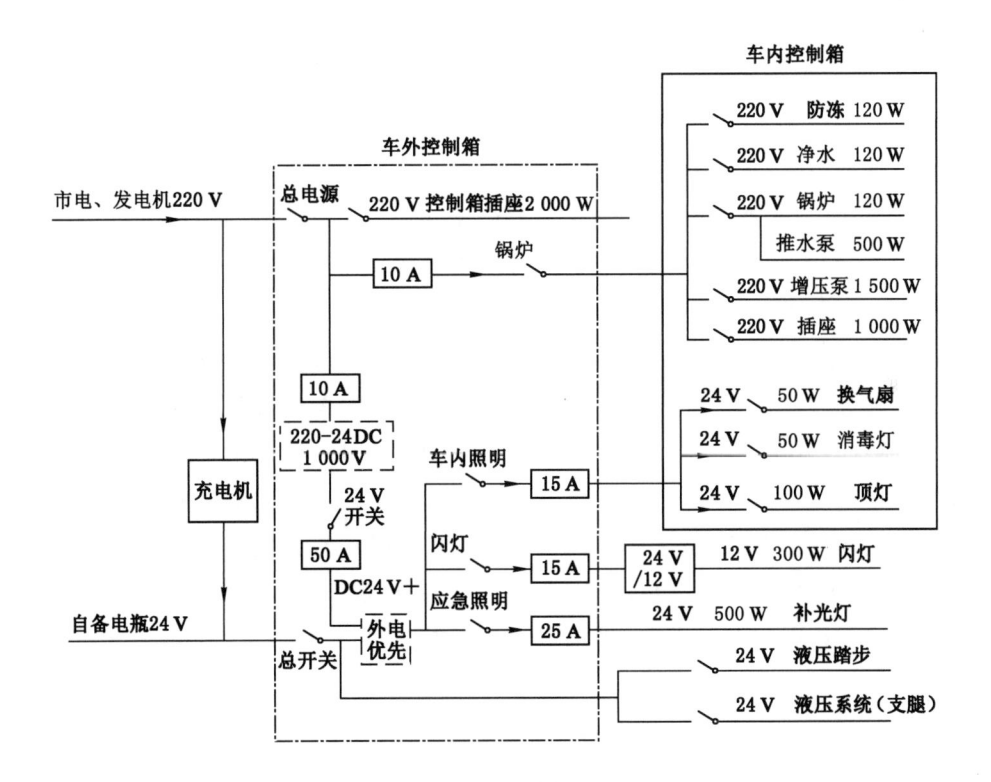

图 5-4-2　淋浴车供电拓扑图

淋浴车的厢体骨架通常采用铝合金型材或优于该型材的特殊材质搭建而成的。它的表面采用电泳预喷烤漆覆膜铝板材,具有极高的耐用性和美观性。在隔热层方面,它采用了高密度的阻燃材料,以确保车厢内的保温和安全性。

车厢内空间布局科学合理,分为更衣区、卫浴区和设备区。更衣区是乘客更换衣服的地方,主要设备是更衣柜,这些更衣柜采用优质材质定制,同时配有镜子及置物架,方便乘客更好地整理和存放衣物。

淋浴区位于车厢中部,是乘客进行淋浴的地方。该区域由淋浴设备组成,配置了防水防爆照明灯、换气扇等电气设备,保证了乘客在淋浴时的照明和通风需求。

设备区位于车厢后部,主要设备包括水箱、净水系统和加热系统等。净水系统是一套先进的净水设备,净水能力高达 600 L/h,配有一个 1 000 L 的水箱,保证了车厢内有足够的生活用水。两组热水机可以单独工作,也可以共同使用,配有一个 400 L 的热水箱,满足了乘客在淋浴时的热水需求。

这种淋浴车的设计充分考虑了乘客的需求,提供了舒适的淋浴环境,同时它的先进设备和技术也保证了淋浴过程的安全和便捷。

二、操作使用

在操作使用淋浴车时,首先需要将车辆停放在平坦的硬质路面上,然后将挡位挂入空挡,拉起手刹,使车辆熄火。接下来,打开总电源开关,这样即可操作使用。

接下来,需要下车到车辆的右后侧,打开"工具箱 1",取出外接电源线和卷线盘。使用四角钥匙打开车辆后侧的"电源壁盒",将外接电源线接入"电源输入"插座,然后连接市电或其他供电设备,将"外部输出"电闸闭合。

在电源接通后,需要将车辆右侧和后侧的蹬车梯拉出并放置好,然后打开车厢门。接着,再到车辆的左后侧,打开"工具箱 2",使用有线或无线遥控器升起照明灯并打开(在光线良好时,可以不使用照明灯)。

接下来,可以进入设备间,依次闭合控制面板上的"总电源"、"热水机"、"增压泵"、"插座"、"淋浴灯"和"设备灯"电闸,然后打开"设备间照明"和"场地照明"开关。在这个过程中,需要观察"电压"、"电流"、"冷水箱"和"热水箱"显示是否正常。

在一切正常后,可以依次点击"热水机"控制面板中的"进入程序"和"热水"键,这样就可以开始制作热水并存入"热水箱"了。最后,就可以从车辆的右侧进入淋浴间,打开两侧的窗户(在天气较冷时,可以不打开窗户),然后开始为指战员提供淋浴服务。

整个操作过程相对简单,而且淋浴车配备了先进的控制系统,使得操作更加便捷。

三、维护保养

首先,使用完毕后应打开"热水箱"下方的球阀,将余水排净。这是为了防止水在热水箱内滋生细菌,产生异味,同时也是为了防止水泵、水管等设备被水锈堵塞。

其次,在长时间不使用或冬季时,应采取一些特别措施。可以使用"工具箱 2"中的充气泵,连接软管至"设备间"管路注气口,将余水吹净。这是因为冬季气温低,水管内的水容易结冰,一旦结冰,就会导致水管破裂,损坏设备。通过吹气的方式,可以将水管内的水吹净,防止水管结冰,保护设备。

此外,还应定期检查淋浴车的各项设备,如水泵、热水器、照明设备等,确保其正常运行。

第五节 电源车的结构、操作与维护保养

电源车(也称为发电车)是一种专门装有电源装置的车辆,它可以装配电瓶组、柴油发电机组或燃气发电机组,以提供电力。电源车适用于全天候的室内外作业,无论是炎热的夏季还是寒冷的冬季,甚至在极高温度、极低温度等恶劣环境下,都能正常工作。它的出现大大方便了户外作业和应急供电的需求,特别是在紧急情况下,可以快速提供电力,保证各项工作的正常进行。此外,电源车的使用也非常环保,既可以减少对环境的污染,也可以降低能源消耗,是一种非常实用的专用车。

一、结构组成

电源车(发电车)主要由厢体、驾驶室、裙箱、柴油发电机组工作舱、器材舱等部分组成,如图5-5-1所示。整车供电拓扑图如图5-5-2所示。

图 5-5-1 电源车(发电车)

1. 厢体

厢体是电源车最重要的部分,它承载着发电机组和其他设备。厢体左侧前部设置有左侧电动排风百叶窗,这是为了方便发电机的检修工作。中部设置有铝合金对开检修门,方便对发电机舱进行维护。发电机舱后部设置有电动进风百叶窗,以保证发电机的正常工作。为方便后部器材舱电缆盘操作,左侧尾部设置有铝合金上翻门。厢体右侧则设有各种设备,如倒车摄像头、后示廓灯、牌照灯、转向灯、刹车/后位灯、倒车灯、雾灯、后反光标识、铝合金爬梯等。

2. 裙箱

车身下部设置有裙箱,主要用于存放专用工具、配件和其他物品。如电缆线盘、工具箱、接地装置、警戒设备等非上架物品均通过专用扎带及夹具存放于裙厢内,取用

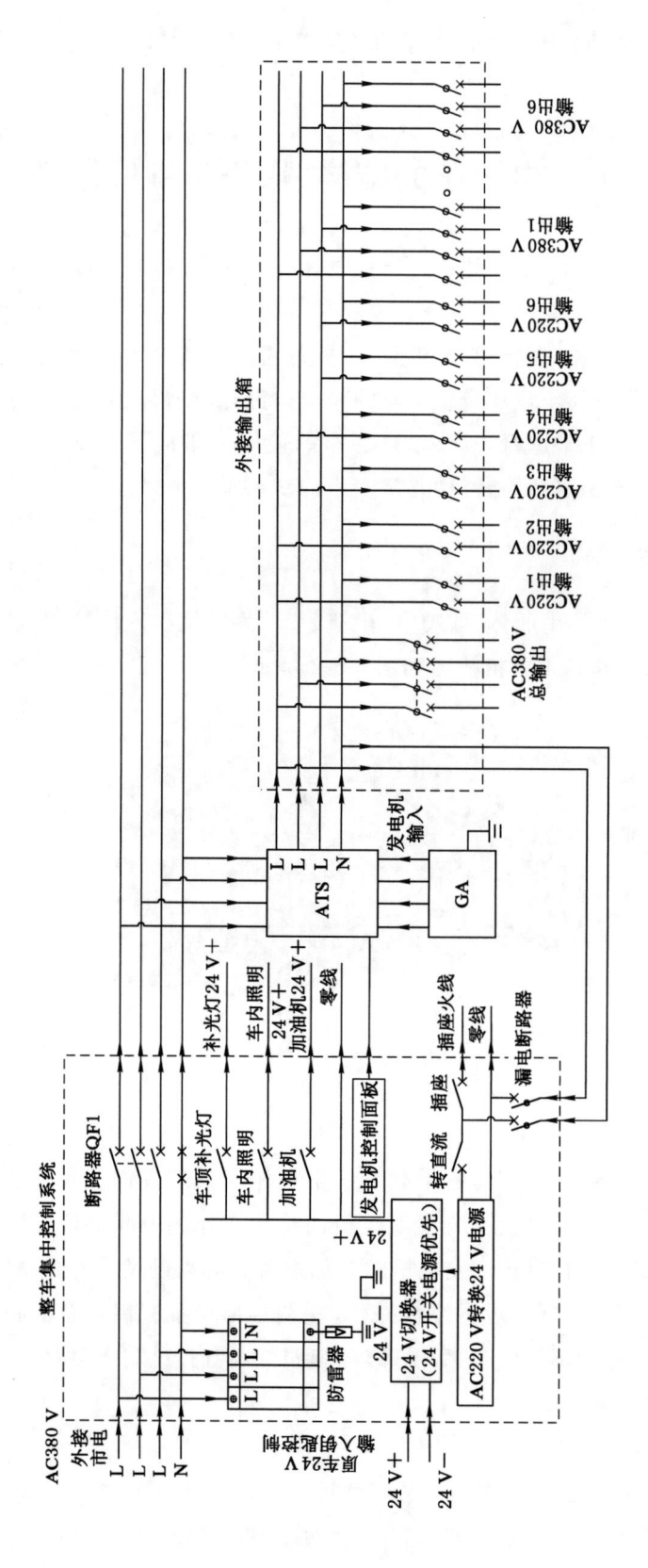

图5-5-2 电源车供电拓扑图

方便。

3. 柴油发电机组工作舱

柴油发电机组工作舱是电源车的核心部分，装有柴油发电机组、机组油箱、进风消声阵列、防雨型电动百叶窗、防滑花纹地板、隐藏式拓展踏板、加液泵、加油管路、排污管道、LED 交直流照明灯具、三相及单相电源插座、灭火器等装置。在油箱四周留有电缆及油管的暗槽，暗槽的盖板采用上掀活动式结构以方便设备的检修。机组室底部及四壁均经过静音处理，舱内壁均贴有隔热静音棉，表面装有穿孔金属板以降低空腔共鸣噪声。进风消音室内部贴有波峰静音棉，空气从厢体两侧的防雨百叶窗进入后，经消音室内的"Z"形消音栅（表面贴有波峰棉）和防鼠钢丝网窗进入机组工作室，最大限度地消除进风噪声及机组工作噪声的外泄。

4. 器材舱

厢体后部为器材舱，发电机舱和器材舱隔离，发电机组在使用时，发电机舱处于全封闭状态。器材舱左右两侧设置有电动线缆盘，中部设置有 10 套移动线缆盘（5 盘 220 V 电缆盘和 5 盘 380 V 电源盘），移动线盘接口型号与消防无齿锯、金属切割机、剪扩器、照明灯组等常用用电设备相匹配。

二、操作使用

（1）首先，将电源车停放在平坦的硬质路面上，确保车辆稳定。然后，拉起手刹，挂入空挡，防止车辆自行移动。

（2）接下来，下车到车辆左侧，打开第一扇和第二扇散热门，这是为了保证发电机的正常工作。然后，取下蹬车梯，将其安装在第二扇散热门下方。打开第二个下侧板，开启"副电瓶"开关。之后，再到车辆右侧，打开散热门并安装好蹬车梯。上车后，将发电机舱门打开，并打开"发电机电瓶"开关。

（3）从车辆左侧进入发电机舱，打开"发电机控制面板"门。首先，打开"电源"钥匙，然后按下"手动"键，最后按下"start"键，启动发电机。需要注意的是，如果"报警"指示灯亮起，说明发电机燃料不足，需要及时添加燃料。发电机启动后，立即到车辆右侧打开"电流电压控制面板"门，依次打开"发电机操作屏开关"、"进排风百叶窗开关"（同时向上观察百叶窗至完全打开后关闭）、"屏面照明开关"、"侧围照明开关"和"后舱照明开关"，依次向上合起"直流电源"和"交流电源"（所有"备用"电闸及不使用市电时"应急市电输入"电闸不合起）。

（4）在完成以上步骤后，将车辆右侧蹬车梯收起，打开两个下侧板，使用对应接口连接"输出接口"，同时合起相应电闸，方可为其他设备供电。

三、维护保养

首先，需要清洁发电机舱，用干抹布擦拭，确保发电机内部清洁无尘。同时，要检查发电机内部管路有无渗油、漏油迹象,如有发现,应及时处理,避免发电机内部油路不畅,影响发电机的正常工作。

其次,电缆收卷时,应使用干布擦拭线缆,确保线缆表面无污渍、无水迹。这是因为线缆的污渍和水迹可能会导致发电机的故障,影响发电机的使用寿命。

此外,还需要定期检查电缆的接头,确保接头无松动、无腐蚀,并及时处理发现的问题。这是因为电缆接头的松动和腐蚀可能会导致发电机的故障,影响发电机的正常工作。

最后,应定期更换发电机的机油,确保发电机的润滑良好,避免发电机的磨损。同时,也需要定期更换空气滤清器和燃油滤清器,保证发电机的进气和供油畅通,提高发电机的效率。

第六节　照明消防车的结构、操作与维护保养

照明消防车一般所携带设备较少,自重轻,且对底盘输出功率要求不大,一般采用小型或中型二类底盘。底盘上加装全功率取力器,用于给发电机提供动力。

一、结构组成

照明消防车一般由底盘、驾乘室、发电系统、照明系统、功率输出装置、控制系统和升降系统等组成,执行标准《消防车　第16部分:照明消防车》(GB 7956.16—2019)。照明消防车的结构如图5-6-1所示。

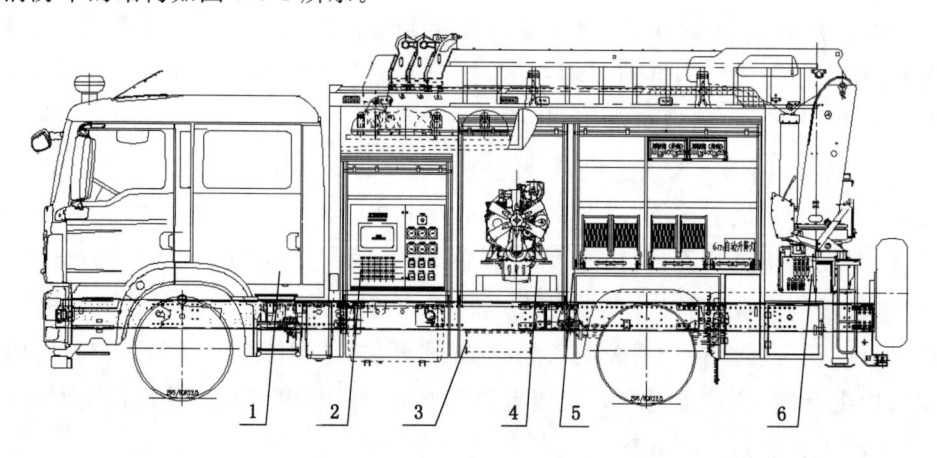

1—底盘;2—控制系统;3—电气系统;4—柴油发电机;5—车厢;6—升降照明系统。

图5-6-1　照明消防车结构示意图

1. 发电机

发电机根据输入的动力形式不同,可分为底盘取力器驱动及自带汽油机驱动。其

中少部分采用永磁交流发电机,额定功率不小于30 kW,通过功率输出装置由底盘发动机驱动。大部分是以自带汽油机驱动,一般采用可以推拉式,其额定功率不小于8 kW,运行时噪声不大于90 dB。不管采用何种形式,均要从安全角度配备接地装置。考虑到为外界提供电力需求,应配备两个以上的电力输出口。

2. 控制柜

发电机配置的控制柜线路布置中导线排列和颜色应符合国家相关标准要求,如图5-6-2所示。控制柜应设置过载、短路保护,以及电源开关、紧急切断、照明灯运行、电流、电压、频率等显示装置或指示灯,做到能可靠实现外来电源和发电机电源的相互切换。

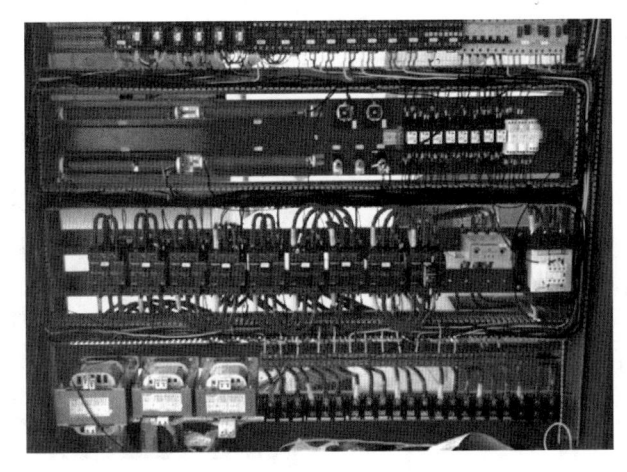

图 5-6-2 发电机控制柜线路布置示意图

3. 升降系统

升降系统多采用气动式铝合金举升灯杆和倒伏式结构。气动式照明系统是将照明灯进行高低伸缩运动的伸缩管柱装置,安装在车辆底盘上,穿过器材厢到达车顶部,顶部连接云台。灯杆顶端的云台由电动机驱动,可实现照明灯的俯仰与回转,满足现场不同区域的照明需要。部分车辆配备了远距离无线遥控操作装置,可在一定范围内无线遥控操作。

铝合金举升灯杆由底盘压缩空气罐提供实现升降的压缩气体,或单独配置小型空气压缩机。当气压达到工作压力后,升降灯杆可进行举升并能在任意位置锁定。照明消防车气动升降灯杆结构如图5-6-3所示。

4. 照明灯具

升降照明灯所采用光源多为卤钨灯、金卤灯,如图5-6-4(a)所示。

因LED光源具有寿命长、亮度高等优点,且其发光效率能达到100 lm/W以上,没有金卤灯存在的二次启动问题,导致卤钨灯、金卤灯正在逐步被LED光源替代[图5-6-4(b)]。照明灯工作范围及运行时间要求见表5-6-1。

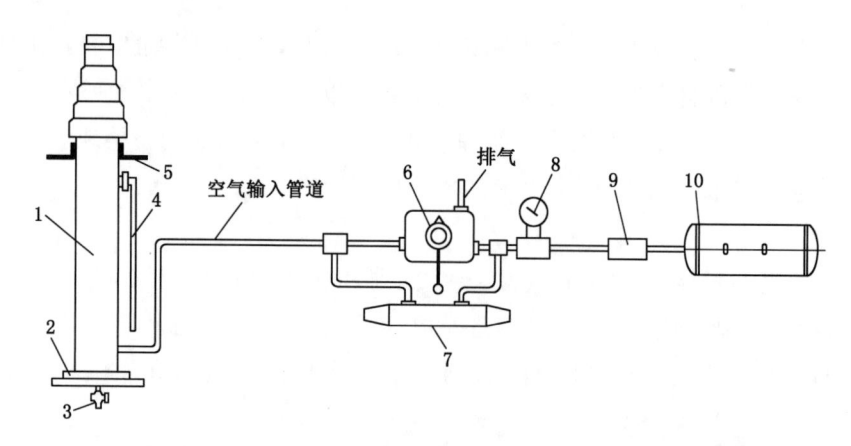

1—升降灯杆；2—安装底板；3—放余水阀门；4—排气管及接头；5—上下压板；6—手动换向阀；
7—电磁换向阀；8—减压器压力表；9—空气过滤器；10—原车底盘压缩空气罐。

图 5-6-3　照明消防车气动升降灯杆结构示意图

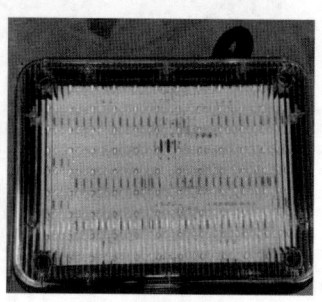

(a) 金卤灯　　　　　　　(b) LED照明灯

图 5-6-4　照明灯具种类

表 5-6-1　照明灯工作范围及运行时间要求

离地高度 /m	上升时间 /s	下降时间 /s	水平回转角 /(°)	水平回转时间 /s	俯角/(°)	仰角/(°)	俯仰时间 /s
≥5	≤120	≤120	360	≤50	≤－90	≥90	≤50

注：① 离地高度指升降装置升至最高时照明灯中心位置距地面的距离。

② 水平回转时间指水平回转角度从0°顺时针转至最大角度后再逆时针转至最大角度，最后顺时针至0°所需的时间。

③ 俯仰时间指俯仰角度从水平0°朝上转至最大角度后再朝下转至最大角度，最后朝上至水平0°所需的时间。

二、操作使用

发电机控制部分设计安装在控制柜的左侧"柴油发电机组控制"区，控制器各按键功能描述及操作方式见表5-6-2。

表 5-6-2　各种按键功能汇总表

按键图形	按键名称	按键功能
◎	停机/复位键	在发电机组运行状态下,按停机键可以使运转中的发电机组停止。在报警状态下,按此键使报警复位(此按键也是清除键)。在"系统设置(SystemSet)"模式下按此键将返回上级子菜单
✋	手动键	按手动键,可以将发电机组置为"手动模式"。在"系统设置(SystemSet)"模式下按此键可将参数值递减,等同于"−"
▭	远程控制键	按远程控制键,可以将发电机组置为"远程控制模式"。在"系统设置(SystemSet)"模式下按此键可将参数值递增,等同于"+"
Ⅰ	启动键	在"手动模式"下,按启动键可以使静止的发电机组开始启动。在"系统设置(SystemSet)"模式下按此键可将设定参数值保存,等同于"OK"
▶	屏选键	在机组待机或运行时屏选键,可依次显示机组运行信息

1. 机组检查

检查机组的冷却液、燃油、润滑油是否充足。

2. 启动发电机组

按下"电源"按钮,控制屏获电,按照环境温度需要,打开散热窗。在车厢内的控制柜左侧设计安装了发电机组远程控制屏,正常操作可以在车厢内部完成。打开控制面板把电源开关打到开的位置,按控制器复位键,再把控制器设置成手动模式按控制器手动。按控制器开机启动键启动发电机组。启动键会有大概 6 s 的预热时间,在此过程中请不要打开任何发电机检修门或检查发动机,否则会出现危险,如图 5-6-5 所示。如发电机组启动正常后(控制器会显示)10 s 左右,发电机组进入带载状态,检查输出线路无异常后打开发电机断路器。

3. 启动照明灯

发电机输出电压正常并稳定后,按下操作面板上"主灯 1 组开"按钮,其中 6 只主灯启动,2 min 后,根据需要按下操作面板上"主灯 2 组开"按钮,另外 6 只主灯启动。主灯关闭时只需要按下相应的"主灯 1 组关"或"主灯 2 组关"即可。

4. 发电机组停机

使用完发电机组时请逐个关闭负载(不要突加突减负载),然后关闭发电机组断路器,方可按停机键,最后关闭电源开关。

急停按钮请在紧急情况下使用,如发电机组突然异常或者出现特殊事件时使用。

留电源控制:发电机组启动正常 10 s 后,机组可以负载工作,此时显示屏上电压显示

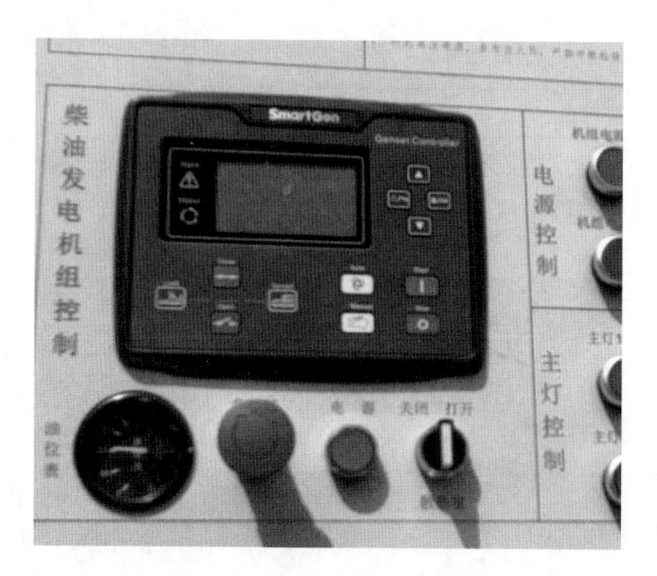

图 5-6-5　发电机组控制面板

230 V 左右,控制柜上方"机组电源"指示灯亮起。此时按下"机组电源开"按钮,机组电源接入控制柜内(按钮指示灯亮起),可以启动车上用电设备工作,如图 5-6-6 所示。

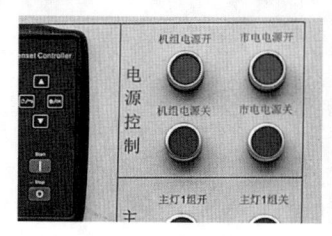

图 5-6-6　发电机组控制面板及电流显示面板

5. 市电供电(供电前,先将接地装置可靠接地)

(1) 连接外供电插头。先将供电卷线盘上的电缆放开,再将车上配置的外接电源连接线的一头插头与控制柜上的"380 V"插座连接,另一端插头与卷线盘上的插座相连,两端插头都连接可靠后,再将卷线盘卷线一端的插头与市电插座连接,连接可靠后,闭合市电供电开关。

(2) 控制柜上的"市电供电"指示灯亮,说明供电线路连接正常,按下"市电电源开"按钮,此时操作面板上的电压表指示在 360～400 V,可以按需要启动照明灯。

6. 操作注意事项

由于照明消防车能够输出 380 V 高压电源,因此操作具有一定的危险性。为安全起见,操作人员必须经过严格的培训,并认真阅读说明书,牢记注意事项,操作时应佩戴电绝缘装备。

(1) 每次开机前必须将漏电保护装置从车内拿出插入附近地面泥土之中,且不少于 20 cm。

(2)只有在安全的情况下,才能启动发电机。切勿在明知不安全的环境下,试图启动发电机。

(3)严禁先打开灯具或其他用电设备,后启动发电机(严禁在负载条件下启动发电机,易造成用电设备的损坏)。

(4)发电照明系统正常工作时,如遇异常情况,应及时停机进行检查。待设备检查维护正常后才可开机运行。

(5)在雷雨天气情况下,车辆禁止工作并将车辆停放在车库内。

三、维护保养

1. 照明系统的维护保养

(1)灯泡更换。灯泡是照明消防车上最重要的部件之一,需要定期检查和更换。一般来说,灯泡的使用寿命为50 h左右,如果超过了使用寿命,就需要及时更换,以保证灯光系统的亮度和稳定性。

(2)灯罩清洗。灯罩是照明消防车上最容易受到污染的部件之一,需要定期清洗。清洗时,可以使用温水和清洁剂,然后用柔软的刷子轻轻刷洗,最后用清水冲洗干净,晾干后安装回原位。

(3)电路检查。电路系统是照明消防车的重要组成部分,需要定期检查。检查时,需要检查电缆是否有破损、短路等情况,同时也需要检查电路板上的元器件是否正常。

2. 发动机的维护保养

(1)更换机油。机油是发动机的润滑剂,需要定期更换。一般来说,每行驶3 000 km左右就需要更换一次机油,以保证发动机的正常运行。

(2)更换空气滤清器。空气滤清器是发动机进气系统的重要部件,需要定期更换。一般来说,每行驶5 000 km左右就需要更换一次空气滤清器,以保证发动机的正常运行。

(3)检查冷却液。冷却液是发动机冷却系统的重要组成部分,需要定期检查。检查时,需要检查冷却液是否充足,同时也需要检查冷却液是否正常循环。

3. 车辆的维护保养

(1)轮胎检查。轮胎是车辆的重要组成部分,需要定期检查。检查时,需要检查轮胎的气压是否正常,同时也需要检查轮胎是否有裂纹、变形等情况。

(2)刹车系统检查。刹车系统是车辆的重要组成部分,需要定期检查。检查时,需要检查刹车片是否磨损,同时也需要检查刹车油是否充足。

第六章

卫勤保障

第一节 医疗急救技术

一、止血急救技术

血液从血管或心脏内流出至组织间隙或体腔内者,称为内出血;血液流向体表者称为外出血。本节主要讨论外出血。目前院前急救止血法有多种,可根据具体情况选择。

1. 直接按压止血法

直接按压止血法是最直接、最常用的方法,也是最简单的方法。若是四肢出血,则应抬高患肢。

(1) 出血点直接压迫止血

紧急时可先在出血的大血管处或稍近端用手指加压止血,然后再更换其他方法。

(2) 动脉行径按压法

在出血点无法按压或效果不佳时,可在动脉行径中将中等或较大的动脉压在骨的浅面以止血。需要说明的是,此法仅能减少出血量,不大可能达到完全止血,而且救护人员必须熟悉身体各部位血管的解剖位置和出血的压迫点。故只能用于短时间控制大出血,应尽快改用其他方法。

① 头顶、额部和颞部出血,用拇指或食指在伤侧耳前对着下颌关节,用力压迫颞浅动脉,如图 6-1-1 所示。

② 面部出血用拇指、食指或中指压迫双侧下颌角前约 3 cm 的凹陷处,在此处压迫明显搏动的面动脉即可止血(图 6-1-2)。由于面动脉在面部有很多小分支相互联通,即使一侧面部出血也要压迫双侧面动脉。

③ 一侧耳后出血,用拇指压迫同侧耳后动脉,如图 6-1-3 所示。

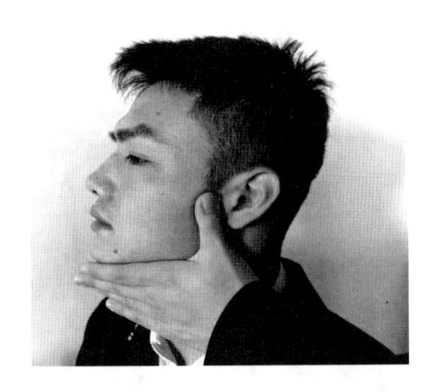

图 6-1-1 拇指或食指压迫颞浅动脉示意图

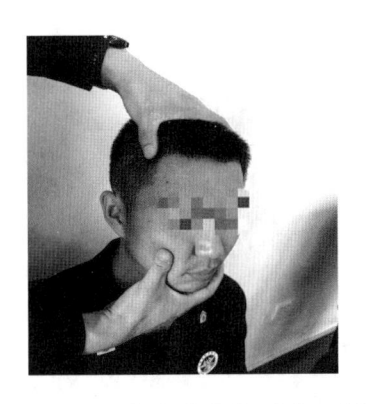

图 6-1-2 食指或中指压迫双侧下颌角示意图

④ 头后部出血,用两只手的拇指压迫耳后与枕骨粗隆之间的枕动脉搏动处,如图 6-1-4 所示。

图 6-1-3 拇指压迫同侧耳后动脉示意图

图 6-1-4 两只手的拇指压迫枕动脉搏动处示意图

⑤ 颈部出血,用大拇指压迫同侧气管外侧与胸锁乳突肌前缘中点强烈搏动的颈总动脉向后,向内第 5 颈椎横突处压下,如图 6-1-5 所示。此法仅用于非常紧急情况,压迫时间不宜过长,更不能同时压迫两侧颈动脉,否则有可能引起脉搏减慢,血压下降,甚至心搏骤停。

⑥ 腋窝和肩部出血,用拇指压迫同侧锁骨上窝中部的锁骨下动脉搏动点,用力方向为向下、向后,如图 6-1-6 所示。

⑦ 上肢出血,用四指压迫腋窝部搏动强烈的腋动脉,将它压向肱骨以止血,如图 6-1-7 所示。

⑧ 前臂出血,用手指压迫上臂肱二头肌内侧的肱动脉处,如图 6-1-8 所示。

⑨ 手掌、手背出血,用两手拇指分别压迫手腕部的尺动脉和桡动脉,如图 6-1-9 所示。

图 6-1-5　大拇指压迫颈总动脉示意图

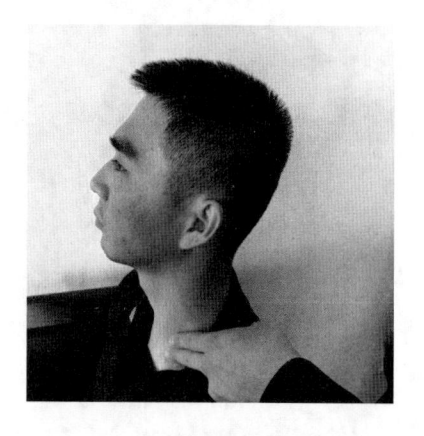

图 6-1-6　拇指压迫动脉搏动点示意图

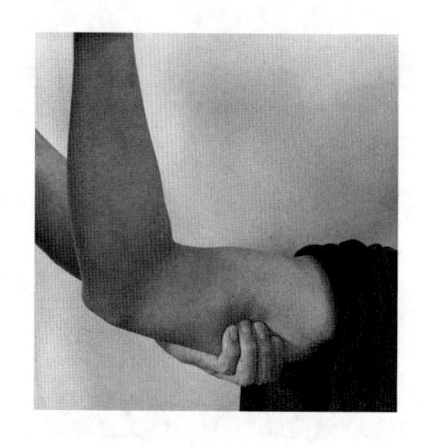

图 6-1-7　四指压迫腋动脉示意图

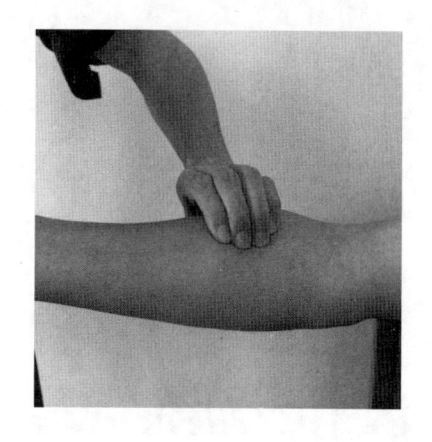

图 6-1-8　手指压迫肱动脉处示意图

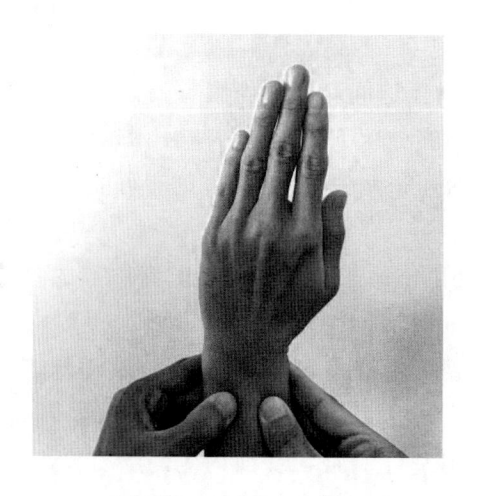

图 6-1-9　两手拇指压迫手腕部的动脉示意图

⑩ 手指或脚趾出血，用拇指、食指分别压迫手指或脚趾两侧的动脉，如图 6-1-10、图 6-1-11 所示。

图 6-1-10　压迫手指两侧的动脉示意图 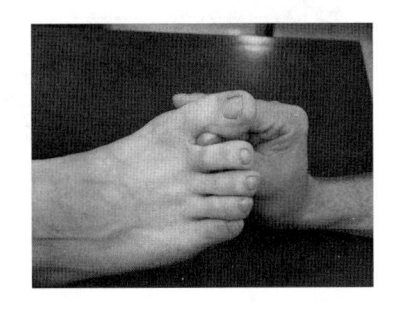　　图 6-1-11　压迫脚趾两侧的动脉示意图

⑪ 下肢出血，用拇指、单或双手掌根向后、向下压住跳动的股动脉，如图 6-1-2 所示。

⑫ 小腿出血，一手固定膝关节正面，另一手拇指摸到腘窝处跳动的腘动脉，用力向前压迫即可止血，如图 6-1-3 所示。

图 6-1-12　按压股动脉示意图 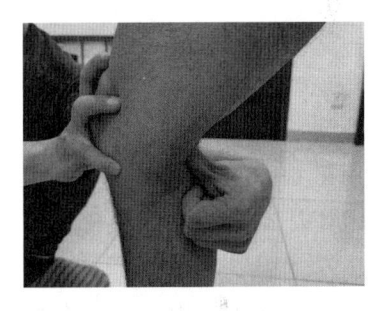　　图 6-1-13　拇指压迫腘动脉示意图

2．压迫包扎法

在出血位置的裹伤处加一纱布卷、大块敷料或三角巾等，然后再适当加压包扎，常用于一般的伤口出血，并注意松紧适度。

3．填塞法

对于深部伤口出血，如肌肉、骨端等，一定要用大块纱布条、绷带等敷料填塞其中，外面再加压包扎，以防止血液沿组织间隙渗漏。注意不要将伤裂的皮肤组织、脏物一起塞进去，所用的填塞物一定要尽量无菌或干净，并且应使用大块的敷料，以便既能保障止血效果，又能尽可能避免在随后的进一步处理时遗漏填塞物在伤口内。此法的缺点是止血不彻底且增加了感染机会。

4．加垫屈膝止血法

适用于单纯加压包扎止血无效和无骨折的四肢出血，即前臂出血时，在肘窝部加垫、屈肘。手臂出血时，在腋窝内加垫，上臂紧靠胸臂。小腿出血时，在腘窝加垫，屈膝。膝或大腿出血时，在大腿根部加垫、屈髋，然后用绷带将位置固定，如图 6-1-14 所示。由于此法对伤员痛苦较大，不宜首选，且疑有骨折时忌用此法。

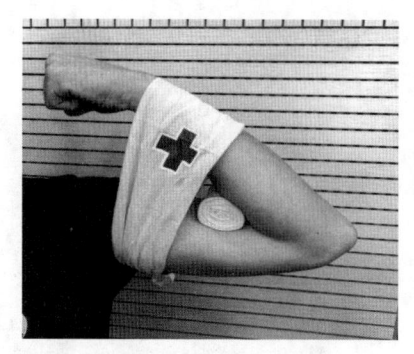

图 6-1-14　加垫屈膝止血示意图

5. 止血带止血

止血带应用技术通过在创伤肢体的近心端部位施加足够的压力，以阻断动脉、静脉血流而达到止血的目的。其中，最为关键的是快速、有效和可靠地阻断动脉血流。

（1）止血带应用原则

① 适用性原则。在院前急救中，止血带常用于四肢伴有动脉损伤的紧急止血，但在躯干或躯干结合部位（如骨盆、腹股沟等）的出血难以控制，不得不采取填塞等其他方式止血。

② 有效性原则。止血带是施加足够的压力到近心端血管以阻止动脉出血，以远端动脉搏动消失、创面动脉出血停止为宜，避免因压力过小引起的肢体充血性淤血而增加出血量，以及因压力过大引起的神经损伤。

③ 个体化原则。由于个体在血压、肌肉厚度、血管分布、脂肪厚度、皮肤情况等方面存在较大差异，各国关于止血带的使用标准亦有所区别，所以应结合伤员情况进行综合分析，以确定止血带个体化应用方案，提高成功率，减少并发症。

④ 安全性原则。虽然短期使用止血带对术后疼痛或功能恢复没有影响，但长期、反复、高频次应用可导致伤员发生一系列的病理生理改变，影响预后。

（2）适应证

① 出血量大、无法通过直接压迫止血的肢体活动性外出血。

② 腕部或踝部以上的离断性损伤。

③ 有多个出血部位，存在低血容量休克表现，需要紧急止血以减少出血量。

④ 异物刺入肢体导致持续性出血，或暂时无法脱离现场，需要等待破拆。

⑤ 处于爆炸、毒气或枪战等不安全的环境，需紧急撤离。

⑥ 在现场资源有限的场所或野外发生的事故，预计延迟或无法及时转运至医院。

⑦ 灾害或群体事件后批量伤员的现场急救。

（3）禁忌证

四肢动脉大出血时，为及时止血挽救生命，止血带使用无绝对禁忌证。伤员存在以下情况时要慎用止血带，包括：血栓性静脉炎；肺栓塞；明显的周围血管病；严重的高血压或糖尿病；镰状细胞贫血；肢体远端存在感染坏死；严重挤压伤；肢体远端严重缺血；缚扎止血带部位皮肤有损伤、水肿。

（4）止血方法的种类及其选择

① 制式止血带：目前，院前急救主要使用旋压式止血带，正确使用的情况下，它可以 100% 有效地压迫动脉。之前也曾使用过橡皮止血带、卡式止血带等，但实践证明它们的止血效果并不理想，且在搬运过程中容易失效，可能导致压力不够，单纯压迫静脉而加重出血。

② 非制式止血带：如皮带、领带、衣袖、床单等可以快速制成条带状使用，仅在无其他制式止血带的情况下使用。其缺点是压力不均，固定不牢，单独使用难以达到止血目的，可以与绞杆配合使用以增强止血效果。

（5）操作步骤

① 抬高伤肢：在上止血带前，先抬高伤肢，促使静脉血液流回体内，以减少血液丢失。

② 确定位置：上止血带的位置应尽可能靠近出血部位，一般距离出血部位 10 cm。上肢一般放置在上臂中上 1/3 处，下肢放置在股骨中上 1/3 处。

③ 衬垫：在上止血带的部位应先垫一层柔软的衬垫，以保护皮肤，预防损伤。

④ 安置止血带：通过旋压等方式调节止血带的松紧度，以达到止血目的。远端动脉出血停止、动脉搏动消失、肢端变白为度。

⑤ 标记：使用止血带的伤员应有明显标志，并标记上带时间。

⑥ 间歇放松：根据伤情严重程度，每隔 60 min 放松一次，同时压迫伤口以减少出血，直至转运至手术室进行确切止血。

（6）注意事项

可以先使用止血带再进行出血评估；不能因进行出血状况评估而延误使用止血带。上止血带要快速，松止血带时要缓慢。不宜用麻绳、电线等无弹性的带子充当止血带；止血带宽窄度选择时，应掌握"宁宽勿窄"的原则。安置止血带后，应做好明显标识以免遗忘，同时应及时准确记录止血带使用起始时间。止血带使用原则上不超过 2 h，如果止血带使用超过 3 h，可能引发缺血性损伤、肢端坏死、脓毒症等并发症。在院前急救时，止血带一旦使用则不建议松开，除非能获得其他替代止血方法。止血带松开时，应适度加强其他止血方法的替代使用，避免血液丢失过多。以下情况禁止松开止血带：预计无法对松开止血带造成的出血进行有效止血；使用止血带时间已经超过 6 h；患者休克；肢体离断。需向接诊医务人员告知松开放气时间以及松开止血带后肢体血液循环情况。四肢多发出血需要同时使用止血带时，应轮流间隔收紧、放松，并准确记录时间。放松后再次收紧时，止血带位置可以向上、下方略做调整，以减轻局部软组织的损伤。在各种灾害、事故中，如伤员肢体受压时间较长，应预防挤压综合征和再灌注损伤。

（7）并发症的预防和治疗

① 局部组织损伤

皮肤损伤：止血带或贴近皮肤的衬垫出现皱褶可能导致术中或术后水疱，使用前应确保衬垫平整，无皱褶，并保持皮肤清洁干燥。小的水疱可以不处理，大的水疱可以用注射器抽出泡内液体并消毒。

肌肉损伤：长时间使用止血带可能导致骨骼肌损伤，应定时放松止血带，并标明上止血带的时间。

神经损伤：避免在神经走行表浅的部位放置止血带，避免使用过窄过细的非制式止血带。

血管损伤：长时间使用止血带可能导致肢体深静脉血栓，特别是在创伤后高凝状态或合并血管内膜损伤时，血栓发生率更高。可以在确切止血和排除内出血后使用取栓或抗凝治疗。

挤压综合征：止血带只能阻止肢体静脉流出，不能阻止动脉流入，可能导致挤压综合征。应调整止血带压力或加用第二根止血带，以达到确切止血的目的。

② 全身性损伤

止血带休克：止血带放气后可能出现中心静脉压和动脉压降低，应立即开放静脉通道并进行抗休克治疗，也可以使用血管活性药物临时改善休克症状。

器官损伤：长时间使用止血带可能导致肢体远端组织缺血缺氧，产生大量组胺类毒素。松开止血带后，毒素被吸收可能引发休克，导致急性肾衰竭或多器官功能障碍综合征等严重问题。

(8) 常见错误

① 未正确理解止血带使用的适应证，从而导致止血带的过度使用。

② 使用电线、铁丝、细绳等过细且无弹性的物品作为止血带，导致止血效果不佳。

③ 在神经走行表浅的部位放置止血带，可能会造成神经损伤。

④ 在搬运和转运过程中，未持续评估止血带的效果，未能及时发现并处理已经松弛的止血带，从而导致出血量增大。

⑤ 在复苏后，未能根据情况适当调整止血带的压力，可能导致止血带因血压升高而失去止血效果。

二、包扎急救技术

伤口包扎的目的是保护伤口，减少污染和再损伤；加压止血；预防或减轻肿胀；固定等。

1. 物品准备

常用卷轴绷带。紧急情况下，干净的毛巾、衣服、被单等均可使用。

2. 包扎方法

(1) 环形包扎法：绷带卷放在需要包扎位置稍上方，第一圈做倾斜缠绕，第二、三圈做环形缠绕,并把第一圈斜出圈外的绷带角折到圈里,然后再重复缠绕,最后在绷带尾端撕开打结固定或用别针、胶布将尾部固定,这样就不容易脱落。此法常用于颈、腕等部位及各种包扎的起始和终了,如图 6-1-15 所示。

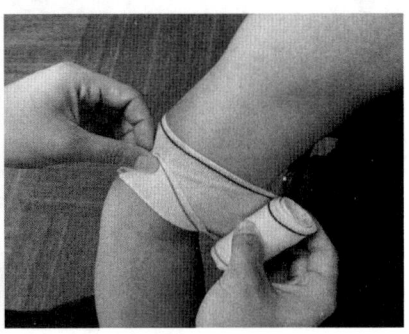

图 6-1-15　环形包扎法示意图

(2) 螺旋包扎法:先做几圈环形包扎,再将绷带做螺旋形上升缠绕,每一圈重叠压住前一圈,如图 6-1-16 所示。常用于手指、上臂等受伤处。

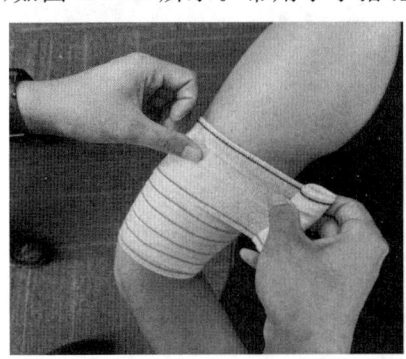

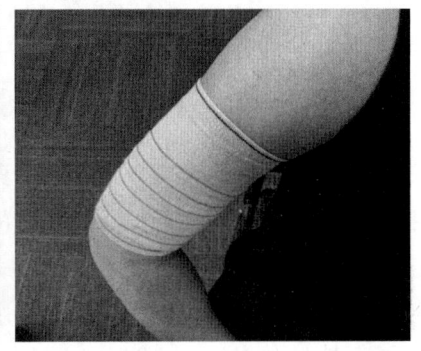

图 6-1-16　螺旋包扎法示意图

(3) 螺旋反折包扎法:先做两圈环形缠绕固定绷带起始部,然后呈螺旋形缠绕上升,但每一圈螺旋包扎都必须反折。反折时以左手拇指按住反折处,右手将绷带反折向下缠绕肢体、拉紧,并盖住前一圈的 1/3~2/3,如图 6-1-17 所示。此法适用于小腿或前臂等粗细不等的受伤部位。

(4) "8"字形包扎法:包扎时于关节处一圈向上,一圈向下,每一圈在前面与上一圈相交,并且叠上一圈的 1/3~1/2,重复做"8"字形旋转缠绕。此法适用于大关节如肘、膝、肩、肋等受伤处。

(5) 回反包扎法:先做环绕两圈固定,再自中央开始反折向后,再回反向前,以后左右来回反折,直到完全包扎后再环绕两圈包扎固定,如图 6-1-18 所示。

3. 注意事项

(1) 急救人员必须面向伤员,取适宜位置。

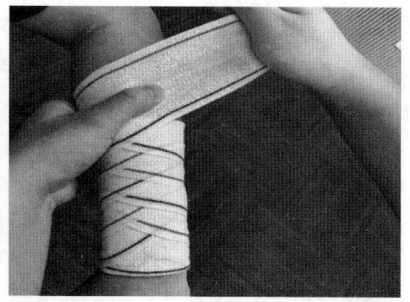

图 6-1-17　螺旋反折包扎法示意图

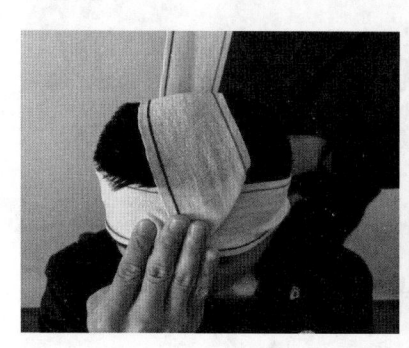

图 6-1-18　回反包扎法示意图

（2）必须先在创面覆盖消毒纱布，然后使用绷带。

（3）包扎时左手拿绷带头，右手拿绷带卷，以绷带外面贴近包扎部位。

（4）包扎时应由伤口低处向上，通常是由左向右，从下到上进行缠绕。

（5）包扎绷带不宜过紧，以免引起局部肿胀；也不宜太松，以免滑脱。

（6）为了保持肢体的功能位置，一般包扎手臂时要弯着绑，包扎腿部时，腿要直着绑。

三、固定急救技术

现场急救中，固定主要是针对骨折的急救措施。

1. 骨折的定义

由于外伤等暴力因素，破坏了骨的连续性或完整性称为外伤性骨折。

2. 骨折的主要症状

（1）疼痛剧烈，尤在骨折处有明显压痛。

（2）肿胀。骨折断端可刺伤周围神经、血管、软组织及骨髓腔内出血，造成局部血肿。

（3）骨折局部畸形。造成受伤部位的形状改变，如肢体短缩、成角、旋转等。

（4）骨摩擦音。骨折断端互相摩擦所发生的声音，但不要为了听骨摩擦音而去反复移动骨折断端。

(5) 功能障碍。骨折后原有的运动功能受到影响甚至完全丧失。

急救固定的目的在于：避免在搬运时造成损伤加重；减轻疼痛，防止休克；便于转运，一般在现场对骨折伤员只做简单的运输性固定。

3. 固定的材料

夹板：制式木夹板最为妥善，有各种宽度和长度，以适合伤肢固定。现场没有定型夹板时，也可利用伤员胸部、健肢或木棒、树枝、竹竿等代替夹板，上肢可利用厚纸板、画册等。

敷料：有两种，一种是作衬垫用的，如棉花、衣服、布；另一种是用来绑夹板的，如三角巾、绷带、腰带等。绝对禁止使用铁丝之类物品。

4. 常用临时固定法

(1) 颈椎损伤固定法。让患者仰卧，头枕部垫一薄软枕，使头颈呈中立位。再在颈部两侧放置沙袋或软枕、衣服卷等固定颈部。搬运时要有专人扶住患者头部，并沿纵轴稍加牵引，以防颈部扭动。

(2) 锁骨骨折固定法。一侧锁骨骨折用三角巾将患侧手臂兜起悬吊在胸前，限制上肢活动即可。双侧锁骨骨折可用毛巾或敷料垫在两腋前上方，将折叠成带状的三角巾两端分别缠绕两肩呈"8"字形，拉紧在背后打结，尽量使双肩后张。也可在背后放一T字形夹板，然后用绷带在两肩及腰部扎牢固定，如图6-1-19所示。

图 6-1-19　锁骨骨折固定法示意图

(3) 前臂骨折的固定方法。在固定时，需要确保肘关节弯曲至90°，腕关节稍微向背侧弯曲，掌心朝向胸部。

① 夹板固定：选择两块长度适合的木板（从肘部到手心），在木板之间垫上柔软的衬物。将一块夹板放在前臂的掌侧，另一块放在前臂的背侧（如果只有一块夹板，则放在前臂的背侧）。在手心放上棉花等柔软的物体，让伤者握住，使得腕关节稍微向背侧弯曲。然后，将上下两端固定，再将肘关节弯曲至90°，用大悬臂带将前臂吊起，如图6-1-20所示。

② 身体和衣襟固定：利用伤者身上的衣物进行固定。将受伤的手臂弯曲，贴在胸前，手放在第三、四颗纽扣之间的衣襟内，然后将受伤一侧的衣襟向外翻，反折并向上提起，托住前臂衣襟角，将其拉到健康一侧的肩膀上，再绕到受伤一侧肩膀前，与上衣的衣襟打结固定。如果没有带子，可以在衣襟角上剪一个小孔，挂在第一、二颗纽扣上，然后

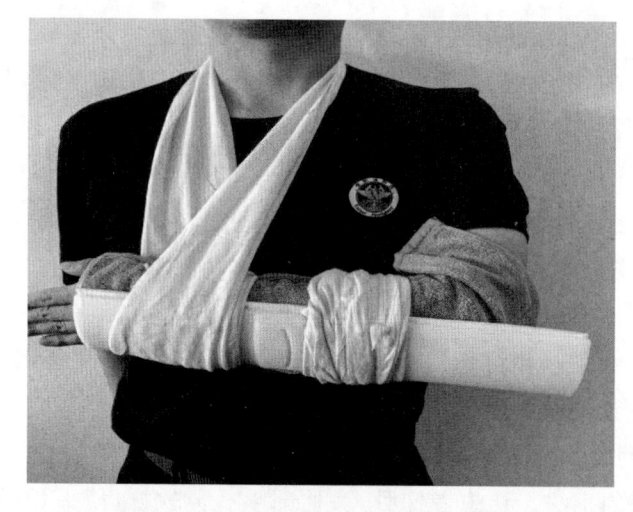

图 6-1-20　前臂骨折固定法示意图

用腰带或三角巾从肘关节上方绕过胸部一周,打结固定。

（4）肱骨骨折的固定方法。在固定时,需要确保肘关节弯曲至 90°,肩关节不能移动。

① 夹板固定法:使用两块木夹板,分别放在上臂的内侧和外侧(如果只有一块夹板,则放在上臂的外侧),用绷带或三角巾将上下两端固定,将肘关节弯曲至 90°,前臂用小悬臂带吊起。

② 躯干固定法:在现场没有夹板的情况下,可以使用三角巾进行躯干固定。将三角巾折叠成宽度为 10~15 cm 的带子(将三角巾叠成三折的宽带,其中央要正对骨折处),将上臂固定在躯干上,使肘关节弯曲至 90°,然后使用小悬臂带将前臂吊在胸前。

（5）下肢骨折固定法

① 大腿骨折时,取一块长约自足跟至超过腰部的夹板置于伤腿外侧,另一长约自足跟至大腿根部的夹板置于伤腿内侧,然后用三角巾或绷带分段包扎固定,如图 6-1-21 所示。

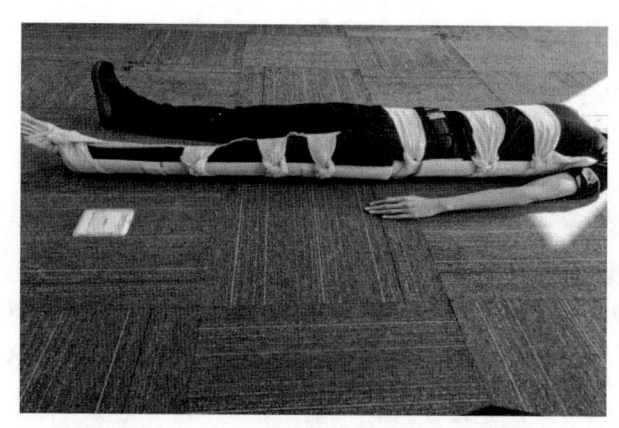

图 6-1-21　大腿骨折固定法示意图

② 小腿骨折时，取两块长约自足跟至大腿部的夹板分别置于伤侧小腿内外侧，再用三角巾或绷带分段包扎固定。无夹板时，可用三角巾、腰带、布带等把两下肢固定在一起，两膝和两踝之间要垫上软性物品。

(6) 脊柱骨折固定法

伤员平直仰卧在硬板床或门板上，腰椎骨折要在腰部垫以软枕，必要时用绷带将伤员固定于硬板上再搬运。

(7) 骨盆部骨折固定法

用三角巾或大被单折叠后环绕固定骨盆，也可用腰带包扎固定，置于担架或床板上后在膝下或小腿部垫枕，使两膝半屈位。

5. 固定时的注意事项

(1) 本着先救命后治伤的原则，呼吸、心跳停止者立即进行心肺复苏。有大出血时，应先止血，再包扎，最后再固定骨折部位。

(2) 对于大腿、小腿和脊柱骨折，应就地固定，不要随便移动伤员。

(3) 骨折固定的目的，只是限制肢体活动，不要试图整复。如患肢过度畸形不便固定时，可依伤肢长轴方向稍加牵引和矫正，然后进行固定。

(4) 对四肢骨折断端固定时，先固定骨折上端，后固定骨折下端。若固定顺序颠倒，可导致断端再度错位。

(5) 固定材料不能与皮肤直接接触，要用棉花等柔软物品垫好，尤其骨突出部和夹板两头更要垫好。

(6) 夹板要扶托整个伤肢，将骨干的上、下两个关节固定住。绷带和三角巾不要直接绑在骨折处。

(7) 固定四肢时应露出指（趾），随时观察血循环，如有苍白青紫、发冷、麻木等情况，立即松开重新固定。

(8) 肢体固定时，上肢屈肘，下肢伸直。

(9) 开放性骨折禁用水冲，不涂药物，保持伤口清洁。外露的断骨严禁送回伤口内，避免增加污染和刺伤血管、神经。

(10) 疼痛严重者，可服用止痛剂和镇静剂。固定后迅速送往医院。

四、搬运急救技术

伤病员在现场进行初步急救处理和随后送往医院的过程中，必须要经过搬运这一重要环节。正确的搬运术对伤病员的抢救、治疗和预后都至关重要。从整个急救过程来看，搬运是急救医疗不可分割的重要组成部分，错误的搬运可使伤情加重，严重时还可能造成神经、血管损伤，瘫痪，难以治疗，甚至死亡，掌握正确的搬运方法，才能在急救中保证伤患者的安全，从而达到有效的救治目的。所以仅仅把搬运看成简单体力劳动的观念是一种错误观念。

1. 搬运与转运伤病员的一般原则

在搬运与转运伤病员的过程中必须遵循的一般原则主要有下面几条：

（1）必须在原地检查伤势、包扎止血、固定等救治之后再行搬动及转运。

（2）最好使用装备比较齐全的救护车来运送伤员，以提高转运的效率、提高救治成功率。

（3）在救护车不能到达的边远地区，宜选用能使伤员平卧的车辆运送伤员，条件允许时，最好采用航空救护。

（4）颈部要固定，注意轴线转动，骨关节、脊椎要避免弯曲和扭转，以免加重损伤。

（5）最好要有专业医务人员在转运过程中严密观察伤者的生命体征变化，并做出相应的处理。

（6）注意转运过程中伤病员的保暖与降温，防止出现冻伤与烫伤（主要是热水袋），保持呼吸道通畅，防止伤病员窒息。

（7）尽量减少严重创伤患者的不必要搬动，例如：在骨盆骨折中，一次不必要的搬动可导致身体额外损失达800～1 200 mL，有时甚至更多。

（8）如有条件或无明显禁忌证，创伤患者可使用小剂量的吗啡或者哌替啶镇痛，减轻伤员痛苦和减少创伤性休克发生的概率。

（9）在搬运和转送途中，注意避免伤病员的扭曲与坠落等，以免加重病情，造成医源性损伤，同时选择合适的搬运工具也是非常重要的。

（10）在有大批伤者的群体性、大型事故时，必须按伤者伤情的轻重程度将伤者分类，而分类则有利于合理施救和转送分流。伤者分类站点应设在离伤者较集中处，并靠交通要道，便于转送。

2. 分类标准

按伤病员出现的临床症状和体征可分重度、中度、轻度、死亡等四类。

（1）重度：危及生命体征即危及呼吸、循环、意识者，如窒息、大出血、严重中毒、严重挤压伤、休克、心室颤动等。

（2）中度：伤情比重度要轻，只要短时间内得到及时处理，一般不危及生命，否则伤情很快恶化如单纯性骨折、软组织伤、非窒息性胸腔外伤等。

（3）轻度：血压、呼吸、脉搏等基本生命体征正常，可步行，症状较轻，一般对症处理即可，如无移位的小腿或前臂骨折、一般挫伤、擦伤。

（4）死亡：意识丧失、颈动脉搏动消失、心跳呼吸停止、瞳孔散大。

当出现伤病员叫喊、呻吟和拥挤时，应由专人指挥和维持秩序，将伤病员在指定地点安置下来。要注意大声叫喊的伤者不一定是重伤者，而无声无息的伤者切勿遗留。

3. 分类标志

对伤病员分类结果的标志物或伤卡，用于传递分类信息，避免分类本身及救治、后送各项工作环节中的重复或遗漏。标志物可用红、黄、绿、黑不同颜色的布条、塑料板或不干胶材料,分别代表重、中、轻、死亡四种不同伤情,以 5 cm×3 cm 或 5 cm×4 cm 大小为宜。可挂在伤员上衣口袋、纽扣或手腕等醒目处。在伤卡上主要填写编号、姓名、性别、年龄、受伤部位、受伤性质、受伤程度、已给处理、药品名和日期等。

4. 搬运伤者的方法

下面给大家介绍几种常用搬运伤者的方法。

(1) 扶行法:适合那些没有骨折,伤势不重,能自己行走、神志清醒的伤病员,如图 6-1-22 所示。

图 6-1-22　扶行法示意图

(2) 背负法:适用于老幼、体轻、神志清醒的伤病员,如图 6-1-23 所示。如有上、下肢及脊柱骨折不能用此法。

图 6-1-23　背负法示意图

(3) 抱持法:适于年幼或体轻、无骨折且伤势不重的伤员,如图 6-1-24 所示。如有脊柱或大腿骨折禁用此法。

图 6-1-24　抱持法示意图

（4）三人或四人搬运，使用硬担架，主要用于有脊柱骨折的伤员，如图 6-1-25 所示。注意：专人护住颈部防止扭曲。

图 6-1-25　三人或四人搬运示意图

5. 其他特殊伤病员的搬运要点

（1）颅脑损伤：半卧位或侧卧位，防止呕吐物引起窒息。

（2）胸部伤：半卧位或坐位，搬运之前做相应的处理防止张力性气胸出现而危及生命。

（3）腹部伤：仰卧位、屈曲下肢，宜用担架或木板，如有腹腔内容物膨出需做相应处理后再行转运。

（4）呼吸困难病人：坐位。最好用折叠担架（或椅）搬运，有条件者途中应给予吸氧。

（5）昏迷病人：平卧，头转向一侧或侧卧位，转运过程中注意观察病人生命体征，有条件可使用车载监护仪。

（6）休克病人：平卧位，不用枕头，脚抬高有利于血液回流。

五、脊柱固定技术

在颈部，脊髓占据了约50%的椎管空间，因此可能出现颈椎损伤或椎管狭窄，但并未导致神经损害的情况。对于所有高能量损伤的患者，无论他们是否有颈部疼痛、压痛或其他可疑的颈椎受伤症状，院前救治时都应使用颈托进行固定。

1. 颈托固定技术

颈托是一种用于辅助治疗、约束、限制和保护颈椎的设备，常在严重创伤现场、院前和急诊救治中使用。颈椎可能会因压迫、撞击、拉扯、过度旋转、弯曲等原因受伤，是脊椎中最容易受伤的部分。临床上需要通过X射线、CT和临床检查等方法来排除颈椎损伤，所有高能量损伤都应高度怀疑颈椎损伤。如果没有进行固定，搬运和复苏过程中可能会导致进一步的损伤。注意即使是没有出现神经症状的伤者，通过在现场、院前转运途中和急诊医学科内的快速颈椎固定也可以获得最大的收益。一旦出现了颈髓损伤，获益就会相对较小。

（1）适应证。颈托固定术的适应证并不是根据已经出现的手脚运动、感觉功能障碍，或者颈部疼痛、压痛等情况来判断，而是根据受伤机制。无论伤者是否有颈部疼痛、压痛及其他可疑颈椎受伤征象，院前救治时都应包括颈托固定。固定颈椎是在怀疑损伤时，而不是在确定损伤后。特别是应注意以下几种情况需要固定颈椎：伤者神志改变；伤者可能有中毒的可能或直接依据，同时发生其他部位的发散性损伤，如四肢骨折、严重烧伤等；其他原因导致的神经功能障碍。

（2）禁忌证。颈托使用并没有绝对的禁忌证，但在使用过程中需要注意颈托的质地（软硬）、大小、佩戴方式等。在有气道风险时，控制气道优先于颈椎固定。

（3）操作步骤。软颈托并不能固定颈椎。颈椎固定应包括身体和头部的固定。除了选择合适大小的颈托外，对于不同体位的颈椎损伤或者颈椎可能损伤的伤员，佩戴颈托的方式也不同。

① 颈托大小的选择

颈托的种类大致相同，需要为伤者选择合适的颈托大小。测量方法是使用操作者的拇指和外四指并拢，测量下颌到肩的距离，也就是颈部高度，然后比对调整颈托宽度或选择合适大小的颈托。

② 安置颈托规范操作

伤者坐位：操作者以胸骨前额颈椎保护法（"头胸锁"）固定并轻柔调整，使伤者的头、颈椎处于中轴线。助手从伤者后方用双手穿过腋窝，用头部颈椎保护法固定伤者头部。操作者测量伤者颈部高度,调整颈托大小后,先安置颈托后方固定,再安置颈托前方固定,使颈托凹槽处套在伤者下颌中线处。

伤者仰卧位:操作者以头部颈椎保护法("头锁")固定并轻柔调整,使伤者的头、颈椎处于中轴线。助手将合适的颈托后方固定,轻柔地戴上,再安置颈托前方固定,使颈托凹槽处套在伤者下颌中线处。

伤者侧卧位:操作者位于伤者背侧,前方手穿过伤者侧卧时的上方腋窝,手肘固定于伤者胸骨,以胸骨枕骨颈椎保护法("胸背锁")固定并轻柔调整,使伤者的头、颈椎处于中轴线。后方手的手肘和前臂固定于伤者的脊柱,虎口位于伤者的枕骨下方,维持头颈、身体成一条直线。助手下方手的手臂贴于伤者颞部,手掌虎口固定于伤者肩部,以"头肩锁"进行固定。操作者发出指令,与助手一起将颈椎固定后,伤者的头部与身体成一条直线进行翻身至仰卧位,再按照伤者仰卧位的方法进行安置颈托操作。

伤者俯卧位:操作者下方手的手肘固定于地面或适当地方,拇指张开,其余四指并拢置于伤者头顶部,上方手的手肘和前臂固定于伤者的脊柱,虎口位于伤者的枕骨下方固定。助手以"头肩锁"进行固定后,操作者(及助手二)将双手分别置于伤者的肩与腰部,与助手一起将颈椎固定后,伤者的头部与身体成一条直线进行翻身至侧卧位,再按照伤者侧卧位的方法进行安置颈托操作。

如有头盔面罩,应先打开伤者头盔面罩评估气道和呼吸情况。助手位于伤者头端,双手手掌各置于头盔两侧,手指置于下颌部以防止头部移动。操作者位于伤者侧方,解开头盔带,一只手扶下颌角,另一只手扶枕颈部,紧贴头盔下缘,并保持轴线制动。助手逐渐将头盔取至一半,操作者也随之从后颈部紧贴头盔下缘移至枕部,以防止伤者头部后仰。完全取下头盔,安置颈托。

2. 脊柱板使用

脊椎板为扁平的全身支撑物,大小约 84 cm×40 cm,空载质量约为 7 kg,能透过X射线,通常由塑料或木材制成。沿着脊柱板的边缘有带子用于约束、固定伤员,目的是限制可能或确定脊柱损伤的伤者。

(1)适应证。对于伤者,尤其是发生机动车碰撞、遭受攻击、从高处坠落或运动相关损伤时,都应警惕脊柱损伤。经充分评估后,需要颈托固定或者沿胸、腰椎中线棘突有压痛的伤者原则上都应该使用脊柱板进行固定及转运。

(2)操作步骤。操作者位于伤者相对损伤较大一侧,并将脊柱板平行放置于伤者另一侧;助手位于伤者头侧,并以"头肩锁"固定伤者颈椎;操作者及助手两双手分别置于伤者对侧肩部及腰部,做翻转准备;确认准备完毕后,助手下达口令"1、2、3"后,与操作者一起将伤者的头部及身体成一条直线轴向翻向操作者方向,使伤者呈侧卧位;助手继续"头肩锁"保持颈椎固定,操作者一只手固定伤者躯干,另一只手检查腰背部、臀部后,将脊柱板拉向伤者,并调整位置,使脊柱板端头部固定器下缘与伤者肩齐平;操作者及助手两双手再次分别置于伤者对侧肩部及腰部,与助手确认,并由助手下达口令"1、

2、3"后,将伤者翻转上脊柱板;操作者改"头胸锁"固定伤者颈椎后,助手改"双肩锁"固定颈椎;操作者一只手抓住脊柱板中间把手,另一只手抓住手腕部,用双手前手臂贴于伤者身体,并下达口令"1、2、3"后,与助手一起,平移调整伤者位置;操作者改"头胸锁"固定伤者颈椎;助手用头部固定器固定伤者头部两侧,使得头部固定器紧贴于伤者头部两侧并保持;固定头部固定带;固定脊柱板的固定带,将伤者双手用三角巾交叉固定于胸前,将伤者双足用三角巾"8"字形固定。

第二节 救护车的结构、操作与维护保养

救护车是一种特殊的机动车辆,其主要用途是为紧急医疗服务以及冲突卫生公共事件提供支持。在医疗急救、灾害救援、交通事故救援等场景中,救护车的应用至关重要。在自然灾害或人为灾害发生时,救护车能够迅速赶到现场,将患者及时送往医院进行救治,从而挽救更多的生命。

根据运载病人的不同病症,救护车分为 A 型普通型、B 型抢救监护型、C 型防护监护型和 D 型特殊用途型四大类。其中,A 型普通型救护车主要用于一般医疗急救任务,B 型抢救监护型救护车则适用于重症患者和需要紧急救治的病人,C 型防护监护型救护车则适用于传染病患者和其他需要特殊防护的病人,D 型特殊用途型救护车则根据具体任务需要进行设计和配置。

我国在《专用汽车和专用挂车术语、代号和编制方法》(GB/T 17350—2009)中,对救护车进行了定义。该文件指出,救护车是指装备有警报装置和救护装备,用于紧急救护和/或运送伤病员的厢式汽车。根据加装的医疗设备种类的不同,救护车还包括运送型救护车和监护型救护车两种。在救护车的公告用途特征代号中,X 代表厢式,JH 代表救护。

救护车作为一种紧急救援工具,其设计和配置都非常专业和细致。车内通常配备有专业的医疗设备,如心电图机、除颤仪、呼吸机等,以满足不同病人的救治需求。同时,救护车还配备有先进的通信设备,以便于医护人员与医院和相关部门进行实时沟通,确保病人得到及时的救治。

一、结构组成

救护车是一种专门为救护患者而设计的车辆,其结构组成非常严谨,旨在为患者提供最舒适、最安全的救治环境。救护车的整体结构主要由车架、底盘、动力系统、悬挂系统、车身和安全系统等部分组成,如图 6-2-1 所示。

车架是救护车的基础,承担着车辆的重量和支撑作用,它需要能够承受各种路况的考验,保证在复杂环境下依然能够稳定行驶。底盘则负责支撑整个车辆,一般由箱体、底座、车轮等组成,是救护车行驶的关键部分。

图 6-2-1 救护车

动力系统是救护车的"心脏",包括发动机、变速器、转向系统等,为车辆提供强大的动力,保证救护车在紧急情况下能够快速响应,迅速到达目的地。悬挂系统则负责支撑车辆的底盘,使其在行驶过程中保持稳定,避免患者在救护过程中受到二次伤害。

车身是救护车的主体,一般由内饰、车外表面和安全系统组成。内饰部分包括座椅、扶手、地板等,都需要采用柔软、易清洁的材料,以便于清洁和消毒。车外表面则需要有明显的标识,以便于其他人识别。安全系统包括气囊、安全带、刹车系统等,可以在紧急情况下保护患者的生命安全。

在整车要求方面,救护车需要满足操控性能好、动力强等要求,以适应急救的需要。同时,救护车还需要能够适应国内各种自然条件,能够在户外长时间作业,满足各种复杂环境的需求。

在环境适应性方面,救护车可以在-35～-60 ℃之间的低温下正常运行。此外,救护车的防火性能也非常重要,车厢内结构及装饰材料的防火性能应符合《汽车内饰材料的燃烧特性》(GB 8410—2006)的要求。

二、操作使用

1. 救护车出车前准备

(1) 检查汽车的油量:在出车前,需要检查汽车的油量,如果不足,应立即加油,以确保车辆在行驶过程中不会因为油量不足而中断。

(2) 检查汽车的机油:检查汽车的机油是否充足,如果不足,应添加机油,以保证发动机能够正常工作。

(3) 检查汽车的冷却液:检查汽车的冷却液是否充足,如果不足,应添加冷却液,以保证车辆在行驶过程中不会因为冷却液不足而产生过热现象。

(4) 检查氧气瓶氧气存量:检查氧气瓶中的氧气存量,如果不足,应及时更换氧气瓶,以保证车辆在行驶过程中能够正常提供氧气。

(5) 检查洗手池水桶水量：检查洗手池水桶中的水量，以确保医务人员在救治过程中有足够的水可以使用。

(6) 检查医用耗材存量：检查车内医用耗材的存量，如药品、器械等，以确保在救治过程中不会因为缺少医用耗材而影响救治。

2. 报警系统的使用

在行车过程中，报警器的电源已经接通，只要打开驾驶室内控制面板上相应的开关，就可以对警示系统的灯光与声音进行控制。使用报警系统时，应注意合理控制报警时间和音量，以免对周围环境和患者造成过度干扰。

3. 到达急救现场

(1) 关闭所有报警系统：在到达急救现场前，应关闭所有报警系统，以免在现场产生过多的噪声，影响救治工作。

(2) 汽车发动机处于运转状态：到达急救现场时，应保持汽车发动机处于运转状态，以便随时准备出发。

(3) 在夜间工作时，打开灯带的左右侧照明：夜间工作时，应打开灯带的左右侧照明，以提高现场的工作效率。开关在驾驶室内。

(4) 根据需要打开其他系统：根据现场需要，打开其他系统，如供氧系统、急救设备等。

4. 氧气使用

在使用氧气时，应依次打开氧气瓶角阀、氧气切换阀、插入氧气流量计、调节流量计，然后让病人开始吸氧。注意事项：医疗舱内禁止烟火，定期检查所有氧气设备的密封性，不要用力过大插拔氧气系统设备，以免氧气漏气。

5. 到达医院

(1) 抬下担架后，关闭所有报警系统：到达医院后，应抬下担架，然后关闭所有报警系统。

(2) 汽车发动机处于运转状态：汽车发动机应保持运转状态，以便随时准备出发。

(3) 关闭发动机：完成救治任务后，应关闭发动机。

(4) 关闭所有灯和附属设备：关闭车辆的所有灯和附属设备，以节约用电。

(5) 关闭点火开关，拔掉钥匙：确认所有工作完成后，关闭点火开关，拔掉钥匙。

(6) 用外接电源线对辅助蓄电池充电：为保证车辆的正常使用，应使用外接电源线对辅助蓄电池进行充电。

6. 制冷与制热

(1) 加热：医疗舱内安装一台暖风机，暖风机置于辅助人员座椅底部，采用冷却液作为加热介质，进出风口均采用单层百叶，暖风机开关置于驾驶室面板上，天气寒冷或病人感到冷时启动。

(2) 空调：整车驾驶室与医疗舱采用独立的空调系统，驾驶室的空调采用全顺车出厂时配置的空调，控制开关在驾驶室的仪表板上。医疗舱空调系统，控制开关在驾驶员座椅左下侧。

（3）注意：有些因素会影响空调机的正常工作。如在气温很高或很低的环境停车，在短时间内制冷或加热，打开车门短途到达医院。请记住空调机不是冷冻柜或冰箱也不是烤箱。设计在一定环境下工作，切勿堵塞空调进、出风口，空调器的服务应由专业人员操作。

7．车内照明灯

医疗舱内长时间没人时请关闭照明灯，以节约用电。同时，注意保持医疗舱内的干净整洁，定期进行消毒，以提供良好的救治环境。

三、维护保养

1．养成正确的驾驶习惯

救护车在日常使用中，常常面临各种复杂的交通环境。因此，驾驶者需要具备正确的驾驶习惯，以保护车辆本身和搭载的病人。首先，在停车时，应避免过度压迫轮胎，留有一定的余地后再停车，以防止轮胎的过度磨损。其次，经过减速带时，应避免高速行驶，这样可以避免车辆受到剧烈的冲击，保护车辆的性能，同时也可以避免对车上的病人造成不必要的伤害。再次，救护车在半坡处应避免随意停车，长时间的半坡停车容易对车辆的悬挂和制动系统造成损害，甚至可能导致变速器失灵。

2．严格的消毒工作

救护车的保养工作中，消毒工作是至关重要的。一方面，需要对救护车进行全面预防性消毒，以消除微生物污染。每次出诊前，都要使用消毒液对车内的环境进行全面的预防性消毒。另一方面，在接送病人后，还需要进行终端性的消毒工作，特别是对患者使用过的仪器和设备，要使用专业的消毒药品进行喷洒，确保消杀的覆盖率达到最大。

在进行消毒工作时，还需要特别注意救护车内的设备污染源，如呼吸机、除颤仪、紫外线消毒灯等。这些专业的设备在消毒时，更要避免消毒试剂的腐蚀问题。不同的设备有专门的消毒试剂进行消杀，注意不要用错消毒试剂。

3．定时检查设备运行状态

为了保证救护车的正常运行，还需要定时检查设备的运行状态。首先，要对救护车的发动机进行定期的检查，检查机油是否维持在正常的储存水平，同时也要时刻关注发动机内部的冷却液用水的清洁问题，确保发动机的正常运行。其次，对负压救护车内部的设备进行无菌处理，确保救护车内部干净无异味。

第三节　医疗方舱的结构、操作与维护保养

医疗方舱是一种可移动的医疗设施，类似于野战机动医院，被誉为医院中的"变形金刚"。它由活动的"房子"构建而成，在野外作战条件下，主要由方舱、病房单元、生活

保障单元以及运输能力等部分组成,依靠成套的装备保障来完成伤员救治等任务。根据配置的不同,它可以满足医疗行业各种需求,例如设计接诊室、隔离病房、治疗室、医护休息室、体验室、留验室、核酸采样室、救护车洗消中心舱等不同用途的移动方舱。

医疗方舱根据结构可以分为固定式、扩展式和拆装式三种。固定式医疗方舱的使用空间尺寸与运载空间尺寸相同;扩展式医疗方舱的使用空间大于运载空间,包括单面扩展和双面扩展两种形式;拆装式医疗方舱的舱板可拆卸运输,运输体积较小。

一、结构组成

医疗方舱是一款专为满足紧急医疗需求而设计的特种车辆模块箱体。它集成了供氧系统、消毒换气系统、供配电系统、照明系统、橱柜系统、空调系统等先进设备,如图 6-3-1 所示,以满足户外医疗救助的需求。

图 6-3-1　医疗方舱

医疗方舱的设计参考了 30 英尺(1 英尺＝30.48 cm,下同)标准集装箱的结构,四个角焊接集装箱角件,便于吊车吊运和固定。它适应全天候的野外露天作业,具有整体性能稳定可靠、操作简便、噪声低、排放性好、维护性好等特点,能够很好地满足户外工作需求。

医疗方舱的车厢体长、宽与标准 30 英尺集装箱尺寸一致,外观为瓦楞状。厢体共分为三个部分,分别是急救舱、问诊舱和设备舱。其中设备舱分为三层,下层安装液压泵站、空调外机,中间层是机柜,上层空置可放置物品。前部开设对开门,对开门上安装手动百叶窗。急救舱内中间安装担架,担架左侧安装柜体,右侧设置长排座椅和制氧机。问诊舱安装诊疗台、诊疗椅,右侧配备空调与医护座椅。

医疗方舱具有多种防护性能。根据使用者的要求,可以对方舱的材料和结构进行不同的选择和设计。方舱成品具有良好的密封性(水密和气密性)、隔绝性(包括电磁屏蔽、隔热保温、隔冲击、隔振等),可适应各种气候和海洋盐雾环境,具有防火、防红外线、防腐等性能。

二、操作使用

1. 外接市电

连接外接电源后,操作人员可以根据使用需求,推上市电空开按钮,然后依次开启各系统开关。在上电过程中,应确保各系统设备正常运行,如发现异常情况,应立即断电进行检查。

2. 方舱装卸车操作

（1）准备工作

底盘与箱体四角连接锁扣解锁完成后,将箱体左前、右前、左后、右后四个支腿旋转出车身,并确保旋转到位,同时锁死手柄。

（2）箱体四角液压支腿操作

① 支腿展开:首先旋转"ON"旋钮打开遥控器,然后按下"支腿空载升"按钮,观察液压支腿的伸出情况。当四支腿均到达地面并受力时,切换至"支腿负载升"按钮,继续伸出支腿。在操作过程中,应密切观察四支腿的伸出情况。如果某个支腿未能着地,需单独操作该支腿使其着地,然后才能切换至"支腿负载升"按钮继续操作。

② 支腿收回:完成支腿展开操作后,按下"支腿负载降"按钮,使支腿收回至箱体降落到地面。在收回过程中,应密切关注上部注意事项。当箱体落地完成后,切换至"支腿空载降"按钮,继续收回支腿油缸,直到所有油缸全部缩回到位。最后,将支腿旋转至初始位置,并锁死。

三、维护保养

（1）转向系统的转动关节应每月注入黄油一次,以保证关节的顺畅运行。每三个月检查一次各个连接头螺母,发现松动应及时拧紧,以确保转向系统的稳定运行。

（2）后桥主减速器润滑油每两年更换一次,同时,要经常检查是否有漏油现象。定期拧开螺塞检查润滑油是否足够,如果发现润滑油量不足,应及时添加。

（3）定期为蓄电池组外部尤其是连接柱头进行清洗,保持蓄电池及其支撑架的清洁。这可以防止蓄电池发生故障,延长其使用寿命。

（4）经常检查轮胎的充气压力及花纹的磨损程度。轮胎的充气压力应保持在规定的范围内,避免轮胎过软或过硬。同时,注意观察轮胎花纹的磨损情况,如果发现花纹磨损严重,应及时更换轮胎。

（5）悬挂系统的紧固螺栓应每三个月检查一次,发现松动及时紧固。这可以保证悬挂系统的正常运行,避免因螺栓松动导致的故障。

（6）轮毂的紧固螺母要经常检查,拆换轮胎时要按顺序拧紧。轮毂螺母的松动可能会导致轮胎跑偏,甚至轮胎脱落,因此,定期检查并拧紧轮毂螺母是十分重要的。

(7) 内装饰件的污物,可用中性洗涤剂或低浓度肥皂水浸湿海绵或软布进行擦拭,去污后请用清水浸湿软布进行擦拭。避免使用强酸或强碱性的清洁剂,以免对内饰造成损害。

(8) 清洗车身外部应采用流动的水清除车身表面污物,也可用海绵状物浸湿擦洗。避免用硬质东西擦洗,以免损伤漆层。如果车身上有顽固的污渍,可以使用专门的清洁剂进行处理。

(9) 在进行整体维护前,请先查看维护提示。了解各种设备的维护周期和注意事项,按照提示进行维护,可以保证车辆的正常运行,延长车辆的使用寿命。

第七章
应急装备物资保障

第一节　加油车的结构、操作与维护保养

加油车,又被称为油罐车,是一种专门用于运输柴油、汽油等燃料的车辆。这类车辆在设计上独特,配备了车载加油设备,能够在紧急情况下为其他车辆提供燃油补给,是战勤保障的重要组成部分。

一、结构组成

加油车(或称油罐车)主要由底盘、罐体、加油机、自动回位卷盘、加油车油泵和安全设备设施等部分构成,如图 7-1-1 所示。根据罐体容积的不同,加油车可分为 5 m^3、8 m^3、10 m^3、15 m^3、20 m^3、25 m^3 和 30 m^3 等多种类型,用户可根据实际需求选择相应载量的加油车。

图 7-1-1　加油车

罐体通常由金属材料制成,内部装有防浪板。罐体顶部设有供人员进出的人孔,底部则设有出液阀和排污阀。部分罐体还需要具备保温功能,并配置流量计等设备。根据实际需求,罐体还可以进行汽油和柴油的分开设置。为确保罐内外压力平衡,防止罐

体因超压或真空而受损,同时在一定程度上减少液体挥发损失,储罐顶部还设有呼吸阀。

加油机根据所加油的种类进行设置,通常由油泵、油气分离器、测量变换器、计数器、电机、视油器、油枪以及自动回位卷盘等组成。此外,加油机还需符合我国相关的技术标准要求。

加油机的流量范围通常在 30~120 L/min,不同型号的加油机流量范围可能会有所差异。加油机的计量准确性,即计量误差,一般在 0.2%~0.5%。加油机的工作压力一般在 0.18~0.35 MPa,而工作温度则在 -40 ℃~+60 ℃。

二、操作使用

1. 装油的正确操作

(1) 停好加油车,确保车辆稳定。将变速杆置于空挡,拉紧手制动,插好地线,以确保操作安全。接下来,检查排渣阀是否关严,并接好吸入软管,确保油管连接稳固。

(2) 打开应开的阀门,检查应关的阀门是否关好,避免油料泄漏。然后启动油泵,开始装油。

(3) 在装油过程中,要密切注意油面上升的情况。当油罐将满时,应迅速将软管提出油面并举起,抽尽管中油料,关闭吸入阀门,以防止停泵后油料倒流。

(4) 关闭油泵后,关闭所有阀门,收回软管和地线,清理现场,确保场地清洁。

2. 加油的正确操作

加油前,首先要检查油枪滤网是否清洁。从沉淀槽放出少量油料,检查有无水分和杂质。为了计量准确,应排尽过滤器中的气体,并使加油软管充满油料。

(1) 停好加油车,插好地线,将加油枪交给加油人员。

(2) 打开应开的阀门,关好其他阀门,根据加油人员的信号开泵。

(3) 根据需要加大油门,提高转速,增大泵送量,并注意仪表的工作情况。

(4) 当油箱快满时,应根据加油人员的信号,适时减速和停泵。停泵后,将流量表读数记在加油单上,并将指针回零。

(5) 若不连续加油,则应进行回油操作,直至真空表指针回到零位,此时说明油已经抽净,即可停泵。然后关闭所有阀门,收回地线和软管。

3. 操作中的注意事项

(1) 在操作过程中,不要取下进口滤网,也不要泵送不清洁的油料。当泵中没有油料时(如新泵、经过修理或已经放空的泵),使用前必须先灌油,以防止磨损泵内机件。

(2) 在压出管路阀门关闭的情况下禁止开泵,否则会由于压力过高而损坏油泵和油管。

(3) 禁止不拉离合器操纵杆就开关油泵,以免打坏副齿轮箱齿轮。

(4) 操作前应注意检查接地线和接地链,若有断裂、脱落,应及时焊接,以确保导电性能良好。

三、维护保养

加油车的油罐、过滤器和油泵是保证加出油料质量的关键,因此必须经常保持良好的技术状态。

1. 油罐的正确清洗

经常使用的加油车应以每月冲洗一次、每季度刷洗一次为宜。如遇有特殊情况,如给专机、专艇加油或罐内混入大量杂质等,应及时清洗。

(1) 清洗要求

① 清洗过程中应保证安全、爱护设备和清洗干净。人员在进入罐内清洗之前,应放尽所剩油料,排尽油气,同时要求戴防毒面具,罐外应有人守护,以防中毒。

② 清洗时应使用毛刷或棕刷(禁止使用金属刷),且不宜用力过大,以免锌层脱落。拆装零件必须注意使用工具动作要轻,以免金属撞击产生火花造成事故。

③ 清洗时应选择适宜的清洁场地,拆装零件所用工具应注意清洁,刷洗时应特别注意死角和坑洼之处。将刷下的杂质取出后,再冲洗各部位,直至从沉淀槽放出的油内无杂质为止。

(2) 清洗方法

① 首先放尽罐内剩油,拆下罐颈盖和打开操纵室内油罐端板上的通风孔,利用鼓风机吹尽罐内油气。如无鼓风机时,则可采用自然通风的方法,将油气排尽。

② 用绸布或麻皮将油罐内壁干擦一遍,把擦下的杂质推入沉淀槽。对于接缝、棱缝和坑洼之处,需用毛刷或棕刷刷洗。

③ 刷洗后再用面团(甘油和滑石粉混合而成)粘掉纤维和杂质,最后用汽油冲洗,直到从沉淀槽内放出的油无杂质为止。并注意冲洗前在沉淀槽下方放一容器,用以接收冲洗下来的油料。

2. 过滤器的正确清洗

(1) 过滤器滤芯一般应在滤油 20 万 L 左右以后清洗一次。

(2) 清洗前将过滤器上放气阀打开,并关闭其他阀门,放出过滤器的剩油和杂质。取出过滤笼,慢慢脱下滤袋,防止撕破。若发现过滤笼破裂,应焊好并锉平焊口。

(3) 检查滤袋有无破裂,如有破裂,应及时修补或更换。把滤袋放在清洁的汽油中用手漂洗,严禁揉搓,然后取出,再用清洁的汽油洗一次,洗净后晒干,不要暴晒,以防滤袋变质。

(4) 用毛刷刷洗过滤笼和过滤器内壁,然后用汽油冲洗,直到冲洗干净为止。

(5) 洗净后装回各机件,必须注意扎紧滤袋,拧紧压紧螺母。

(6) 注意检查过滤袋上和从过滤器放出的沉渣中有无金属屑,以判断油泵有无磨损,如有则应及时检修。

3. 油泵的正确维护

(1) 真空泵的叶轮和涡流泵的工作轮与泵壳之间的间隙很小(真空泵间隙为 0.115~0.120 mm,涡流泵间隙为 0.12~0.13 mm),经调整后不准随便拆卸,以免间隙不准,影响油泵正常工作或增加磨损。

(2) 注意检查过滤袋和油枪滤网上有无金属屑,以判断油泵有无磨损,如有则应及时检修。

(3) 为保持泵内清洁,应经常从放油螺塞处放出泵内杂质。

(4) 工作中经常注意轴承的温度,并定期向轴承内加注滑脂。

(5) 油泵每工作三个月应检查一次轴承,查看有无松动。检查时可拆下传动轴,扳动泵轴,若有松动说明轴承已经损坏,应更换。

(6) 经常检查轴封是否严密,如发现漏油,应及时检查或更换皮碗,在更换时切勿装反。

另外,对其他有关配件,如阀门、安全阀等也应经常检查,发现故障要及时排除。管路的清洗工作一般与清洗油罐一起进行。对于随车的消防器材,应该经常检查,保持完好。

第二节 供气消防车的结构、操作与维护保养

供气消防车是指主要装备高压空气压缩机、高压储气瓶组、充气防护箱、照明灯和发电机的消防车,主要用于灾害现场给空气呼吸器瓶充气或给气动工具提供气源,执行《消防车 第23部分:供气消防车》(GB 7956.23—2019)标准。供气消防车一般采用底盘发动机驱动,也有部分采用独立发动机驱动,可根据现场需要采用自生发电供气、市电接入供气或实现给其他用电设备提供电力输出等功能。大多供气消防车都以底盘直接驱动发电机供电为主,具有操作方便、负载轻等特点。

一、结构组成

供气消防车一般由底盘、驾乘室、发电照明系统、充气系统(含储气瓶组)、控制及冷却系统等组成,如图 7-2-1 所示。

1. 发电照明系统

供气消防车大多由底盘发动机通过变速箱取力器驱动的车载式发电机,输出电压 220 V/380 V,主要为充气系统、现场照明和其他用电设备提供电力。

2. 充气系统

充气系统主要包括高压压缩机、空气净化过滤系统、高压钢瓶组、阶梯控制系统、防爆充气箱、压缩机控制与充气控制系统等装置。

(1) 高压压缩机

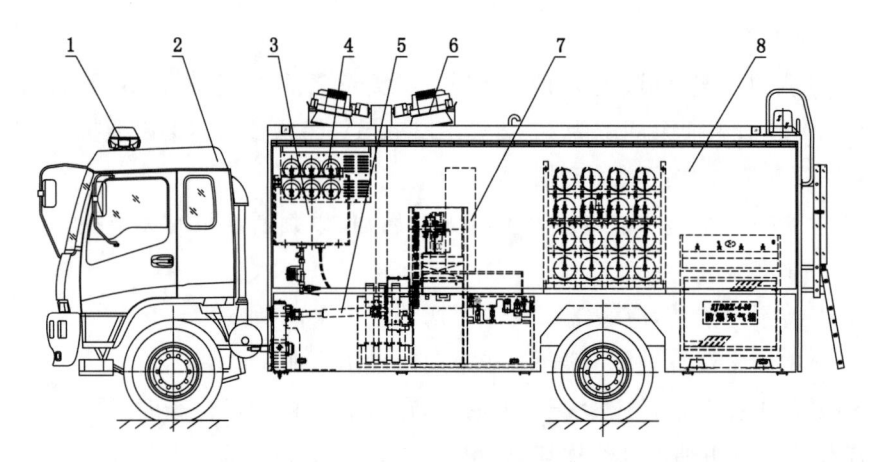

1—警灯及警报器；2—驾乘室；3—冷却系统；4—储气瓶组；
5—传动系统；6—发电照明系统；7—空气压缩机系统；8—车厢总成。

图 7-2-1　供气消防车的结构示意图

压缩机是通过三级压缩缸将空气压缩成压缩空气提供外界使用。其中，第一级压缩缸将空气压缩至约 0.7 MPa，第二级压缩缸将空气压缩至约 6.5 MPa，第三级压缩缸将空气最终压缩至约 33.0 MPa。

(2) 空气净化过滤系统。空气净化过滤系统由三级过滤器、背压阀、安全显示器等组成。

(3) 防爆箱组件。防爆箱采用镶拼结构，螺钉连接两个单独的防爆箱。外箱内层和箱体底部开有泄压孔，气瓶爆破时，膨胀的压缩空气通过内、外箱之间的空间和箱体底部泄压孔排出，防止对人员的伤害。独立充瓶软管和充瓶阀，可根据情况选择充瓶数量。关门自锁装置，防止充瓶时及气瓶爆破时门被打开。气瓶装填高度低，方便操作。气瓶托架采用旋转结构，并配有气动弹簧，方便开关，减轻操作人员负荷。

(4) 储气瓶组组件。储气瓶组组件多采用层叠式气瓶组结构形式，充放气系统采用单阶梯式全自动充气控制系统。此系统中包括多只气瓶，以及各种连接的管路阀门，气瓶的容积一般为 50 L，耐压为 40 MPa（一般每组充气瓶，在不开动空气压缩机的情况下，保证 30 MPa 的压力，可充满 16~24 个 6.8 L 标准空气呼吸器）。自动控制供气系统，在气瓶组供气压力不足时，空气充装泵启动，向气瓶组供气。高压储气瓶组采用四阶梯全自动充气控制系统，气瓶组各阶梯设有对应的安全阀、压力表、隔离阀、背压阀等阀件，各阶梯之间互不相通，压缩机在压气过程中会自动选择由低向高逐次充气，可有效提高压缩机使用寿命，提高储气罐内压缩空气的使用效率。

二、操作使用

首先要选择合适的停车位置，在灭火救援现场要在上风或侧上风方向，且尘土少的地方，确保空气气源洁净，同时要保持车辆的相对水平，确保压缩机的正常运行。

1. 启动前整车检查

检查车辆能否正常使用、检查压缩机系统是否正常、检查电器电路系统有无异、检查充气管路系统有无异常、检查 PLC 参数有无丢失或异常。同时，操作人员要严格按照要求佩戴防噪声耳罩、手套等防护装备。

2. 选择压缩机启动电源

压缩机启动电源分为两种，分别为发电机启动和市电启动两种。

（1）发电机启动。将接地线插入地内，且不少于 20 cm。打开车厢电源，连接上装电源。车辆启动，踩下离合器，连接取力器。到操作面板，调节油门控制器，转速达到 1 500 r/min，频率表指针到 50 Hz。

（2）市电启动。打开车辆总电源，拿出外接电源线，一端插入电器控制柜市电输入端口，另一端接入外界电源上。在有市电情况下，优先选择市电。

3. 启动压缩机

压缩机启动方式分为手动启动和自动启动两种方式。

（1）手动启动。手动启动主要用于直接给碳纤维瓶充气，以及少量气瓶充气，其优点是当一组碳纤维瓶压力充至所需压力（如 30 MPa）时压缩机会自动停机。

（2）自动充气。自动充气主要用于给储气瓶组充气以及混合充气，其优点是在一组碳纤维瓶压力充至所需压力（如 30 MPa）时压缩机不会停机，而会把多余气体充至储气瓶组中，适用于连续充气以及大量气瓶充气。

4. 气瓶充气

充气方式分为直充充气、倒灌充气和混合充气三种方式。

（1）直充充气。关闭防爆箱操作面板上所有控制阀门以及储气瓶组上各组钢瓶隔离阀。打开防爆充气箱放入碳纤维瓶，连接好气瓶与充瓶阀，关闭充瓶阀上泄压开关，再打开充瓶阀阀门，最后打开碳纤维瓶瓶阀，关闭防爆箱门。打开防爆箱操作面板与之相对应的充瓶阀。按下启动按钮，启动压缩机观察与之相对应的碳纤维瓶压力表，当压力充至所需压力（如 30 MPa）时，压缩机自动停机。关闭操作面板上充瓶阀，打开防爆箱关闭碳纤维瓶瓶阀，打开充瓶阀上的泄压阀，待压力泄尽后取下碳纤维瓶。若要继续充气重复以上步骤，如不再充气，断开电源。直充充气适用于少量气瓶充气。

（2）倒灌充气。倒灌充气下无须启动压缩机，但需要确保每组储气瓶有不小于 31 MPa 的压力。关闭防爆箱操作面板上所有控制阀门以及储气瓶组上的各组钢瓶隔离阀。打开防爆充气箱放入碳纤维瓶，连接好气瓶与充瓶阀，关闭充瓶阀上泄压开关，再打开充瓶阀阀门，最后打开碳纤维瓶瓶阀，关闭防爆箱门。打开储气瓶组上 1 号钢瓶组隔离阀，再打开操作面板上 1 号钢瓶控制阀，最后打开防爆箱操作柜上相应的充瓶控制阀。

观察相应的碳纤维瓶压力表，根据碳纤维瓶压力情况进行处理。注意：在循环使用过程中，当 1 号钢瓶组中压力低于 5 MPa 时，停止使用 1 号钢瓶组，依次循环当各组压力都低于 5 MPa,就停止倒灌。

若碳纤维瓶压力充至所需压力如 30 MPa,关闭储气瓶组上的 1 号钢瓶隔离阀,再关闭操作柜上的 1 号钢瓶控制阀,最后关闭防爆箱操作柜上相应的充瓶控制阀,打开防爆箱,关闭碳纤维瓶瓶阀以及充瓶阀,打开充瓶阀上泄压阀,待压力泄尽取出碳纤维瓶。

若碳纤维瓶压力未达到所需压力(如 30 MPa),打开储气瓶组上 2 号钢瓶隔离阀将碳纤维瓶充至所需压力(如 30 MPa),关闭储气瓶组上 1 号、2 号钢瓶隔离阀,再关闭防爆箱操作柜上相应的充瓶控制阀,打开防爆箱,关闭碳纤维瓶瓶阀与充瓶阀,打开充瓶阀上泄压阀,待压力泄尽后,取出碳纤维瓶。

若碳纤维瓶压力还未达到所需压力如 30 MPa 时,应依次打开 3 号、4 号钢瓶组重复以上动作。

(3) 混合充气。混合充气下要确保各组钢瓶中的压力低于末组停机压力(如 35 MPa)。关闭防爆箱操作面板上所有控制阀门以及储气瓶组上的各组钢瓶隔离阀。打开防爆充气箱放入碳纤维瓶,连接好气瓶与充瓶阀,关闭充瓶阀上泄压开关,再打开充瓶阀阀门,最后打开碳纤维瓶瓶阀,关闭防爆箱门。打开储气瓶组上 1~4 号钢瓶组隔离阀,再打开操作面板上 1~4 号钢瓶控制阀,最后打开防爆箱操作柜上相应的充瓶控制阀。启动电源,在 PLC 上选择自动启动方式,按下启动按钮,观察操作面板上空呼瓶压力表。当空呼瓶压力达到所需压力(如 30 MPa)时,无须停止压缩机,打开防爆箱,关闭碳纤维瓶瓶阀与充瓶阀,打开充瓶阀上的泄压阀,待压力泄尽,取出碳纤维瓶,换上下一组碳纤维瓶,重复以上步骤连续充气。此充气方式适合连续大量充瓶,当在更换碳纤维瓶过程中,压缩机会将多余的气充向储气瓶组中,当储气瓶组的压力达到最高压力如 35 MPa 时,压缩机自动停机,混合充气将不能充气,可切换至倒灌充气或直充充气。

三、维护保养

(1) 车辆底盘的相关磨合、维护保养应按《底盘使用说明书》的要求。

(2) 空气压缩机的维护保养应按《空气压缩机使用维护说明书》的要求。

(3) 高压气瓶、安全阀、截止阀、压力表等必须按国家相关规定进行定期检验。(气瓶每三年检验一次,安全阀、截止阀、压力表每一年检验一次。)

(4) 取力器润滑及维护:定期检查取力器润滑油的油位,及时添加相应的润滑油。

(5) 定期进行管路系统密封性检查。

(6) 保证车辆有足够的燃油、润滑油、冷却水,并定期添加或更换。

(7) 保持电气设备正常工作状态,蓄电池电力充满。

(8) 经常检查转向、制动、电路、开关、警灯、警报器等,使之保持良好状态。

(9) 应经常试车检查发动机、取力器传动系统、空气压缩机运转是否正常。

(10) 车辆使用后应擦洗干净,外表用清洁柔软的纱布或毛巾擦干。再用车蜡擦抹,保持外表光洁美观。

第三节　器材运输车的结构、操作与维护保养

器材运输车是一种专门用于运输各种器材和设备的车辆,广泛应用于军事、消防、电力、通信等领域。器材运输车有多种类型,常见的有平板运输车、厢式运输车、高栏板运输车等。不同类型的器材运输车具有不同的结构特点和功能。

一、结构组成

(1) 车架:是器材运输车的基础结构,承载着驾驶室、货厢、发动机、传动装置等部件。

(2) 驾驶室:包括驾驶员座椅、仪表盘、操作面板等,为驾驶员提供舒适的驾驶环境,并方便驾驶员对车辆进行操作。

(3) 货厢:用于运输器材和设备,常见的有平板式货厢、厢式货厢、栅栏式货厢等。货厢内部可以根据需要进行定制,以适应不同类型的器材运输需求。

(4) 发动机:为器材运输车提供动力,常见的有柴油发动机、汽油发动机等。发动机通过变速器、驱动轴等部件将动力传递给车轮。

(5) 传动装置:负责实现发动机的动力传递,包括变速器、驱动轴、差速器等部件。

(6) 悬挂系统:负责支撑和缓冲货厢与地面之间的载荷,提高车辆的行驶稳定性和舒适性。

(7) 制动系统:负责实现器材运输车的制动操作,确保车辆在行驶和停车过程中的安全性。

(8) 转向系统:负责实现器材运输车的转向操作,常见的有轮式转向、履带式转向等结构。

二、操作使用

(1) 驾驶前准备:检查器材运输车周围的环境,确保无障碍物和安全隐患;检查货厢、发动机、传动装置等部件是否正常;启动发动机,进行预热。

(2) 驾驶操作:驾驶器材运输车时,应遵循"安全第一"的原则,注意观察周围环境和行驶路线,避免与其他车辆和行人发生碰撞。具体操作如下:

① 前进和后退:通过操作油门和制动踏板,控制发动机的转速和车速,实现器材运输车的前进和后退。

② 转向:根据作业需求,操作转向装置,实现器材运输车的转向。

③ 货厢操作:根据运输器材的需求,操作货厢的倾斜、升降等装置,实现器材的装卸和摆放。

④ 刹车:在器材运输车行驶过程中,操作制动装置,实现器材运输车的紧急刹车。

(3) 驾驶注意事项：驾驶器材运输车时，应遵守相关法规和安全规程，注意保持车辆的稳定性，避免高速行驶和急转弯；在作业过程中，应与地面工作人员保持良好的沟通，确保作业安全。

三、维护保养

(1) 日常保养：每天进行，主要包括清洁污垢、检查密封性、检查转向器、检查泄漏情况等内容。

(2) 一级保养：每工作100 h进行，主要包括检查润滑油、冷却水、液压油、发动机油、制动液等液面是否正常，检查各紧固部位是否松动，检查轮胎、传动轴等部件是否完好。

(3) 二级保养：每工作500 h进行，主要包括检查润滑油、冷却水、液压油、发动机油、制动液等液面是否正常，检查各紧固部位是否松动，检查轮胎、传动轴等部件是否完好，进行全面清洁和润滑。

(4) 保养注意事项：在保养过程中，应注意使用合适的润滑油和油脂，确保各部件的清洁和润滑；在更换零部件时，应选择与原部件相同型号和规格的新零部件；在保养完成后，应进行空载试车，检查器材运输车的运行状况是否正常。

第四节　履带电动运输车的结构、操作与维护保养

履带电动运输车是用于向爆炸现场前线补充水带、破拆工具、空气呼吸气瓶、救生器材等各类消防器材的小型保障车辆。履带电动运输车的底盘适用于泥泞、山路、土路等路面，有较强的通过效率，主要用于爆炸、坍塌、地震、森林抢险救援现场的器材运输。它具有载重较大、续航时间较长的特点，可根据需要定制电机、控制器、电瓶从而增加续航和载重，载货空间方正，有护栏。

一、结构组成

履带电动运输车一般由电机、控制器、电瓶、传动机构、操作控制系统、车架大梁、板面、护栏、履带、刹车系统等组成，如图7-4-1所示。

二、操作使用

(1) 使用单位应安排具有相应操作经验和能力的人员驾驶车辆，操作驾驶人员应经过专门安全教育培训。

(2) 使用前，应先对其进行安全检查，如制动是否有效、电源接插件是否连上、电压是否正常、车轮履带等部件是否完好等，确认无故障后，方可进行工作。

图 7-4-1　履带电动运输车

（3）装载货物时，货物必须在车辆上摆放平稳，较大或散装物件要选用合适的绳索捆扎牢固，防止货物滑落伤人，电动车辆装载重量不得超过电动车额定载重。

（4）空车在道路行驶时速度应控制在 20 km/h 以内，运输货物时速度应控制在 8 km/h 以内，运输过程中车辆严禁载人（不含操作驾驶人员），并观察周边路况。严禁驾驶员饮酒后驾驶。

（5）车辆临时停放装卸器材时，应第一时间断电、采取有效制动。

三、维护保养

（1）定期做好维护保养工作记录，定期调节履带松紧度。
（2）检查电瓶缺电时应及时充电，确保随时满电工作。
（3）检查电瓶是否破损或鼓包，发现异常及时更换。
（4）发现履带磨损严重、均裂等情况，应当视情及时更换。
（5）及时清理履带中泥土、石子和其他污垢，负重轮做好润滑保养。
（6）每次使用后应当及时清理干净，车身不得有残留，并停回指定位置。

第五节　小型电动平板运输车的结构、操作与维护保养

小型电动平板运输车是用于向火场一线补充水带、破拆工具、空气呼吸气瓶、救生器材等各类消防器材的小型保障车辆。小型电动平板运输车主要用于城市火灾、抢险救援任务中，在道路狭窄的情况下，方便运输模块化器材装备。其特点是自重轻、载重大、续航能力比较突出，可根据需要定制电机、控制器、电瓶从而增加续航，载货空间方正，可安装护栏等。

一、结构组成

小型电动平板运输车一般由电机、控制器、电瓶、操作控制系统、车架大梁、面板、护栏、轮胎、刹车系统等组成,如图 7-5-1 所示。

图 7-5-1　小型电动平板运输车

二、操作使用

小型电动平板运输车的操作使用参照本章第四节中履带电动运输车的相关部分。

三、维护保养

(1) 定期做好小型电动平板运输车维修保养工作记录。
(2) 检查电瓶缺电时应及时充电,确保随时满电工作。
(3) 检查电瓶是否破损或鼓包,发现异常及时更换。
(4) 发现轮胎变形或失圆,应当及时更换。
(5) 发现轮毂、中轴有夹杂物时,及时清理杂物。
(6) 需要修理时,及时上报维修。
(7) 每次使用后应当及时清理干净,车身不得有残留,并停回指定位置。

第六节　全地形电动运输车的结构、操作与维护保养

全地形电动运输车一般分为遥控和本控型,是山地、雪地、泥地、森林、沼泽等地抢险救援时携行重型装备物资的一种保障车辆,具有不惧地形、转向灵活、性能稳定的特点,可根据需要定制电机、控制器、电瓶从而增加续航,也可进行部分改装增加载重。

一、结构组成

全地形电动运输车一般由电机、控制器、电瓶、操作控制系统、车架大梁、货厢、护

栏、轮胎、刹车系统、座椅等组成,如图7-6-1所示。

图 7-6-1　全地形电动运输车

二、操作使用

全地形电动运输车的操作使用参照本章第四节中履带电动运输车的相关部分。

三、维护保养

全地形电动运输车的维护保养参照本章第五节中小型电动平板运输车的相关部分。

第七节　手推车的结构、操作与维护保养

手推车一般分为独轮、双轮、多轮等形式,是一种大众普遍型运输装备。该车能在机动车辆不便使用的地方工作,可在短距离搬运较轻的物品,以达到节省救援人员的力气。

一、结构组成

手推车一般由推车扶手、车板、轮胎、车架等组成,其特点有造价低廉、维护简单、操作方便、自重轻、通过性强、机动性高等。

二、操作使用

(1) 作业前,应检查车轮是否正常,轴承等转动部件是否灵活、车辆挡板是否完好,发现问题及时修理。

(2) 装载货物时,应有人负责稳住板车扶手,防止车辆翘头,货物滑落。

(3) 货物质量不得超过手推车车胎的额定负荷,车胎不得暴晒,防止车辆爆胎。

(4) 货物必须在车辆上摆放平稳,较大或散装物件要选用合适的绳索捆扎牢固。

(5) 运输货物时,车身应保持平稳,货物伸出车身部分不得拖地。协助运输货物的人员应站在板车的侧面,防止货物滑落伤人。

(6) 如遇场地斜坡较陡时,推车人员应当在下坡一段选择推行或拉行,防止货物滑落损坏和伤人。

三、维护保养

(1) 发现轮胎变形或失圆,应当及时更换,或胎压不足时,及时补气。
(2) 发现轮毂、中轴有夹杂物时,及时清理杂物。
(3) 需要修理时,及时上报维修。
(4) 每次使用后应当及时清理干净,车身不得有残留,并放回原处。

第八节　便携式折叠手推车的结构、操作与维护保养

便携式折叠手推车是常州市消防救援支队研发的一款用于运送手抬机动泵及水带的运输装备。该车可以在人手较为紧张的情况下,大量节省人力资源而实现救援物资、装备的运输任务,主要适用于城市及乡村平坦路面运输。

一、结构组成

便携式折叠手推车由 1 副拖手柄、1 个手台机动泵架、2 个折叠插销、2 个水带架、4 个脚轮所组成,如图 7-8-1 所示。车轮枢接在该车架中端正下方,车架上端枢接水平支腿,折叠后大多数消防车器材箱内可以放置;2 人操作,组装简便快捷。整车折叠后:长 85 cm、宽 75 cm、厚 21 cm;展开后:长 200 cm、宽 75 cm、高 65 cm;净重:28 kg。

图 7-8-1　便携式折叠手推车的结构示意图

二、操作使用

(1) 作业前,应检查车轮是否正常,各类轴承等转动部件是否灵活、折叠插销是否固定。
(2) 装载手抬机动泵和水带时,应先放置手抬机动泵再放置水带,防止车辆翘头。

（3）装载质量不得超过车胎的额定负荷,防止车辆轮胎变形。

（4）水带、手抬机动泵必须在车辆上摆放平稳,并做好固定。

（5）运输时,车身应保持平稳,协助运输人员应站在推车的侧面,防止器材滑落伤人或损坏。

三、维护保养

便携式折叠手推车的维护保养参照本章第七节中手推车的相关部分。

第八章 应急装备物资储备

第一节 仓储管理系统

仓储管理系统（warehouse management system，WMS）是一种用于优化仓库运营的管理工具。它能够提高仓库空间的利用率，降低库存成本，提高货物的进出库效率，并确保库存的准确性。

一、仓储管理系统的定义和作用

仓储管理系统是一种通过计算机技术、网络技术和自动识别技术等手段，对仓库内的货物、库位、设备、人员等资源进行高效集成管理，实现库存的实时监控和优化调度的信息化管理系统。其主要作用包括：

（1）提高库存管理效率。通过实时记录库存数据，包括货物的种类、数量、存放位置等信息，帮助企业准确掌握库存状况，避免库存积压和断货风险。

（2）优化库位管理。对仓库内的各个库位进行统一管理，提高仓库空间的利用率。

（3）简化货物入库和出库流程。通过自动化的数据采集和记录，简化入库和出库流程，提高货物的进出库效率。

（4）提高库存准确性。通过条码、RFID（射频识别）等技术手段，实现货物信息的自动采集和比对，确保库存的准确性。

（5）降低库存成本。通过优化库存管理和库位分配，减少库存积压和重复采购，降低库存成本。

（6）数据报表分析。根据库存数据生成各种报表，为管理层提供决策依据。

二、仓储管理系统的关键功能模块

（1）库存管理模块：包括库存查询、库存调整、盘点、报损报溢等功能，实现对库存的实时监控和管理。

（2）货物入库模块：包括入库单创建、入库单查询、入库单确认等功能，自动化处理货物入库过程。

（3）货物出库模块：包括出库单创建、出库单查询、出库单确认等功能，自动化处理货物出库过程。

（4）库位管理模块：包括库位分配、库位查询、库位调整等功能，实现对库位的统一管理。

（5）报表统计模块：根据库存数据生成各种报表，如库存报表、入库报表、出库报表等，为企业管理层提供决策依据。

（6）数据接口模块：与企业的其他信息系统（如 ERP、SCM 等）进行集成，实现数据的共享和协同工作。

三、仓储管理系统的实施和优化

（1）需求分析：在实施仓储管理系统之前，需要对企业的仓库运营情况进行全面的分析，明确企业的需求和目标，为系统设计和实施提供依据。

（2）系统设计：根据需求分析结果，设计仓储管理系统的架构、功能模块、数据流程等，确保系统能够满足企业的实际需求。

（3）系统开发和测试：根据系统设计方案，进行系统的开发和测试，确保系统的稳定性和可靠性。

（4）系统部署和培训：将开发完成的系统部署到企业的生产环境中，并对队伍管理人员进行系统操作和维护的培训。

（5）系统优化：在系统运行过程中，根据企业的实际运营情况，对系统进行持续优化，提高系统的性能和适应性。

四、仓储管理系统的发展趋势

随着信息技术的发展，仓储管理系统将更加智能化、自动化和网络化，如采用物联网技术实现货物的实时追踪和管理，利用大数据技术进行数据分析和预测，借助人工智能技术优化仓库作业流程等。

第二节 堆垛机的结构、操作与维护保养

堆垛机，又称堆垛式起重机或堆垛起重机，是立体仓库成套设备中的主机，与高层货架、出入库台或出入库系统等设备配套使用，是一种在导轨上运动的起重机械，它能在三维空间上（行走、升降、两侧向伸缩）按照一定的顺序组合进行反复运动，以完成对集装单元或拣选货物的出入库搬运作业，是一种广泛应用于仓库、车间等场所的垂直运

输设备,如图 8-2-1 所示。堆垛机通过在仓库货架上运行,实现货物的自动存放和提取,从而大大提高仓库的存放密度和作业效率。

一、结构组成

(1)立柱。立柱是堆垛机的主体结构,承载着整个设备的质量。

(2)横梁。横梁连接立柱,起到支撑作用,使堆垛机在垂直方向上移动。

(3)载货台。载货台用于载运货物,可沿横梁上下移动。

(4)载货台小车或货叉机构。载货台小车或货叉机构在载货台上进行货物的搬运,实现货物的自动存储和提取。

(5)导轨。导轨用于限制堆垛机的运行范围,确保其在规定的轨道上行驶。

(6)控制系统。控制系统包括操作面板、PLC 控制器、变频器等,用于实现堆垛机的自动控制。

图 8-2-1 堆垛机结构示意图

二、操作使用

(1)开机:将操作面板上的电源开关打开,设备进入待命状态。

(2)货物的存入:将货物放置在载货台上,通过操作面板上的按钮,使载货台小车移动到指定位置。

(3)货物的提取:通过操作面板上的按钮,使载货台小车移动到需要提取货物的位置,将货物取出。

(4)关机:操作完成后,将操作面板上的电源开关关闭,设备停止运行。

三、维护保养

1. 横梁

(1)目测观察是否有撞击痕迹,若有,需查明原因并及时维修;目测观察是否有腐蚀生锈情况,若有,需及时除锈并补漆。

(2)检查紧固件是否有松动情况,若有,需即刻锁紧。

(3)检查电机是否漏油,是否有异常温升或响动,若有,需及时与厂家联络维修。

(4)检查水平运行机构主动轮、被动轮是否磨损,轴承是否有异响;主动轮或被动轮磨损超过 3 mm,需及时进行更换。

(5)检查水平导轮间隙是否需要调整,导轮磨损超过 2 mm 则需要更换。

(6)定期给各个轴承座加油。

2. 载货台

(1) 目测观察是否有撞击痕迹,若有,需查明原因并及时维修;目测观察是否有腐蚀生锈情况,若有,需及时除锈并补漆。

(2) 检查紧固件是否有松动情况,若有,需即刻锁紧。

(3) 观察载货台是否水平或偏摆扭曲,通过调整起升导轮间隙恢复水平。

(4) 检查起升导轮是否磨损需要更换。通常情况钢轮磨损超过 1 mm 则需要更换,橡胶轮磨损超过 2.5 mm 则需要更换。

(5) 检查安全保护装置是否连接正常。

(6) 定期给各个轴承座加油。

3. 立柱的维护保养

(1) 检查外观是否有撞击变形,若有,需进行更换处理。

(2) 检查立柱与上、下横梁的连接螺栓是否松动,若有,需即刻锁紧。

4. 电气部件

(1) 检测主电源电压、电流是否正常,若不正常需及时调整。

(2) 检查线路是否正常,特别是接头、转弯处,若有损坏需及时更换。

(3) 检查旋钮开关、点动开关、限位开关是否正常,若有损坏需及时更换。

(4) 检查继电器是否正常,若有损坏需及时更换。

(5) 检查动力线、信号线是否正常,若有损坏需及时更换。

(6) 检测光电开关灵敏度是否正常,若有故障需及时更换。

(7) PLC 运行检查,若有故障需及时调整。

(8) 检查电气互锁装置是否有效,若无效需及时更换。

(9) 电机是否有异响或异常温升,若有需及时与厂家联络维修。

第三节　叉车的结构、操作与维护保养

叉车是现代物流行业中不可或缺的设备之一,广泛应用于仓库、工厂、港口等场所,用于货物的搬运、装卸和堆垛。根据不同的用途和作业环境,叉车可分为内燃叉车、电动叉车、手动叉车等。内燃叉车以燃油发动机为动力源,电动叉车以蓄电池为动力源,手动叉车则需要人工操作。

一、结构组成

1. 叉车架

叉车架是叉车的基础结构,承载着货叉、发动机、传动装置等部件。

2. 货叉

货叉用于叉取货物,常见的有单叉和双叉两种结构。货叉可根据货物的形状和尺

寸进行调整,以适应不同的装卸需求。

3. 起升装置

起升装置包括起升油缸、起升链条等部件,负责实现货叉的升降动作。

4. 倾斜装置

倾斜装置包括倾斜油缸、倾斜轴等部件,负责实现货叉的倾斜动作,以便于货物的摆放和调整。

5. 驱动装置

内燃叉车通常采用柴油发动机作为驱动装置,通过变速器、驱动轴等部件将动力传递给车轮。电动叉车则采用电动机作为驱动装置,通过减速器、驱动轴等部件将动力传递给车轮。

6. 转向装置

转向装置负责实现叉车的转向操作,常见的有轮式转向、履带式转向等结构。

7. 制动装置

制动装置负责实现叉车的制动操作,确保叉车在行驶和作业过程中的安全性。

二、操作使用

1. 驾驶前准备

检查叉车周围的环境,确保无障碍物和安全隐患;检查货叉、起升装置、倾斜装置等部件是否正常;启动发动机,进行预热。

2. 驾驶操作

驾驶叉车时,应遵循"安全第一"的原则,注意观察周围环境和行驶路线,避免与其他设备和人员发生碰撞。具体操作包括:

(1)前进和后退:通过操作挡位、油门和制动踏板,控制发动机的转速和车速,实现叉车的前进和后退。

(2)转向:根据作业需求,操作转向装置,实现叉车的转向。

(3)货叉升降和倾斜:操作起升装置和倾斜装置,实现货叉的升降和倾斜动作。

(4)刹车:在叉车行驶过程中,操作制动装置,实现叉车的紧急刹车。

3. 驾驶注意事项

驾驶叉车时,应遵守相关法规和安全规程,注意保持车辆的稳定性,避免高速行驶和急转弯;在作业过程中,应与地面工作人员保持良好的沟通,确保作业安全。

三、维护保养

1. 日常保养

每天进行保养,主要包括清洁污垢、检查密封性、检查转向器、检查泄漏情况等内容,具体如下:

（1）清洗叉车上污垢、泥土，重点部位是货叉架及门架滑道、发电机及起动器、蓄电池电极叉柱、水箱、空气滤清器等。

（2）检查各部位的紧固情况，重点是货叉架支承、起重链拉紧螺丝、车轮螺钉、车轮固定销、制动器、转向器螺钉等。

（3）检查转向器的可靠性、灵活性。

（4）检查渗漏情况，重点是各管接头、柴油箱、机油箱、制动泵、升降油缸、倾斜油缸、水箱、水泵、发动机油底壳、变矩器、变速器、驱动桥、主减速器、液压转向器、转向油缸等。

（5）轮胎气压检查：不足应补充至规定值 0.6~0.8 MPa，确认不漏气。检查轮胎接地面和侧面有无破损，轮毂是否变形。

（6）制动液、水量检查：查看制动液是否在刻度规模内，并检查制动管路内是否混入空气。增加制动液时，防止尘土、水混入。向水箱加水时，就使用清洁的自来水，若使用了防冻液，应加注相同的防冻液。水温高于 70 ℃时，不要打开水箱盖；在打开盖子时，应垫一块薄布，不要戴手套拧水箱盖。

（7）发动机机油量、液压油、电解液检查：先拔出机油标尺，擦净尺头后插入再拉出检查油位是否在两刻度线之间。工作油箱内油位应在两根刻度线之间；油太少，管路中会混入空气，太多会从盖板溢出。电瓶电解液也同样要处在上下刻度线之间，不足则要加蒸馏水到顶线。

（8）制动踏板、微动踏板、离合器踏板、手制动检查：踩下各踏板，检查是否有异常迟钝或卡阻。手制动手柄的作用力应小于 300 N，确认手制动安全可靠。

（9）皮带、喇叭、灯光、仪表等检查：检查皮带松紧度是否适当，没有调整余量或破损有裂纹，须更换；喇叭、灯光、仪表均应正常有效。

（10）放去机油滤清器沉淀物。

（11）每周对叉车车身清洗一次；清洁发动机散热器；定时清洁空气滤芯；定时加注润滑油脂（各油嘴）。

2. 一级保养

每工作 100 h 进行保养，主要包括检查润滑油、冷却水、液压油、发动机油、制动液等液面是否正常，检查各紧固部位是否松动，检查轮胎、传动轴等部件是否完好，具体内容如下：

（1）检查气缸压力或真空度。

（2）检查与调节气门间隙。

（3）检查节温器工作是否正常。

（4）检查多路换向阀、升降油缸、倾斜油缸、转向油缸及齿轮泵工作是否正常。

（5）检查变速器的换挡工作是否正常。

（6）检查与调整手、脚制动器的制动片与制动鼓的间隙。

(7) 更换油底壳内机油,检查曲轴箱通风接管是否完好,清洗机油滤清器和柴油滤清器滤芯。

(8) 检查发电机及起动电机安装是否牢固,与接线头是否清洁牢固,检查碳刷和整流子有无磨损。

(9) 检查风扇皮带松紧程度。

(10) 检查车轮安装是否牢固,轮胎气压是否符合要求,并清除胎面嵌入的杂物。

(11) 由于进行保养工作而拆散零部件,当重新装配后要进行叉车路试。

① 不同程度下的制动性能,应无跑偏、蛇行。在陡坡上,手制动拉紧后,能可靠停车。

② 倾听发动机在加速、减速、重载或空载等情况下运转,有没有不正常声响。

③ 路试一段里程后,应检查制动器、变速器、前桥壳、齿轮泵处有没有过热。

④ 货叉架升降速度是否正常,有没有颤抖。

(12) 检查柴油箱油进口过滤网有无堵塞破损,并清洗或更换滤网。

3. 二级保养

每工作 500 h 进行保养,主要包括检查润滑油、冷却水、液压油、发动机油、制动液等液面是否正常,检查各紧固部位是否松动,检查轮胎、传动轴等部件是否完好,进行全面清洁和润滑,具体内容如下:

(1) 清洗各油箱、过滤网及管路,并检查有无腐蚀、撞裂情况,清洗后不得用带有纤维的纱头、布料抹擦。

(2) 清洗变矩器、变速箱,检查零件磨损情况,更换新油。

(3) 检查传动轴轴承,视需求调换万向节十字轴方向。

(4) 检查驱动桥各部紧固情况及有无漏油现象,疏通气孔。拆检主减速器、差速器、轮边减速器,调整轴承轴向间隙,添加或更换润滑油。

(5) 拆检、调整和润滑前后轮毂,进行半轴换位。

(6) 清洗制动器,调节制动鼓和制动蹄摩擦片间的间隙。

(7) 清洗转向器,检查转向盘的自由转动量。

(8) 拆卸及清洗齿轮油泵,注意检查齿轮,壳体及轴承的磨损情况。

(9) 拆卸多路阀,检查阀杆与阀体的间隙,如无必要时勿拆开安全阀。

(10) 检查转向节有无损伤和裂纹,转向桥主销与转向节的配合情况,拆检纵横拉杆和转向臂各接头的磨损情况。

(11) 拆卸轮胎,对轮毂除锈刷漆,检查内外胎和垫带,换位并按规定充气。

(12) 检查手制动机件的连接紧固情况,调节手制动杆和脚制动踏板工作行程。

(13) 检查蓄电池电液比重,如与要求不符,必须拆下充电。

(14) 清洗水箱及油散热器。

4. 保养注意事项

在保养过程中,应注意使用合适的润滑油和油脂,确保各部件的清洁和润滑;在更换零部件时,应选择与原部件相同型号和规格的新零部件;在保养完成后,应进行空载试车,检查叉车的运行状况是否正常。

参考文献

[1] 葛步凯.消防车底盘维护[M].北京:应急管理出版社,2022.
[2] 公安部消防局.举高消防车构造与使用维护[M].北京:群众出版社,2010.
[3] 公安部消防局.装备技师培训教程[M].北京:群众出版社,2010.
[4] 吕东明,葛步凯.消防车发动机维护[M].南京:南京大学出版社,2018.
[5] 应急管理部消防救援局.消防泵与消防车[M].昆明:云南人民出版社,2020.
[6] 张连阳,白祥军,张茂.中国创伤救治培训[M].北京:人民卫生出版社,2019.
[7] 张连阳,李子龙.中国创伤救治培训:基层培训[M].北京:人民卫生出版社,2022.